Geschichte des Rechts der Sharīʿa

Fikret Karčić

Geschichte des Rechts der Sharīʿa

Eine Einführung

Aus dem Bosnischen ins Deutsche übersetzt von Andreas Maase

Mit einem Geleitwort von Mathias Rohe

Herausgegeben von Jörg Imran Schröter

Springer VS

Autor:
Prof. Dr. Fikret Karčić (1955–2022)
Univerzitet u Sarajevu
Fakultet islamskih nauka
www.fin.unsa.ba
Sarajevo, Bosna i Hercegovina

Herausgeber:
Prof. Dr. Jörg Imran Schröter
Freiburg i. Br., Deutschland

Übersetzer:
Andreas Maase
Ellwangen (Jagst), Deutschland

ISBN 978-3-658-41764-2 ISBN 978-3-658-41765-9 (eBook)
https://doi.org/10.1007/978-3-658-41765-9

Die Deutsche Nationalbibliothek verzeichnet diese Publikation in der Deutschen Nationalbibliografie; detaillierte bibliografische Daten sind im Internet über http://dnb.d-nb.de abrufbar.

Planung/Lektorat: Frank Schindler
Springer VS ist ein Imprint der eingetragenen Gesellschaft Springer Fachmedien Wiesbaden GmbH und ist ein Teil von Springer Nature.
Die Anschrift der Gesellschaft ist: Abraham-Lincoln-Str. 46, 65189 Wiesbaden, Germany

Inhalt

Geleitwort zur deutschen Ausgabe

Das vorliegende Werk hat grundlegende Bedeutung sowohl als Primär- wie auch als Sekundärquelle. Als Primärquelle ist es ein wichtiger Beleg dafür, welche Zugänge zum und Vorstellungen vom islamischen Recht in einem europäischen Land mit großem muslimischem Bevölkerungsanteil und Jahrhunderte alter islamischer Kulturtradition herrschen und gelehrt werden. Als Lehrbuch aus der Feder eines der bedeutendsten Gelehrten islamischer Normativität in Europa findet es große Beachtung und kann entsprechende Wirkung entfalten. Mit seinem Schwerpunkt auf der Entfaltung der Genese und der Paradigmen des islamischen Rechts unterscheidet es sich signifikant z. B. von der im arabischen Sprachraum verbreiteten, häufig referierend-apologetischen und wenig wissenschaftlich durchdrungenen einschlägigen Literatur. Zudem lässt sich der Verfasser auf rechtshistorische und rechtsmethodische Erkenntnisse aus anderen Rechtskreisen ein, ohne sie jedoch blind zu übernehmen. Vielmehr arbeitet er die Eigenständigkeit des islamischen Rechtsdenkens deutlich heraus. Die Rezeption rechtswissenschaftlicher Literatur aus nichtmuslimischer Feder ist zumindest in Werken sunnitischer Autoren eine Rarität und deshalb umso mehr zu begrüßen. Gleichermaßen nützlich ist das vorliegende Werk als Sekundärquelle. Es erschließt einem deutschsprachigen Leserkreis ansonsten kaum zugängliche Quellen insbesondere zur Entwicklung des islamischen Rechts auf dem Westbalkan, daneben aber auch im Hinblick auf Quellenkritik und allgemeinere geistesgeschichtliche Einordnungen seines Gegenstandes. Insgesamt reiht es sich in die Reihe zeitgenössischer Publikationen zum islamischen Recht ein, die intellektuelle Offenheit als der Materie inhärentes, wenngleich in der Vergangenheit oft vernachlässigtes Postulat begreifen, zugleich aber kundig auf der Basis eigener Traditionen aufbauen und sich so auch systemimmanente Glaubwürdigkeit erhalten. Das vorliegende Werk schließt an eine 2012 in deutscher Übersetzung vorgelegte, kürzere Arbeit des Verfassers zur Methode der Textanalyse in den islamischen Wissenschaften an. Verlag und Übersetzer sei für ihre weitere verdienstvolle Arbeit gedankt. Sie macht deutlich, dass europäisch-muslimisches Denken auf eine lange Tradition zurückblicken und sich in einer Umgebung der Wissenschafts-

und Religionsfreiheit neu entfalten kann. Meine im Vorwort zu dem 2012 erschienenen Band zum Ausdruck gebrachte Hoffnung auf weiterführende anregende Beiträge des Verfassers hat sich hier in erfreulicher Weise erfüllt und weckt zugleich neue Hoffnung auf eine Fortsetzung dieses Unterfangens.

Prof. Dr. Dr. hc. Mathias Rohe, Erlangen

Vorwort des Verfassers zur deutschen Ausgabe

Die erste Auflage dieses Buches in bosnischer Sprache erschien 1408/1987. Damals war ich junger Dozent für islamische Rechtsgeschichte an der islamisch-theologischen Fakultät in Sarajevo, der Vorgängerin der heutigen Fakultät der islamischen Wissenschaften, die gleichfalls in unserer Hauptstadt ihren Sitz hat. Zehn Jahre später folgte die zweite und 1426/2005 eine dritte, überarbeitete und vervollständigte Auflage. Das Buch entstand in erster Linie aus dem Bedürfnis heraus, den Studierenden der Fakultät ein Lehrbuch der Geschichte des Rechts der Sharīʿa in ihrer bosnischen Muttersprache an die Hand zu geben. Angesichts des Umstandes, dass das Recht der Sharīʿa, das für den muslimischen Bevölkerungsanteil bis dahin ja teilweise noch staatliches Recht gewesen war, in Bosnien und Herzegowina seit 1365/1946 nurmehr dem Glauben des Einzelnen anheimgestellt ist, sieht die Fakultät den Gang dieses Rechts durch die vierzehn Jahrhunderte islamischer Geschichte als einen der Schwerpunkte ihrer rechtswissenschaftlichen Forschung und Lehre an. Hinzu kommen Studien auf dem Gebiet der gottesdienstlichen Handlungen (arab.: *ʿibādāt*), auf dem Gebiet der allgemeinen Maximen, Prinzipien und Werte (arab.: *al-qawāʿid al-kulliyya*), die dem Recht der Sharīʿa zugrundeliegen, sowie über einzelne Zweige (arab.: *furūʿ*) dieses Rechts. Vor diesem curricularen Hintergrund wurde ein muttersprachliches Lehrbuch der islamischen Rechtsgeschichte für unsere Studierenden zum dringlichen Desiderat. Daneben gab es für mein Interesse an der Geschichte des Rechts der Sharīʿa allerdings noch einen persönlichen Grund – nämlich meinen Werdegang als Rechtshistoriker. Dieser hatte mich dazu geführt, mich dem Recht der Sharīʿa auch aus dem Blickwinkel der Rechtsgeschichte anzunähern, und so wurde die rechtsgeschichtliche Perspektive tatsächlich zu meiner eigenen Weise, wissenschaftlich über das Recht der Sharīʿa zu arbeiten. Dabei galt mein Interesse zunächst den Entwicklungen, die sich im islamischen Rechtsdenken sowie hinsichtlich der Anwendung und Auslegung des Rechts der Sharīʿa durch die Geschichte hindurch vollzogen haben. Später kam mit rechtsvergleichenden Arbeiten über bestimmte islamische Rechtsinstitute und deren Entsprechungen in nichtislamischen Rechtskulturen namentlich des Mittelmeerraumes eine weitere Dimension hinzu. Als ich mit den Vorarbeiten zu diesem Buch begann, wurde mir freilich nur allzu bewusst, dass die in bosnischer Sprache publizierten Arbeiten zur islamischen Rechtsgeschichte spärlich gesät sind; denn während des Zeitraumes von 1295/1878 – 1365/1946, als die Grundlagen für unser heutiges bosnisch-herzegowinisches Schrifttum über das Recht der Sharīʿa gelegt wurden, lag der Akzent auf den Erfordernissen der Rechtspraxis und nicht auf denen der Rechtsgeschichte. Deshalb habe ich auch arabische und englischsprachige Literatur hinzugezogen, und zwar sowohl muslimische als auch nichtmuslimische – wenngleich letztere eher im Hinblick auf Daten und Fakten und nicht so sehr im Hinblick auf deren Interpretation. Was seinen Aufbau angeht, so klärt das Buch in seiner Einleitung zunächst den Begriff der Rechtsgeschichte, der ihm zugrundeliegt. Der Allgemeine Teil befasst sich mit den verschiedenen Ansätzen zur Periodisierung der islamischen Rechtsgeschichte und zeichnet dann die Umrisse des vorislamischen Rechts der Araber. Danach folgt eine anhand der zuvor entwickelten Periodisierung geordnete Geschichte des Rechts der Sharīʿa, bezogen auf die islamische Welt als Ganze, während der schmale Besondere Teil die Geschichte dieses Rechts nur auf dem Westbalkan und damit innerhalb der Region behandelt, der unser Bosnien und Herzegowina angehört. In jedem Kapitel wird zunächst kurz der geschichtliche und gesellschaftliche Rahmen dargestellt. An seine Darstellung schließen sich jeweils Abschnitte zu den Rechtsquellen sowie zum jeweiligen Stand von Rechtswissenschaft und Rechtspraxis an. Möge das Buch, mit all seinen Grenzen, zum Verständnis des Islam und seines Rechts sowie zum Verständnis der Muslime, namentlich auch derer des heutigen Bosnien und Herzegowina, beitragen! In diesem Sinne sei die deutsche Ausgabe dem deutschsprachigen Publikum gewidmet. Dank schulde ich Herrn Rechtsanwalt und Fachanwalt für Bau- und Architektenrecht Andreas Maase, Ellwangen (Jagst), Oberst d. R. der deutschen Bundeswehr und ehedem in der Abteilung S 5, Zivil-Militärische Zusammenarbeit, im Stab des 1. Deutschen Heereskontingentes SFOR in Rajlovac bei Sarajevo tätig, als Übersetzer aus dem Bosnischen ins Deutsche, Herrn Jun. Prof. Dr. Jörg Imran Schröter, Institut für islamische Theologie und Religionspädagogik, Pädagogische Hochschule Karlsruhe, als Herausgeber, sowie Herrn Maximilian Bilal Heidelberger, Tübingen, der die Transkription der arabischen, persischen und osmanisch-türkischen Termini in die lateinische Schrift besorgte.

Prof. Dr. Fikret Karčić, Sarajevo

Vorwort zur 1. Auflage

An der Fakultät der islamischen Wissenschaften in Sarajevo wird das Recht der Sharīʿa aus theoretischen und aus praktischen Gründen erforscht und gelehrt. Aus theoretischen Gründen, weil es einen umfassenden Aspekt der islamischen Lehre repräsentiert und, mit den Methoden der islamischen Rechtswissenschaft bzw. der Einsicht (arab.: *fiqh*) entfaltet, einen der bedeutendsten Beiträge des Islam zur menschlichen Kultur überhaupt darstellt. Aus praktischen Gründen, weil es die Vorschriften über die gottesdienstlichen Handlungen (arab.: *ʿibādāt*) enthält, deren Kenntnis jeder Muslima und jedem Muslim geboten ist, und deren sowohl erweitertes als auch vertieftes Verständnis auf wissenschaftlicher Grundlage für sämtliche ordinierten Amtspersonen unentbehrlich ist. Wenngleich das Recht der Sharīʿa im heutigen Bosnien und Herzegowina kein staatliches Recht mehr ist, wird es in Fällen der einvernehmlichen Rechtswahl von den Schiedsgerichten der islamischen Gemeinschaft doch weiterhin angewandt. Die Maximen, Prinzipien und Werte (arab.: *al-qawāʿid al-kulliyya*), die seinen Vorschriften zugrundeliegen, bilden auch weiterhin die religiöse und moralische Richtschnur für die persönliche Lebensführung der Muslime. Diese hier nur angedeutete Ausdifferenzierung der Normativität des Rechts der Sharīʿa, soweit die heute auf dem Westbalkan lebenden Muslime seine Adressaten sind, legt zugleich einen neuen Ansatz für Forschung und Lehre an der Fakultät der islamischen Wissenschaften in Sarajevo nahe: Der Akzent liegt nun auf der Entfaltung der Genese und der Paradigmen des islamischen Rechts und nicht länger auf seinen im engeren Sinn juristischen Aspekten. Entsprechend den didaktischen Bedürfnissen, die aus dieser fundamentalen Orientierung folgen, ordnen sich die Fächer erstens der Rechtsgeschichte, zweitens der Rechtstheorie und juristischen Methodenlehre bzw. der Wurzeln der Einsicht (arab.: *uṣūl-al fiqh*) sowie drittens der einzelnen Zweige (arab.: *furūʿ*) des positiven Rechts der Sharīʿa in den Studienplan ein. Das durch diese Dreiteilung vorgezeichnete Schema ist in der heutigen islamischen Rechtswissenschaft zum einen allgemein anerkannt, zum anderen jedoch angesichts der in ihm abgebildeten Systematik auch der Sache nach unentbehrlich. Die beiden zuerst genannten Fächer, also die islamische Rechtsgeschichte und die islamische Rechtstheorie und juristische Methodenlehre, genießen an der Fakultät der islamischen Wissenschaften in Sarajevo den Status eines Propädeutikums für das weitere Studium des Rechts der Sharīʿa. Deshalb werden sie, als Grundlagenfächer, im ersten Studienjahr gelehrt. Schon bald nach der Aufnahme der islamischen Rechtsgeschichte in den Studienplan der Fakultät schien deshalb das Desiderat eines entsprechenden Lehrbuches bzw. entsprechender Lehrmaterialien auf. Und obwohl in unserer bosnischen Sprache eine durchaus beachtliche Anzahl von Abhandlungen über bestimmte Aspekte dieser Geschichte sowie über einzelne bedeutende muslimische Rechtsgelehrte und ihr Schrifttum existiert, machte sich doch das Fehlen einer Synthese bemerkbar, die die allgemeinen Entwicklungslinien von den Anfängen des Rechts der Sharīʿa bis hin zu unseren Tagen in einem einzigen Überblick zusammenfasst. Ein solches Kompendium würde, so zeigte sich bald, für das Studium unentbehrlich sein. Praktische Gründe erforderten es, die damit gestellte Aufgabe möglichst kurzfristig anzugehen. Dies zwang dazu, den vorliegenden Überblick anhand des begrenzten Apparates zu erarbeiten, der vor Ort zur Verfügung stand. Dabei wurde sowohl auf das muslimische Schrifttum als auch auf die westliche orientalistische Literatur zurückgegriffen. Letztere wurde freilich eher im Hinblick auf die durch sie erschlossenen Daten und Fakten als im Hinblick auf ihre Einschätzungen und Werturteile herangezogen, zumal diese nicht immer sauber und nachvollziehbar abgeleitet sind. Bei alldem bestand das hauptsächliche Anliegen des Autors darin, eine kurze Zusammenschau der bedeutendsten islamischen Rechtsschulen und juristischen Denkrichtungen sowie ihrer allgemeinen Charakteristika vorzulegen. Jeder thematischen Einheit folgen Nachweise des Schrifttums, auf das die Darstellung sich gründet und das den Leserinnen und Lesern helfen mag, ausgewählte Themen zu vertiefen. Resultat all dessen sind die vorliegenden Kapitel, die in erster Linie den Studierenden der Fakultät der islamischen Wissenschaften in Sarajevo, darüber hinaus aber auch all jenen gewidmet sind, die sich für die islamische Rechtsgeschichte interessieren. Vielleicht ist es überflüssig, zu erwähnen, dass die vorliegende Schrift, als erster Versuch einer Gesamtdarstellung ihres Gegenstandes in bosnischer Sprache überhaupt, potentiell auch sämtliche Mängel mit sich schleppt, die Versuchen dieser Art gemeinhin zu eigen sind.

Prof. Dr. Fikret Karčić, Sarajevo

Vorwort zur 3. Auflage

Nach zwei Auflagen (1408/1987 und 1418/1997) zeigte sich, insbesondere angesichts der letzten Reform des Leitbildes und des Studienplanes der Fakultät der islamischen Wissenschaften in Sarajevo, das Bedürfnis nach einer überarbeiteten und vervollständigten Ausgabe dieser Geschichte des Rechts der Sharīʿa. In die 3. Auflage wurden allfällige Änderungen eingearbeitet; außerdem wurden ihr als Anhänge zwei Rechtstexte beigegeben, bei denen es sich um Auszüge aus osmanischen Kodifikationen handelt.* Möge das Buch in seiner erweiterten und verbesserten Fassung den Studierenden und dem interessierten Publikum auch weiterhin von Nutzen sein!

Prof. Dr. Fikret Karčić, Sarajevo

* Die beiden Anhänge wurden für die deutsche Ausgabe nicht mitübersetzt, Anmerkung des Übersetzers (künftig: A. d. Ü.).

بِسْمِ ٱللَّٰهِ ٱلرَّحْمَٰنِ ٱلرَّحِيمِ

Einleitung

1. Der Begriff der Rechtsgeschichte

Die Rechtsgeschichte ist der Zweig der Rechtswissenschaft, der die Rechte vergangener Epochen mit dem Ziel erforscht, die Rechtsentwicklungen, die in ihnen durch die Zeitläufte hindurch aufzuweisen sind, vor dem Hintergrund ihrer lebensweltlichen Abhängigkeiten und Verflechtungen verstehbar zu machen.[*] Dies gilt angesichts des prinzipiell gleichförmigen Erkenntnisinteresses sowohl für jede Geschichte einer einzelnen Rechtsordnung als auch für die vergleichende Geschichte mehrerer Rechtsordnungen bzw. Rechtskreise und schließlich, umso mehr sogar, für die allgemeine Geschichte des Rechts und der Rechte überhaupt. Letztere bearbeitet ihr Feld als Weltgeschichte des Rechts bzw. als vergleichende Rechtsgeschichte. Dabei erschöpft sie sich nicht etwa in einer Anhäufung historischer Daten und Fakten über die Rechtsordnungen der einzelnen Völker und Nationen, sondern versucht vielmehr, den Ursprung der Rechtsidee und den Gang der Rechtsentwicklungen durch die allgemeine Geschichte der Menschheit hindurch im Sinne einer Art von juristischer Komparatistik freizulegen. Die Erforschung des Rechts als eines historischen bzw. namentlich sozialhistorischen und ideengeschichtlichen Phänomens begann in Westeuropa im 10./16. Jahrhundert und damit erst ziemlich spät. Dies reflektiert den Umstand, dass die Ursprünge der westlichen Rechtswissenschaft auf die antike römische Jurisprudenz zurückführen, die sich in erster Linie mit dem unmittelbar relevanten Sachverhalt selbst und sei-

[*] Die Kalligrafie gibt die sog. Basmala wieder, von arab.: *bismi ʾllāhi ʾr-raḥmāni ʾr-raḥīmi*, dt.: „Im Namen Gottes, des Erbarmers, des Barmherzigen!“, A. d. Ü.

F. Karčić, *Geschichte des Rechts der Sharīʿa*,
https://doi.org/10.1007/978-3-658-41765-9_1

ner Lösung im Einzelfall befasste. Wesentlich für die Arbeit der antiken römischen Juristen war daher eine Kasuistik, die sich überwiegend darauf beschränkte, einzelne praktische Rechtsfälle auf den Begriff zu bringen und zu kommentieren. Erst die Ideen der Renaissance, die im frühneuzeitlichen Westeuropa zu einer Wiedergeburt der Wissenschaften und der Künste führten, spornten auch die Erforschung des Rechts als eines historischen bzw. namentlich sozialhistorischen und ideengeschichtlichen Phänomens an. Die kanonischen Rechtstexte des christlichen Abendlandes wurden nicht länger als Dogmen angesehen, sondern ihre kritische Erforschung, die Offenlegung ihrer Geschichtlichkeit und der sie prägenden Ideenwelt sowie die Perspektive auf das geltende Recht als ein System im soziologischen Sinn begannen sich durchzusetzen. In der Jurisprudenz entfaltete sich die historische Methode auf zweierlei Art und Weise, nämlich einerseits als Erforschung der alten Rechtsquellen, also der Gesetze, Verordnungen, Satzungen etc. als solcher, die man lat. *historia iuris* nennt, sowie andererseits als Erforschung der Urkunden und sonstigen Zeugnisse des tatsächlichen Rechtsdenkens und Rechtshandelns in Verwaltung und Gerichtsbarkeit bzw. als Untersuchung der ideellen, gesellschaftlichen und wirtschaftlichen Randbedingungen, unter denen die Rechtsquellen einst galten, und damit als Untersuchung einer Materie, die man Rechtsaltertümer oder lat. *antiquitates iuris* nennt. Die zuletzt genannte Richtung war besonders stark in Deutschland vertreten, und zwar schon seit dem 11./17. Jahrhundert. Seit jener Ära repräsentierte die rechtsgeschichtliche Abhandlung, die den schriftlich beurkundeten oder mündlich überlieferten Rechtsentwicklungen durch die Zeiten hindurch nachspürte, eine besondere Gattung des juristischen Schrifttums. Gegen Ende des 11./17. Jahrhunderts stellte der deutsche Philosoph Gottfried Wilhelm Leibniz (1056/1646 – 1159/1716) der Rechtsgeschichte die Aufgabe, das geschichtlich gewordene Recht in seinem Werden und Wirken zu beschreiben. In seiner Abhandlung *Nova methodus discendae docendaeque iurisprudentiae* äußerte er den Gedanken, dass es zum Nachvollzug und zur Interpretation von Rechtsentwicklungen notwendig sei, nicht nur der Veränderlichkeit der Rechtsnormen als solcher, sondern auch ihrem Sitz im Leben nachzugehen; denn erst die Erforschung der einschlägigen ideellen, gesellschaftlichen und wirtschaftlichen Kontexte und Milieus führe zu einem vertieften Verständnis der jeweiligen Rechtsentwicklung. Im Hinblick hierauf sprach Leibniz von der Rechtsgeschichte als einer Disziplin, deren Einheit durch eine sowohl historisch als auch, im weiteren Sinn, soziologisch ansetzende Methode gestiftet werde. Einen besonderen Anstoß erhielt die Entwicklung der Rechtsgeschichte durch die historische Rechtsschule, die zu Beginn des 13./19. Jahrhunderts gleichfalls in Deutschland entstand. Als Gründer und zugleich als bedeutendster Vertreter dieser Schule gilt Friedrich Carl von Savigny (1193/1779 – 1278/1861). Konstitutiv für die historische Rechtsschule in all ihren Ausprägungen ist die These vom Recht als einem geschichtlich gewordenen Gebilde: Das Recht ist niemals unveränderlich und universell, sondern es ist partikular und fortwährend veränderlich. Ohne seine historische Erforschung kann das Recht daher, im wissenschaftlichen Sinn, überhaupt nicht verstanden werden. Gegen den Rationalismus der westlichen Aufklärer des 12./18. Jahrhunderts und gegen den westlichen Universalismus ihrer Epoche antretend, sahen die Theoretiker der historischen Rechtsschule die einzelnen Völker und Nationen als Mittelpunkte und Beweger ihres jeweiligen Rechtslebens an. Jedenfalls auf dem Gebiet des positiven Rechts widersprachen sie der Existenz eines Rechts für alle Menschen und für alle Zeiten und gingen stattdessen von der Idee aus, dass nur spezifische nationale Rechte existieren, die jeweils einen bestimmten, von Savigny so genannten *Volksgeist* repräsentieren. Obwohl die Richtigkeit dieses Paradigmas von ihren Gegnern, besonders den Anhängern der Naturrechtsschule, bestritten wurde, waren es die Theoretiker der historischen Rechtsschule, die den Anstoß zur praktischen Erforschung der einzelnen nationalen Rechte sowie dazu gaben, die Rechtsgeschichte endgültig als eigenständige Disziplin zu etablieren. Georg Wilhelm Friedrich Hegel (1184/1770 – 1247/1831) gelangte, ausgehend von seiner Geschichtsphilosophie, zu einer idealistischen Theorie der Rechtsentwicklung. Der Ursprung des Fortschritts im Recht wird auch bei ihm im engen Zusammenhang mit der Entwicklung der Völker und Nationen in der allgemeinen Geschichte gesehen. Jedoch weicht Savignys These vom friedvollen Prozess einer Evolution des Rechts, die sich in Übereinstimmung mit dem still wirkenden Volksgeist vollziehe, bei Hegel der Lehre vom dialektischen Rechtsfortschritt durch Position, Negation und Negation der Negation. Die Positivisten des 13./19. Jahrhunderts schließlich bezogen in ihre rechtsgeschichtlichen Forschungen zusehends auch die Rechtssoziologie als Hilfswissenschaft mit ein. Aus all diesen Traditionen heraus formierte sich die westliche Rechtsgeschichte als eigenständige Forschungsrichtung. Unabhängig davon, dass ihre Repräsentanten im Hinblick auf den Begriff und die Funktion des Rechts sehr unterschiedlichen Paradigmen folgten, erzielte die neue Disziplin auf dem Gebiet der historischen Erforschung des Rechts bedeutende Resultate. Dabei schuf sie sich einen ihr gemäßen methodologischen Apparat, der späteren Rechtshistorikern auch über den westlichen Rechtskreis hinaus immer von Nutzen sein wird. Seit sich seit dem Beginn des 14./20. Jahrhunderts auch in der islamischen Welt vermehrt moderne Rechtshistoriker zu Wort melden, scheinen in ihren Arbeiten daher manche Topoi der westlichen Art und Weise wider, Rechtsgeschichte zu betreiben. So geht es in ihren Forschungen z. B. um die islamischen Rechtsnormen im Verhältnis zu ihrem tatsächlichen Vollzug im wirklichen Leben der Muslime, um die islamischen Rechtsinstitute im Verhältnis zu den islamischen sozialen Institutionen sowie um die Erforschung der wechselseitigen Einflüsse zwischen der jeweiligen Rechtsentwicklung und den sozialen Ideen, die in der islamischen Gemeinschaft zur gleichen Zeit vertreten wurden. Freilich meldete sich im Hinblick auf die Erfahrungen, die der Westen mit der Rechtsgeschichte gemacht hatte, in der islamischen Welt sehr rasch auch das Bedürfnis nach einer selektiven bzw. speziell muslimischen Rezeption. Die westlichen Methoden des Sammelns von Daten und der Beschreibung von Fakten werden als nutzbringend und als wertvoll angesehen, aber ihre wissenschaftstheoretischen Ansätze wie auch die unterschiedlichen Paradigmen von Geschichtlichkeit erscheinen als für die Erforschung des islamischen Rechts inadäquat. Grund hierfür ist die dem Islam eigentümliche Konzeption des Rechts.

2. Die Eigentümlichkeit der islamischen Konzeption des Rechts im Vergleich mit den juristischen Denkschulen des Westens und die Frage nach der Methodologie einer islamischen Rechtsgeschichte

Der englische Jurist, Orientalist und christliche Missionar James Norman Dalrymple Anderson (1326/1908 – 1415/1994) bezeichnete es als das herausragendste Merkmal des islamischen Rechts und zugleich als seinen wichtigsten Unterschied zum westlichen Rechtskreis, dass das Recht der Sharīʿa religiös konnotiert sei, während alle westlichen Rechte sakulären Charakter trügen. Betrachtet man die von ihm geregelten Gebiete, so umfasst das islamische Recht freilich eine viel größere Bandbreite, als dies in westlichen Rechten der Fall ist. An dieser Stelle sei erwähnt, dass wir unter dem westlichen Recht die kontinentaleuropäischen Rechte, die in der antiken römischen Tradition verwurzelt sind, sowie die angelsächsischen und anglo-amerikanischen Rechte verstehen. Trotz der vielfältigen Unterschiede zwischen den einzelnen westlichen Rechten erlauben gewisse Übereinstimmungen ihrer formalen Strukturen und materiellen Paradigmen es dennoch, von einem spezifisch westlichen

Rechtskreis zu sprechen. Das antike römische Recht, das zur Wiege der kontinentaleuropäischen Rechte werden sollte, erhielt seine endgültige und kanonische Gestalt zur Zeit des oströmischen Kaisers Justinian (98 – 59 v. H. / 527 – 565 n. Chr.), als das römische Reich schon längst auch von Rechts wegen ein christliches Staatswesen war. Indessen griff die Gesetzgebung Justinians vorzugsweise auf die Werke der Juristen der antoninianischen Ära zurück, als das überkommene Heidentum seinen Einfluss bei den gebildeten Schichten schon verloren hatte, das Christentum aber noch nicht an seine Stelle getreten war. Deshalb, so resümiert Anderson, repräsentiert das römische Recht seiner fundamentalen Konzeption nach eine normative Ordnung, die von Menschen erdacht und verkündet wurde. Ihre Rechtsnormen können somit, falls die Umstände es erfordern, in der gleichen Weise von Menschen abgeändert werden, in der sie zuvor auch von Menschen in Kraft gesetzt worden sind. Demgegenüber ist das islamische Recht, wie es, wenngleich weniger stark ausgeprägt, auch andere östliche Rechtssysteme sind, wesenhaft andersartig. Seinem Selbstverständnis nach rührt es von Gott selbst her und steht eben deshalb, seiner Idee nach, unwandelbar fest. Das islamische Recht misst jedes menschliche Tun an seiner ethischen Qualität bzw. an seiner Qualifikation als gut (arab.: *ḥusn*) oder als böse (arab.: *qubḥ*). Dabei ist die rechtliche Klassifikation eines Tuns, seine Zuordnung zu Gut und Böse, für den Menschen freilich nicht aus sich heraus erkennbar. Vielmehr erschließt sie sich ihm, so lehren es alle relevanten Rechtsschulen und juristischen Denkrichtungen des Islam, zu völliger Gewissheit erst anhand der Offenbarung. Soweit eine Frage von der Offenbarung aus gesehen indifferent ist bzw. von ihr offengelassen wurde, bleibt daneben allerdings auch ein Raum für menschliche Normierung. Insofern, als das Recht der Sharīʿa auch das Gebiet der gottesdienstlichen Handlungen (arab.: *ʿibādāt*) umfasst, ähnelt es den frühen Stadien des antiken römischen Rechts und anderer alter Rechte, und weil es den sittlichen Charakter alles menschlichen Tuns so sehr betont, dass ihm ein Widerstreit von Recht und Moral im eigentlichen Sinne sogar völlig fremd ist, hat der niederländische Orientalist Christiaan Snouck Hurgronje (1274/1857 – 1355/1936) es sehr richtig und dem Grunde nach zu Recht als eine Inpflichtnahme des Menschen bzw. als eine Pflichtenlehre charakterisiert. Diese spezifische, dem Islam eigentümliche Konzeption stellt an die Historiker des islamischen Rechts besondere Anforderungen im Hinblick auf den Gebrauch des methodologischen Apparates. In den Rechtstheorien der juristischen Denkschulen des Westens lassen sich zwar einzelne Ähnlichkeiten mit der islamischen Konzeption des

Rechts bzw. mit einzelnen islamischen Konzepten belegen. Jedoch fehlen solche Übereinstimmungen gerade dort, wo die grundlegenden Entscheidungen fallen. Dies zeigt schon eine summarische Zusammenfassung der Lehren dieser Schulen deutlich:

Reine Rechtslehre. Hans Kelsen (1298/1881–1393/1973), der Begründer dieser Lehre, fasst das Recht als einen Stufenbau bzw. eine Hierarchie von Normen auf, die beschreiben, was unter bestimmten Bedingungen ausnahmslos und immer gelten soll. Dabei fließen alle nachrangigen Normen letztlich aus einer Grundnorm bzw. einer ersten, originären Sollensanordnung. Diese Begriffsbestimmung kann auf das islamische Recht angewendet werden, sofern man als Grundnorm die Autorität der göttlichen Offenbarung ansieht.

Historische Rechtsschule. Nach der Lehre dieser Schule kommt dem Recht, wie bereits ausgeführt, keine abgesonderte Existenz zu, sondern es vereint sämtliche Aspekte des Lebens einer bestimmten Nation in sich. In seinen frühen Stadien fließt es, als Gewohnheitsrecht, aus den allgemeinen Überzeugungen des Volkes, während es mit dem Fortschreiten der Kultur, wie jeder andere Lebensbereich auch, eine besondere Funktionalität entfaltet, zu deren Wahrnehmung eine professionelle Jurisprudenz berufen ist. Die ihr angehörenden Juristen systematisieren das Gewohnheitsrecht mit den Methoden der Rechtswissenschaft, und das so bearbeitete Material wird vom Staat als Kodifikation mit Gesetzeskraft verkündet. Die besondere Bedeutung, die der juristischen Profession nach dieser Schule zukommt, findet sich auch innerhalb der islamischen Rechtswissenschaft, deren Geschichte äußerst gewichtige Beispiele von Juristenrecht aufweist. Deshalb können die Lebensläufe der Juristen und die Ursprünge der juristischen Profession auch von Bedeutung sein, um über den Werdegang der islamischen Rechtswissenschaft zu forschen. Freilich wuchs das Recht, das die muslimischen Rechtsgelehrten formten, nicht aus einem anonym in der Stille wirkenden Volksgeist wie dem von Savigny, sondern seinem Selbstverständnis nach aus dem bewussten Vertrauen auf Gottes Offenbarung.

Soziologische Schule. Die Vertreter dieser Schule sehen als wichtigstes Forschungsgebiet die Interaktion von Recht und Gesellschaft an. Wenngleich dieser Ansatz leistungsfähig genug ist, ein sachlich zutreffendes Bild von der historischen Entwicklung des islamischen Rechts zu zeichnen, ist er doch unvereinbar mit der islamischen Rechtsidee, für die das Recht eben keine Kreation sozialer Gruppen ist, sondern seine Beständigkeit aus Gottes geoffenbartem Wort empfängt, unter dessen Geltung die islamische Gemeinschaft lebt.

Realistische Schule. Für die nordamerikanischen Realisten wie z. B. Oliver Wendell Holmes (1257/1841 – 1354/1935) ist das Recht identisch mit der Entscheidungspraxis der Gerichte. Diese Definition würde in der Tat genügen, falls man es unternehmen wollte, das islamische Recht objektiv so darzustellen, wie es in einem bestimmten Land tatsächlich gilt; und doch würde es keinen einzigen muslimischen Gelehrten danach verlangen, das Recht der Sharīʿa auf diesem Wege zu beschreiben. Vielmehr gilt dieses Recht den Muslimen, auch wenn manche islamischen Herrscher, Gerichte und Behörden sich manches Mal von seinem Weg entfernen mögen, als ein Normengefüge, das von dem einen Gott selbst herrührt, dem zu folgen ist und dem ein jeder sich zu fügen hat. Die schwedischen Realisten wie z. B. Knut Hans Karl Olivecrona (1315/1897 – 1400/1980) sehen die verpflichtende Kraft des Rechts demgegenüber einzig und allein als eine Vorstellung an, die subjektiv innerhalb sozialer Gruppen wirke. Einzig diese Idee bzw. letztlich gar diese Fiktion sei es, die dem Menschen suggeriere, dass das Recht über und jenseits der Betriebsamkeit des gesellschaftlichen Lebens stehe, dass es seine Normativität richtigerweise beanspruche und dass seine Geltung unabhängig von der Akzeptanz der Menschen sei. Nach den Lehren dieser Schule besteht das Recht also aus Normen, die sich in sozialen Gruppen gleichsam autopoietisch bilden und die sich anschließend, die Mitglieder dieser Gruppen psychisch bezwingend, allein in der Faktizität ihres Tuns und Unterlassens als geltend erweisen. Dieser Standpunkt ist offenkundig unvereinbar mit der islamischen Lehre, sieht diese das Recht doch als in Wahrheit über und jenseits der Gesellschaft stehend, als den Menschen verpflichtend und für ihn unverfügbar an; und sogar unabhängig von den Sätzen der gelehrten Theorie gilt für die Muslime, dass im Recht der Sharīʿa die Rechtleitung aufscheint, die von dem einen Gott verkündet wurde und die Er die Menschen gelehrt hat.

Naturrechtsschule. Den Anhängern dieser Schule gilt das Recht, wie den muslimischen Gelehrten auch, als eine ewig unveränderliche, transzendentale Norm. Vom Menschengeschlecht wird verlangt, sich dem damit gegebenen Ideal durch eigene Anstrengung zu nähern. Deshalb ist das Recht universell und gilt für alle Menschen ohne Unterschied. Trotz dieser Parallelen bestehen zwischen der Naturrechtsschule und der islamischen Konzeption des Rechts allerdings auch unleugbare Unterschiede. Denn erstens meinen die Anhänger dieser Schule, dass das Recht in der Natur der Sache, d. h. in der Schöpfung selbst bzw. in der ihr immanenten Vernunft begründet sei. Und eben deshalb meinen sie zweitens, dass das Recht für die menschliche Vernunft erkennbar sei und sich mit den Maßstäben der Vernunft sogar ein Allgemeiner Teil des

Naturrechts bestimmen lasse. Für die meisten muslimischen Gelehrten sind beide Auffassungen unannehmbar. Die innerhalb des sunnitischen Islam herrschende Lehre der Ashʿariten weist ein Vermögen der menschlichen Vernunft, die ethische Qualität menschlicher Handlungen unabhängig von Gottes Offenbarung zu erkennen, ebenso zurück wie die Annahme, dass die Qualifikation als gut (arab.: *ḥusn*) oder böse (arab.: *qubḥ*) unabhängig von Gottes Geboten und Verboten existiere. Lediglich die früheren Muʿtaziliten nahmen einen Standpunkt ähnlich dem der Naturrechtsschule ein und übten mit ihm einen gewissen Einfluss auf die späteren Māturīditen und Ḥanafiten aus. Im Ergebnis bleibt für die menschliche Vernunft zwar auch nach dem herrschenden islamischen Verständnis ein vitales Depositum bei der Auslegung des geoffenbarten Rechts und seiner Normen übrig. Indessen kommt diesem Bereich niemals die Bedeutung einer Rechtsquelle zu, und dies ist die wesentliche Differenz zwischen der islamischen Rechtswissenschaft und der westlichen Naturrechtsschule.

Resümee. So lässt sich abschließend sagen, dass keine der westlichen Konzeptionen, von denen hier die Rede war, eine der islamischen Konzeption gänzlich gemäße Methodologie bzw. einen mit ihr bruchlos zu vereinbarenden Forschungsansatz zur Verfügung stellt. Gleichwohl kann ein genuin islamischer Ansatz unseres Erachtens dadurch abgesichert werden, dass man ihn mit einzelnen Elementen der westlichen Konzeptionen kombiniert. Deshalb folgt unsere Darstellung der Ursprünge des islamischen Rechts der Lehre vom göttlich geoffenbarten Recht und damit, im westlichen Sinn, gewissermaßen einer modifizierten Naturrechtslehre, während für die Darstellung der weiteren Entwicklung des islamischen Rechtsdenkens und der islamischen Rechtspraxis ergänzend auf die Methoden der historischen Rechtsschule und der soziologischen Schule zurückgegriffen wird.

3. Rechtsgeschichtliche Traditionen innerhalb der islamischen Rechtswissenschaft

Der traditionellen islamischen Lehre ist das geschichtliche Werden und Wirken des Rechts als eines Forschungsgegenstandes jedenfalls so, wie ihn die westliche Rechtsgeschichte auffasst, ebenso fremd, wie dem klassischen islamischen Rechtsdenken schon die Idee des Rechts als eines geschichtlich gewordenen, sozialen Phänomens, dessen Genese eng mit gesellschaftlichen, wirtschaftlichen und politischen Randbedingungen zusammenhänge, fremdgeblieben ist. Vielmehr wird das Recht vom Islam als der geoffenbarte Wille Gottes angesehen, der die Organisation des gesellschaftlichen und wirtschaftlichen Lebens sowie seiner politischen Ausdrucksformen in gewisser Weise präjudiziert. Von diesem Ursprung her eignet dem islamischen Recht eine im Verhältnis zu dieser wechselhaften Welt unabhängige Existenz, d. h. es handelt sich um ein metahistorisches Phänomen, das als solches gar nicht zum Gegenstand historischer Erforschung taugt. Dennoch vollziehen sich Auslegung und Anwendung der einzelnen Rechtsnormen und Rechtsinstitute als ausformulierende Entfaltung dieses Rechts so, wie die islamische Rechtswissenschaft sie betreibt, natürlich sehr wohl in der Form eines historischen Prozesses. Dieser wurde schon von der traditionellen islamischen Lehre in mehrere Perioden unterteilt. Deshalb wird die Auffassung vertreten, dass im Fall der islamischen Rechtsgeschichte nicht von einer Geschichte des islamischen Rechts (arab.: *sharīʿa*), sondern einzig und allein von einer Geschichte der islamischen Rechtswissenschaft als Geschichte der Einsicht (arab.: *fiqh*) in dieses Recht gesprochen werden könne. Hierauf beharren insbesondere die maßgebenden Arbeiten, die zu dieser Frage in arabischer Sprache vorliegen. Allerdings unterfallen dem Begriff des islamischen Rechts auch die Systeme der Rechtstheorie und juristischen Methodenlehre bzw. der Wurzeln der Einsicht (arab.: *uṣūl-al fiqh*) sowie die Dogmatik der einzelnen Rechtsgebiete bzw. Zweige (arab.: *furūʿ*) des positiven Rechts, die Generation auf Generation muslimischer Juristen in mühevoller Arbeit aus den Quellen des Islam geschöpft hat. Deshalb kann, wenngleich nur in bedingter Weise, auch von einer Geschichte des islamischen Rechts gesprochen werden, falls wir dabei stets im Blick behalten, dass dieses Recht aus zwei Materien besteht; nämlich erstens dem unabänderlichen, metahistorischen Gesetz, das von Gott gegeben ist als der deutlich gebahnte Pfad, der uns zur Quelle hinführt (arab.: *sharīʿa*), sowie zweitens der wechselhaften Auslegung und Anwendung, die dieses Gesetz im Rahmen der islamischen Rechtswissenschaft durch die Menschen erfahren hat und immer noch erfährt. Obwohl ihrer eigenen Tradition bewusst und immer auf ihr fußend, hat die klassische islamische Rechtswissenschaft eine systematische Darstellung der Genese einzelner Rechtsnormen, Rechtsinstitute und Rechtsgebiete bzw. ihrer Dogmengeschichte nicht hervorgebracht. Vielmehr besaß sie, in Übereinstimmung mit ihrer eigenen, islamischen Konzeption des Rechts, eine spezifische Art von Historiografie. Für diese stehen vor allem die unter ihrem Gattungsnamen als Klassenbuch der Rechtsgelehrten (arab.:

ṭabaqāt al-fuqahā') bekannten Werke, in denen die biografischen und bibliografischen Daten vieler Generationen muslimischer Juristen gesammelt sind. Nachdem sich die Rechtsschulen (arab. Sg.: *madhhab,* Pl.: *madhahib*) formiert hatten, wurde es üblich, die Lebensläufe der einer Schule angehörenden Juristen in Sammlungen zu vereinen; eine Vorgehensweise, die aus der Zielsetzung heraus verständlich wird, mit einem Lexikon der juristischen Ahnen zugleich den Weg nachzuzeichnen, auf dem die juristische Einsicht (arab.: *fiqh*) vom Gesandten Gottes über die Prophetengefährten (arab. Sg.: *aṣḥāb*, Pl.: *ṣaḥāba*), die mit ihm zusammenlebten, bis zu den Tagen überliefert worden war, in denen das betreffende Werk entstand. Über derartige Sammlungen hinaus gab es die bekannten Chroniken über die Gerichtsbarkeiten einzelner Länder und Regionen. Eine der frühesten Quellen, die von den Juristen und ihrem Schrifttum spricht, ist das von Ibn al-Nadīm (gest. 377/987) verfasste *Kitāb al-fihrist* (arab.; dt.: Das Katalogbuch), dessen 6. Teil sich mit den Juristen befasst. Von den Arbeiten bekannter sunnitischer Juristen der einzelnen Rechtsschulen sei erinnert an ʿAbd al-Qādir (ḥanafitisch, gest. 775/1373): *al-Jawāhir al-mudī'a* (arab.; dt.: Die leuchtenden Edelsteine); Ibn Farhūn (mālikitisch, gest. 799/1397): *al-Dībāj al-mudhahhab* (arab.; dt.: Der golddurchwirkte Seidenbrokat); *Tāj al-dīn al-Subkī* (shāfiʿitisch, gest. 771/1370): *Ṭabaqāt al-shāfiʿiyya al-kubrā* (arab.; dt.: Das große Klassenbuch der Shāfiʿiten), sowie Ibn Abī Yaʿlā (ḥanbalitisch, gest. 526/1133): *Ṭabaqāt al-ḥanābila* (arab.; dt.: Das Klassenbuch der Ḥanbaliten). Von dem shīʿitischen Juristen Āghā Buzurg al-Ṭihrānī (gest. 1390/1970) stammt das *Ṭabaqāt aʿlām al-shīʿa* (arab.; dt.: Das Klassenbuch der prominenten [Rechts-]* Gelehrten der Shīʿa). Von den Autoren, die sich mit den Gerichtsbarkeiten einzelner Länder und Regionen befassten, sind besonders bekannt Kushanī (gest. 371/981), der eine Abhandlung über die Richter von Cordoba verfasste, al-Nubāhī (8./14. Jahrhundert) mit seinem Werk über die andalusischen Richter, Ibn Ḥajar al-ʿAsqalānī (gest. 852/1449), der über die ägyptischen Richter schrieb, sowie Ibn Ṭulūn (gest. 953/1546), dessen Interesse den Richtern von Damaskus galt.

---

* Zusätze in eckigen Klammern [ ] wurden mit dem Verfasser abgestimmt, A. d. Ü.

4. Die zeitgenössische Historiografie des islamischen Rechts

In unserer heutigen Zeit verteilt sich die rechtsgeschichtliche Forschung über das islamische Recht auf zwei sehr unterschiedliche Wissenschaftsgemeinden, nämlich auf die westlich-orientalistische und die muslimische. Unleugbar ist freilich die Tatsache, dass es erst die Arbeiten einzelner westlicher Orientalisten waren, die das rechtsgeschichtliche Interesse im modernen Sinn bei den muslimischen Autoren nachhaltig belebten und geradezu entfachten. Einige Thesen der westlichen Orientalisten schienen nämlich auf den ersten Blick geeignet zu sein, traditionelle innerislamische Ansichten über die Geschichte des islamischen Rechts zu erschüttern. Deshalb stellten die muslimischen Gelehrten in dem Bestreben, diese Thesen zu entkräften, neue und eigene Forschungen über den Werdegang ihres Rechts an. Dies gilt jedenfalls für das Phänomen der vielen muslimischen Arbeiten auf dem Gebiet der islamischen Rechtsgeschichte, die in der ersten Hälfte des 14./20. Jahrhunderts entstanden sind. Von den westlichen Orientalisten der früheren Generationen ist Ignaz Goldziher zu nennen, dessen Monografie *Le Dogme et la loi de l'Islam* 1339/1920 in Paris erschien. Auf seinen Spuren wandelnd, veröffentlichte Joseph Schacht 1370/1950 in London sein Buch *The Origins of Muhammadan Jurisprudence*, das die interessierten Kreise sowohl in der westlichen Orientalistik als auch innerhalb der islamischen Wissenschaften geradezu in Aufruhr versetzte. In ihm stellte er die These auf, dass das islamische Recht nicht aus dem Qur'ān und der Sunna, sondern erst aus der Praxis der vier ersten, rechtgeleiteten Kalifen hervorgegangen sei. Schacht behauptete, dass die Sunna des Propheten nur eine andere Bezeichnung für vorislamische Sitten und Bräuche sei, die die Interpretation der frühen Rechtsgelehrten dem Gesandten Gottes nachträglich zugeschrieben habe, sodass – mehr noch – auch sämtliche Ḥadīth-Sammlungen unglaubwürdig seien. Es zeigte sich rasch, dass die Arbeiten anderer westlicher Orientalisten Schachts grundlegende Thesen rezipierten, wenngleich sie ihn in manchen Details auch korrigierten. Ein derart fundamentaler Angriff gegen die traditionelle islamische Lehre und ihre Voraussetzungen forderte selbstredend eine Vielzahl von rechtsgeschichtlichen Arbeiten muslimischer Gelehrter heraus. Vor diesem Hintergrund führte innerislamisch kein Weg an den Schlussfolgerungen vorbei, dass es erstens unerlässlich sei, in das Studium der islamischen Rechtswissenschaft auch die Rechtsgeschichte einzubeziehen, und dass sich zweitens erst auf diese Weise zutreffende Prämissen über eine Rechtsnorm, ein Rechtsinstitut oder ein Rechtsgebiet gewinnen ließen. Im gleichen Jahr, als Goldziher *Le Dogme et la loi de l'Islam* veröffentlichte, gab der ägyptische Rechtsgelehrte Muḥammad al-Khuḍrī seine Monografie *Tārīkh al-tashrī' al-islāmī* (arab.; dt.: Geschichte der islamischen Gesetzgebung) zum Druck. Wenige Jahre später erschien im Maghreb das vierbändige Werk *Al-fikr al-sāmī fī tārīkh al-fiqh al-islāmī* (arab.; dt.: Geschichte der islamischen Rechtswissenschaft) von Muḥammad b. al-Ḥasan al-Hajwī. Noch etwas später, 1361/1942, veröffentlichte 'Alī Ḥasan 'Abd al-Qādir in Kairo seine Abhandlung *Naẓra 'āmma fī tārīkh al-fiqh al-islāmī* (arab.; dt.: Allgemeiner Überblick über die Geschichte der islamischen Rechtswissenschaft). Außerdem darf in einer Bibliografie die bedeutende Arbeit von Muḥammad Yūsuf nicht fehlen, die unter dem Titel *Muḥādarāt fī tārīkh al-fiqh al-islāmī* (arab.; dt.: Vorlesungen über die Geschichte der islamischen Rechtswissenschaft) 1374/1954 – 376/1956 in Kairo in drei Bänden im Druck erschien. Wegweisend für die Geschichte der shī'itischen Rechtswissenschaft sind die *Adwār al-fiqh* (arab.; dt.: Epochen des Fiqh) von Maḥmūd al-Shahābī, die 1371/1951 in Teheran erschienen. Was schließlich ihre Forschungen über die späteren Perioden der islamischen Rechtswissenschaft angeht, so stimmen westliche Orientalisten und muslimische Gelehrte in ihren Ergebnissen vielfach überein. Die weitreichendsten Differenzen bestehen hinsichtlich der ersten zwei Jahrhunderte, die auf die Hidschra folgten, und damit im Hinblick auf die formative Ära der islamischen Rechtswissenschaft. Dabei besteht, von einigen an den Rändern der westlichen Orientalistik vertretenen Mindermeinungen abgesehen, über den Ablauf der Ereignisse auch hinsichtlich dieser Jahrhunderte kein schwerwiegender Streit. Jedoch bleiben äußerst gewichtige Unterschiede im Hinblick auf die ideellen Prämissen, die der jeweiligen Interpretation zugrundeliegen.

Literatur: F. Taranovski: *Uvod u historiju slovenskih prava*, Belgrad 1922; B. T. Blagojević u. a. (Hrsg.): *Pravna enciklopedija*, Belgrad 1979, S. 444; J. N. D. Anderson: *Islamic Law in the Modern World*, London 1959, S. 1 – 10; N. J. Coulson: *Uloga pravne historije u muslimanskoj pravnoj nauci*, in: *Glasnik VIS* 1/1982, S. 71 – 75; 'Abd al-Sattār al-Khalwajī: *Turāthunā al-fiqhī wa qadāyāhu al-bibliyūjrāfiyya*, in: *Al-Dar*, Juni 1977, S. 163 – 175; J. Schacht: *An Introduction to Islamic Law*, London 1966.

Allgemeiner Teil

Perioden der islamischen Rechtsentwicklung

Das islamische Recht, unter dem hier wie gesagt nicht die Sharīʿa selbst, sondern nur das Recht der Sharīʿa als Korpus der verschiedenen dogmatischen Systeme verstanden sei, die die Rechtsschulen aus den originären Quellen ableiteten, durchlief auf seinem Weg durch die Geschichte mehrere Perioden, die insbesondere im Hinblick auf die Eigenart ihres Rechtsdenkens unterscheidbar sind. Die einzelnen Rechtshistoriker gliedern den zeitlichen Ablauf dieser Entwicklung entsprechend ihrem persönlichen Verständnis dieses Prozesses in unterschiedlicher Weise. Dabei orientieren sie sich an Merkmalen, die ihnen geeignet erscheinen, die islamische Rechtswissenschaft und Rechtspraxis der betreffenden Periode generell zu charakterisieren.

Die Periodisierung der islamischen Rechtsgeschichte

Unter einer Periodisierung wird in der Geschichtswissenschaft die Gliederung des an sich ja einheitlichen historischen Prozesses in eine Mehrzahl von Zeitabschnitten verstanden, die voneinander durch konstitutive Merkmale unterschieden sind. Als solche kommen in der Rechtsgeschichte vielfältige Momente sowohl rechtlichen als auch im weiteren Sinne sozialen Charakters, wie etwa die Gesetzgebung und die Gesetzgeber, eine sich wandelnde Praxis der Gerichte und Behörden sowie revolutionäre Ereignisse wie Volkserhebungen und dergleichen in Betracht. Periodisierungen, die es unternehmen, anhand solcher Merkmale ein äußeres System zu formieren, werden Periodisierungen im technischen Sinn genannt; und zwar im Unterschied zu jenen anderen, die darauf ausgehen, das Paradigma der betreffenden Epoche bzw. ihr inneres System zu erfassen und die einzelnen Zeitabschnitte anhand der wechselnden Leitmotive zu ordnen, die das jeweilige Rechtsdenken im Leben seiner Zeit

F. Karčić, *Geschichte des Rechts der Sharīʿa*,
https://doi.org/10.1007/978-3-658-41765-9_2

verankern. Dem vorliegenden Überblick soll indessen kein inneres System, sondern eine für die Zwecke des Studiums besser geeignete Periodisierung im technischen Sinn bzw. ein äußeres System zugrundeliegen. Soweit uns bekannt ist, wurde der früheste innerislamische Periodisierungsversuch von einem indischen Gelehrten vorgelegt, und zwar von ʿAbdur Raḥīm, Richter am Obersten Gericht der Provinz Madras zur Zeit der britischen Kolonialherrschaft. Er gliederte die Geschichte des Fiqh in seinem Werk *The Principles of Muhammadan Jurisprudence according to the Hanafi, Maliki, Shafi'i and Hanbali Schools* (1329/1911) in vier Perioden, nämlich:

I von der Hidschra als dem Beginn der islamischen Zeitrechnung 1/622 bis zum Tode des Gesandten Gottes (11/632); Periode der Gesetzgebung,

II vom Tode des Gesandten Gottes bis zum Beginn der Herausbildung unterschiedlicher Rechtsschulen; Periode der Prophetengefährten (arab. Sg.: *aṣḥāb*, Pl.: *ṣaḥāba*) und ihrer unmittelbaren Nachfolger (arab. Sg.: *tābiʿ*, Pl.: *tābiʿūn*),

III vom Beginn des 2./8. Jahrhunderts bis zum Ende des 3./9. Jahrhunderts; Periode der Formation der vier großen sunnitischen Rechtsschulen,

IV vom Beginn des 4./10. Jahrhunderts bis zur Zeit der Glossatoren und Kommentatoren; Periode der Nachahmung (arab.: *taqlīd*).

Dem Grundprinzip dieser Periodisierung folgte, wenngleich es in eigenständiger und charakteristischer Weise abwandelnd, eine Generation später auch der indische Autor Asaf A. A. Fyzee in seinem Buch *Outlines of Muhammadan Law* (1368/1949). Nach ihm durchlief das islamische Recht während seiner Entwicklung fünf Perioden, nämlich:

I von der Hidschra bis 11/632; Periode der Offenbarung des Qurʾān sowie der Hervorbringung der Sunna als der beiden originären Rechtsquellen,

II von 11/632 bis 40/661; Periode der rechtgeleiteten Kalifen (arab.: *al-khulafāʾ al-rāshidūn*) und der noch unmittelbaren Verbindung zur vorangegangenen Periode der Offenbarung,

III von 40/661 bis zum Ende des 3./9. Jahrhunderts; formative Periode der vier großen sunnitischen Rechtsschulen,

IV vom 4./10. Jahrhundert bis 1343/1924; Periode der Dekadenz und des Einbruchs säkularer Rechte in das Recht der Sharīʿa,

V seit 1343/1924 bis heute; Periode der Aufhebung des Kalifates und der Lösung der Religion vom Recht.

Ein Jahrzehnt nach ʿAbdur Raḥīm, 1339/1920, legte der ägyptische Gelehrte Muḥammad al-Khuḍrī in seinem bereits erwähnten Werk *Tārīkh al-tashrī' al-islāmī* (arab.; dt.: Geschichte der islamischen Gesetzgebung) eine weitere Periodisierung vor. Seines Erachtens können innerhalb der islamischen Rechtsgeschichte sechs Perioden unterschieden werden, nämlich:

I Periode der Gesetzgebung des Gesandten Gottes,

II Periode der Prophetengefährten, die mit dem Zeitalter der rechtgeleiteten Kalifen endete,

III Periode der Herausbildung und Vervollkommnung des islamischen Rechtsdenkens; Zeitalter der frühen ʿAbbāsiden,

IV Periode der Formation der vier großen sunnitischen Rechtsschulen; Zeitalter der späten ʿAbbāsiden,

V Periode der Stagnation; von der Zerstörung Bagdads 656/1258 bis zum 13./19. Jahrhundert,

VI Periode des Erwachens und der Erneuerung; vom 13./19. Jahrhundert bis heute.

Eine sehr eigenständige Sichtweise trug der pakistanische Gelehrte Kemal Faruki in seinem Buch *Islamic Jurisprudence* (1382/1962) vor. In ihm legte er dar, dass die islamische Rechtsgeschichte seines Erachtens sieben Perioden durchlief, nämlich:

I Periode der Offenbarung und der Anwendung des Rechts der Sharīʿa in der privaten Sphäre; von 13 v. H. / 609 n. Chr. bis zur Hidschra,

II Periode der Offenbarung und der Anwendung des Rechts der Sharīʿa in der öffentlichen Sphäre; von der Hidschra bis 10/632,

III Periode der Beispielgebung; bis 40/661,

IV Periode der lebendigen Tradition; bis ca. 200/816,

V Periode der Übereinstimmung; bis ca. 400/1010,

VI Periode der Nachahmung; bis ca. 1200/1786,

VII Periode der staatlichen Gesetzgebung und der Desintegration; seit ca. 1200/1786 bis heute.

Aus all diesen Periodisierungsversuchen, die vorliegend nur beispielhaft wiedergegeben seien, kann unschwer abgeleitet werden, welchen Merkmalen und Momenten nach allgemeiner Auffassung die Bedeutung zukommt, den Beginn einer neuen Periode in der islamischen Rechtsgeschichte bzw. der Geschichte der islamischen Rechtswissenschaft zu markieren. Zunächst ist es (1) das Leben Muḥammads صلى الله عليه وسلم * selbst, das seine Ära dazu bestimmt, die Periode der Gesetzgebung zu sein. Gehen wir von hier aus weiter vor, kommt (2) der Ära der vier rechtgeleiteten Kalifen (arab.: *al-khulafāʾ al-rāshidūn*) eine eigenständige Bedeutung zu. An sie anschließend, erweist sich als formative Periode der islamischen Jurisprudenz (3) der Zeitraum von der Mitte des 1./6. bis zum Ende des 3./9. Jahrhunderts, und zwar deshalb, weil in ihm die frühen Rechtsgelehrten auftraten, die die ersten Grundlagen der islamischen Rechtswissenschaft bzw. der Einsicht (arab.: *fiqh*) legten. Diese Ära fortführend und dabei sämtliche nur denkbaren Aspekte des islamischen Rechts umkreisend, tritt mit den verschiedenartigen Gestalten, die die islamische Rechtswissenschaft im Rahmen der einzelnen Rechtsschulen und juristischen Denkrichtungen gewinnt, (4) die Periode der Ausarbeitung der Rechtstheorie und juristischen Methodenlehre bzw. der Wurzeln der Einsicht (arab.: *uṣūl-al fiqh*) sowie der dogmatischen Entfaltung der einzelnen Rechtsgebiete bzw. der Zweige (arab.: *furūʿ*) des positiven Rechts auf den Plan. Äußeres Merkmal

* Die Eulogie (arab.: *taṣliya*) für Muḥammad: „*Gott segne ihn und schenke ihm Heil!*", A. d. Ü.

dieses Zeitabschnittes, der vom Beginn des 4./10. bis zur Mitte des 8./14. Jahrhunderts dauert, sind die Werke und das Wirken jener bedeutenden Rechtsgelehrten, nach denen die vier großen sunnitischen Rechtsschulen benannt sind. Danach folgt (5) die Ära der Juristen, die diese Rechtsschulen beerbten. Sie ist die Periode der Glossatoren und Kommentatoren bzw. die Periode der Nachahmung (arab.: *taqlīd*), die sich bis zum Beginn des 13./19. Jahrhunderts hinzog. Dann aber war ein Punkt erreicht, an welchem der bis dahin zusehends akzeptierten, ja immer mehr herrschend gewordenen These von der Schließung des Tores der Übereinstimmung (arab.: *ijtihād*) energisch widersprochen wurde, und zwar aus der Mitte einer wiedererwachten islamischen Gemeinschaft. Von diesem Widerstand nimmt (6) eine Wende ihren Ausgang, und eine bis heute anhaltende Periode der Erneuerung beginnt. Dieser Periodisierung in sechs Zeitabschnitte folgend, soll in den weiteren Kapiteln dieses Buches ein allgemeiner Überblick über die Geschichte der islamischen Rechtswissenschaft von den Anfängen bis heute gegeben werden. Bevor die hierfür grundlegende Periode der Gesetzgebung dargestellt werden kann, erscheint es allerdings geboten, zunächst einige Grundzüge der Lebenswelt der vorislamischen Araber darzulegen sowie auf einige Aspekte ihres Rechts hinzuweisen. Eine solche Vorgehensweise drängt sich aus zwei Gründen auf: Zum einen zeigt schon der Umstand, dass die islamische Gesetzgebung unter den konkreten historischen Umständen einer bestimmten Zeit gerade in Arabien das Licht der Welt erblickt hat, dass es sachlich geboten ist, sich zuvor der gesellschaftlichen, wirtschaftlichen und politischen Verhältnisse zu versichern, deren Faktizität das Umfeld und damit zugleich den frühesten Gegenstand des islamischen Rechtsdenkens bildete. Zum anderen ist darauf hinzuweisen, dass einige der vorislamischen Sitten und Bräuche, wenngleich selektiv, in das islamische Recht übernommen wurden. So ermöglicht es dieser Ansatz auch, zu zeigen, warum gerade das islamische Recht scheinbar disparate Elemente universellen und lokalen Charakters so augenfällig in sich vereint.

Literatur: ʿAbdur Raḥīm: *Muhammadan Jurisprudence*, Lahore o. J., S. 2 – 16; Anwār Aḥmad Qādrī: *Islamic Jurisprudence in the Modern World*, Lahore 1981, S. 3 – 9; Joseph Schacht: *An Introduction to Islamic Law*, Oxford 1964, S. 6 – 9.

Die Lebenswelt der vorislamischen Araber

Allgemeine Merkmale der vorislamischen Ära. Das Zeitalter zwischen dem Inkrafttreten der justinianischen Kodifikation (98 – 59 v. H. / 527 – 565 n. Chr.) und dem Tod Muḥammads صلى الله عليه وسلم (10/632) erscheint in der Rückschau als eine der dunkelsten Epochen der menschlichen Geschichte. Gleich zwei der damals herrschenden Zivilisationen, die römische und die persische, waren tödlich geschwächt. Ihre äußeren Ränder wurden durch Streifzüge nomadisierender Scharen heimgesucht, während sich ihre inneren Gebiete von Tyrannei, Bürgerkriegen und Epidemien gequält sahen. Große Städte, Symbole der antiken Welt wie z. B. Antiochia, Caesarea, Damaskus, Jerusalem und Alexandria, fielen in den ersten Jahrzehnten des 1./7. Jahrhunderts der Verwüstung anheim.

Die Gesellschaft der vorislamischen Araber. Zur gleichen Zeit führten die an den Küsten und in den Wüsten der arabischen Halbinsel ansässigen semitischen Völker ein einfaches, gar primitives Leben, dessen Zurückgebliebenheit allerdings auch dadurch bedingt war, dass es wie an Wasser, so auch an weiteren Voraussetzungen für eine Kultivierung des Landes ebensosehr mangelte, wie sonstige Naturreichtümer fehlten. Die Nomaden streiften mit ihren Gemeinschaften durch die Wüste, während die sesshaften Bevölkerungsteile sich an der Küste sowie in den Oasen und an den Knotenpunkten der großen Handelsstraßen konzentrierten. In beiden Fällen fußte die Gesellschaft auf der Unterteilung in patrilineare Stämme, Familienverbände und Familien. All diesen Gliederungen standen Älteste vor, deren Rolle auf den kriegerischen Charakter der damaligen Araber verweist, deren soziale Verhältnisse freilich nicht besser und nicht schlechter waren als die Verhältnisse anderer Völker in vergleichbaren Stadien ihrer Entwicklung auch. Bekannt sind Älteste, die Gruppen von zehn Menschen (arab.: *ʿārif*) anführten, und solche, die Hundertschaften (arab.: *kāʾid*) vorstanden. Werte jenseits des Horizontes dieser agnatischen Klientelstrukturen waren im Bewusstsein der vorislamischen Araber praktisch nicht präsent. Deshalb spielte die Abstammung eine entscheidende Rolle und wurde die Überlegenheit der Araber über die Nichtaraber betont. Die Nichtaraber standen außerhalb und wurden als Stumme (arab.: *ʿajamī*) bezeichnet, wie ja z. B. auch die Deutschen von ihren slawischen Nachbarn die Stummen (bosn.: *njemci*) genannt werden. Die Bevölkerung einer Stadt wurde zwar nominell Gemeinschaft (arab.: *jamāʿa*) genannt, doch war die Separierung durch die Klientelstrukturen auch innerhalb der Städte nicht gelockert. Der Einzelne gehörte seiner Klientel durch Geburt oder auch durch Adoption und damit prinzipiell lebenslang an, sodass die Klientelstrukturen und die Loyalität zu ihnen das gleichsam in Stein gehauene Fundament der gesamten Lebenswelt der vorislamischen Araber und all ihrer gesellschaftlichen, wirtschaftlichen und politischen Manifestationen waren. Hinsichtlich ihrer Religiosität war die Bevölkerung der arabischen Halbinsel mehrheitlich polytheistischen heidnischen Opferkulten zuzurechnen. In geringer Zahl gab es auch Anhänger des Christentums sowie Gefolgsleute des Zoroastrismus; außerdem existierten einflussreiche jüdische Gruppen mit Siedlungsschwerpunkten in der Umgebung von Yathrib sowie im südlichen Arabien. In der Zeit vor dem Auftreten des Gesandten Gottes gab es auf der arabischen Halbinsel keine oberhalb der Klientelstrukturen stehende Instanz einer öffentlichen bzw. gesamtgesellschaftlichen oder politischen Ordnung. Jede Gruppe hatte ihren eigenen Ältesten (arab.: *shaykh*), der durch Abstammung, gesegnetes Alter oder besondere Weisheit ausgezeichnet war und so das Vertrauen seiner Klientel gewonnen hatte. Seine soziale Funktion bestand darin, die eigene Klientel im Verhältnis zu anderen Klientelen zu vertreten. In der Ausübung seines Amtes wurde er durch einen Ältestenrat unterstützt. Seine Entscheidungen wurden durch den von der jeweiligen Klientel gesetzten Rahmen und die dadurch eröffneten Möglichkeiten bestimmt, doch stand ihm ein förmlicher Zwangsapparat nicht zur Verfügung. Einzelne, die es ablehnten, sich der Autorität des Ältesten zu unterwerfen, konnten zu rivalisierenden Klientelen überlaufen, die ihnen als Zugereisten (arab.: *dakhīl*) Schutz boten. Verübte ein Angehöriger einer vermögenden Klientel eine Missetat und lehnte seine Familie es ab, ihn den Ältesten des über ihr stehenden Familienverbandes oder Stammes auszuliefern, so sagten sich alle Angehörigen der betreffenden Familie vom bisherigen Familienverband bzw. Stamm los und schlossen sich als Assoziierte (arab.: *akhlāf*) einer anderen Gruppe an. In Mekka zeigte sich während des eingangs umrissenen Zeitraumes bereits die Tendenz zur Herausbildung von Institutionen, wie sie für städtische Gesellschaften generell charakteristisch sind. Hierzu trug der Umstand bei, dass die Einwohner von Mekka sesshaft waren und die Kaaba ihr Eigen nannten, die örtlicher Bezugspunkt nicht bloß einer schon lange Zeit institutionalisierten heidnischen Pilgerfahrt, sondern auch zahlreicher anderer Sitten und Bräuche war. Gemäß der Tradition richtete Quṣayy, ein Angehöriger des Stammes der Quraysh, fünf Dienste ein, deren Durchführung nach seinem Tod als erbliches Privileg bei einzelnen Familienverbänden blieb. Bei diesen Diensten handelte es sich 1. um den Rat (arab.:

dār al-nadwa) als die Körperschaft der über vierzigjährigen männlichen Bürger sowie der Ältesten aller in Mekka vertretenen Klientelen, 2. um den Kriegsrat (arab.: *liwā'*), dem die Anführer der mekkanischen Krieger angehörten; eine Einrichtung, die den Heerbannen anderer Gesellschaften mit starker Klienteltradition vergleichbar war, 3. um den organisierten Einkauf von Nahrungsmitteln (arab.: *rifāda*), der die Verpflegung der heidnischen Pilger während der alljährlichen Pilgerfahrt gewährleisten sollte, 4. um die Verwaltung der mekkanischen Quellen und Brunnen (arab.: *siqāya*) sowie 5. um die Verwahrung der Schlüssel der Kaaba (arab.: *ḥijāba*). Die Wirtschaft der vorislamischen Araber war ziemlich einfach: Arbeit wurde geringgeschätzt, Beutezüge wurden als rechtmäßiger Bestandteil der Ausübung von Herrschaft angesehen, und Sklaverei war eine verbreitete Erscheinung. Auf das Ganze gesehen, befand sich die Gesellschaft der vorislamischen Araber freilich in einem kritischen Stadium, in dem die Klientelstrukturen bereits verfielen, eine neue Ordnung aber noch nicht etabliert war. Der gesellschaftliche Status war gegenständlich definiert; die häufigsten Titel, auf die er sich bezog, waren Kamele, Pferde, Zelte, Kleidung, Waffen, Schmuck und dergleichen mehr. In den Städten hatten darüber hinaus auch das Eigentum an Grund und Boden sowie Vermögenswerte wie etwa Handelsunternehmen eine beträchtliche Bedeutung. Heiligtümer wurden freilich als Allmende angesehen, ein Status, der auch einzelnen anderen Gütern zukam. Das Recht der vorislamischen Araber unterschied weder zwischen beweglichen und unbeweglichen Sachen noch zwischen ererbten und erworbenen Vermögenswerten. Das Recht auf Eigentum stand jeder Person einschließlich den Frauen zu, aber sobald das Individuum den Schutz der Klientel verlor, wurde auch sein Eigentum nicht länger anerkannt: Ohne den Schirm der Klientel stand der Einzelne auf Gedeih und Verderb seinen Kontrahenten in jenem Kriege aller gegen alle gegenüber, der die vorislamische Gesellschaft der Unwissenheit (arab.: *jāhiliyya*) beherrschte.

Das Recht der vorislamischen Araber. Im rechtsgeschichtlichen Schrifttum wird angenommen, dass das Recht der vorislamischen Araber in das Gewohnheitsrecht der Beduinen einerseits sowie die etwas entwickelteren Stadtrechte andererseits aufzuteilen sei. Wie dem auch sei, wird das Recht dieser Ära ganz allgemein durch das Fehlen schriftlicher Rechtsdenkmäler charakterisiert. Als Quellen für Forschungen über das Gewohnheitsrecht der vorislamischen Beduinen stehen deshalb nur die vorislamische und die frühe islamische Poesie sowie Chroniken von Stämmen und Familienverbänden zur Verfügung. Das jeweilige Gewohnheitsrecht unterschied sich in Einzelheiten von Klientel zu Klientel, doch sind gewisse allgemeine Merkmale durchaus erkennbar. In den

Stadtrechten der größeren Städte, wie z. B. in den Rechten von Mekka, Yathrib und Ṭā'if, war das Handelsrecht schon deutlich ausgeprägt. Hiervon zeugen weit entwickelte Regeln für die Gestaltung von Verträgen über verzinsliche Darlehen ebenso wie manche kaufmännische Begriffe, die der Qur'ān gelegentlich benutzt, wenn er vorislamische Praktiken verurteilt. Der ausgedehnte Handel mit dem byzantinischen Syrien, dem persischen Irak sowie dem südlichen Arabien brachte die arabische Halbinsel in Kontakt mit zahlreichen Instituten des römischen und des sassanidischen Rechts. Fremde Einflüsse wirkten sich deshalb am meisten im Schuldrecht und dort insbesondere im Darlehensrecht aus, während Personenstands- und Familienrecht, Erbrecht und Strafrecht den Klientelstrukturen unterworfen blieben.

Personenstands- und Familienrecht. Als in vollem Umfang rechtsfähige Mitglieder der Gemeinschaft wurden im vorislamischen Arabien nur die waffentragenden Männer angesehen. Den Frauen war eine nachrangige, wenn nicht zweitklassige Stellung zugewiesen, waren sie doch vom Erbrecht ausgeschlossen, wenngleich ihr Recht auf den Erwerb von Eigentum und Vermögenswerten anerkannt war; wobei sie zur Verwaltung dieser Gegenstände freilich der Einwilligung ihres Ehemannes bedurften. Die Stellung der Minderjährigen und der vergreisten Menschen mit verminderter Geschäftsfähigkeit, die im antiken römischen Recht mit lapidarer Prägnanz als *non compos mentis* (lat.; dt.: nicht Herr der Sinne) bezeichnet wurde, war nochmals um eine Stufe schlechter, denn rechtliche Mechanismen zum Schutz vor unredlichen Vormündern existierten nicht. Für das Verhältnis zwischen den Geschlechtern war, wie Joseph Schacht gezeigt hat, nicht so sehr das Institut der Mehrehe als solches konstitutiv, sondern bezeichnend waren die Häufigkeit der Scheidungen und eine Promiskuität, die die Linie zwischen Ehe und Prostitution bisweilen überschritt. Es gab unterschiedliche Formen der Ehe, die teilweise mit zeitlichen Begrenzungen einhergingen. Das mangelnde Verständnis der Männer für die Stellung der Frau führte dazu, sie ähnlich wie bei den Eskimos oder analog dem Beiwohnungsrecht des Gastes bei den heidnischen Slawen sogar Gästen zum Beischlaf anzudienen. Außerdem kam es vor, dass der Ehemann seine Rechte als Honorar für ihm geleistete Dienste anderen Männern übertrug bzw. ihnen der Geschlechtsverkehr mit der Ehefrau gestattet wurde, um Nachkommen für die Klientel zu zeugen. Auch der Brauch, sich Sklavinnen als Konkubinen zu halten, war weit verbreitet. Scheidung und erneute Eheschließung mit der geschiedenen Frau standen ohne Einschränkung frei. Nach dem Tod des Mannes wurde die Frau als Teil des Nachlasses betrachtet, was auch das Recht der Erben einschloss, sie zu ehelichen; es sei denn, ihr Status als Sklavin bildete ein Ehehindernis, oder es war schon ein anderer Mann für sie bestimmt.

Erbrecht. Funktion des Erbrechts war es, die Verbundenheit innerhalb der Klientelen zu bestärken. Da man hierunter im Erbrecht nur die Männer verstand, die durch gemeinsame Abstammung verbunden waren, stand das Erbrecht den männlichen Verwandten bzw. den Agnaten (arab.: *ʿaṣaba*) und unter ihnen den waffentragenden Männern zu, weil sie, wie es in den Quellen mehrfach heißt, imstande waren, sich und die Ihren wohl zu hüten und zu schirmen. Auf diese Weise war der Fortbestand der Stämme, Familienverbände und Familien auch nach dem Erbfall gesichert und blieb der Nachlass stets innerhalb der Klientel. Frauen und minderjährige Personen männlichen Geschlechts waren vom Erbrecht ausgeschlossen. Unter den männlichen Verwandten genossen Abkömmlinge des Erblassers den Vorrang gegenüber Erbberechtigten in gerader Linie, während letztere den Vorrang gegenüber solchen Erbberechtigten genossen, die mit dem Erblasser in Seitenlinie verwandt waren. Testierfreiheit bestand offenbar nur dann, wenn der Erblasser keine männlichen Verwandten hatte. Gab es solche, war die vom Erblasser gewünschte Regelung wohl nur durch lebzeitige Geschenke bzw. im Wege der letztwilligen Verfügung durch Vermächtnisse zu erreichen, wenngleich einzelne Autoren auch hier eine unbeschränkte Testierfreiheit annehmen.

Zivilrecht. Das Zivilrecht der vorislamischen Araber entwickelte sich in erster Linie unter dem Einfluss ihres bedeutenden Handelsverkehrs. Allerdings bildeten sich in den Oasen sowie überall dort, wo die Bedingungen für eine Landwirtschaft gegeben waren, auch einige Rechtsgrundsätze und Regelungen über die Nutzung von Grund und Boden heraus. Hinsichtlich der Gestaltung von Schuldverträgen über Sachen durch Rechtsgeschäfte unter Lebenden waren die vorislamischen Araber uneingeschränkt frei. Es gab Vertragstypen sowohl für Verträge über die endgültige Veräußerung von Sachen (wie z. B. Kauf, Schenkung und Tausch) als auch für Verträge über die zeitweilige Nutzung von Sachen und die Ziehung ihrer Früchte (wie z. B. Sachdarlehen, Leihe und Pacht). Viele der rechtlichen Gestaltungen, die im Rahmen dieser Vertragstypen zulässig waren, trugen spekulativen Charakter, was nach dem moralischen Verständnis der damaligen Araber indessen unbedenklich war. Am weitesten entwickelt war in der Gesellschaft der vorislamischen Unwissenheit der Kaufvertrag, dessen Gestaltung gleichfalls keinen Schranken unterlag. Folgende Kaufvertragstypen waren gebräuchlich: Der gewöhnliche Kauf (arab.: *bayʿ*), bei dem die Leistung in der Kaufsache und die Gegenleistung in Geld bestand;

der Terminkauf (arab.: *salam*), bei dem sich der Käufer verpflichtete, den Kaufpreis zu bezahlen, während der Verkäufer ihm die Kaufsache anschließend binnen einer vereinbarten Frist zu verschaffen hatte; der wohl als eine Art von gemischter Schenkung aus gegebenem Anlass zu verstehende Kauf zum Selbstkostenpreis (arab.: *al-tawaliyya*); der Kauf zum ermäßigten Preis (arab.: *wadī'*) sowie der ritualisierte Bestimmungskauf (arab.: *bay' bi-ilqā' al-ḥajar*), bei dem über der vom Verkäufer angebotenen Ware ein Stein zertrümmert wurde und der Käufer anschließend verpflichtet war, zum vorher vereinbarten Preis sämtliche Stücke zu erwerben, die von den Gesteinsbrocken getroffen wurden – wobei keiner Partei dieses gleichsam aleatorischen Kaufes ein Rücktrittsrecht zustand. Zu den streng formgebundenen kaufrechtlichen Gestaltungen zählte die Aneignung (arab.: *mulāmasa*), bei der der Käufer die zur Schau gestellte Ware in genau bestimmten Konstellationen allein dadurch erwarb, dass er die Hand auf sie legte; und zwar ohne Rücksicht darauf, ob der Verkäufer mit dem gebotenen Preis einverstanden war oder nicht. Unter den Begriff des Kaufes subsumierten die vorislamischen Araber schließlich auch den Tausch von Sachen gegen Sachen (arab.: *muqāyada*) sowie den Umtausch von Geldstücken gegen andere Geldstücke (arab.: *ṣarf*). Verzinsliche Darlehen waren besonders unter der städtischen Bevölkerung verbreitet. Im Schrifttum wird in dieser Hinsicht namentlich die jüdische Kolonie von Yathrib genannt, in der mit nicht limitierten Zinssätzen teils auch Wucher (arab.: *ribā*) betrieben worden sei. Praktiziert wurden ferner Pachtverträge (arab.: *'āriya*), aufgrund derer der Pächter berechtigt war, die Früchte des Pachtgegenstandes zu ziehen. Unter der ländlichen Bevölkerung waren unterschiedliche Gestaltungen der Landpacht verbreitet. Dabei waren Laufzeiten von einem Jahr bis zu zwei oder höchstens drei Jahren üblich. Der Pachtzins wurde entweder in Geld oder als Anteil an der Ernte entrichtet. Die zur Landwirtschaft erforderlichen Arbeitsmittel wurden entweder vom Verpächter gestellt (arab.: *mukhābara*), oder der Pächter brachte sie selbst bei (arab.: *muzāra'*).

Strafrecht. In der von verwandtschaftlichen Klientelstrukturen geprägten Gesellschaft der vorislamischen Araber wurde strafwürdiges Unrecht in erster Linie der Klientel zugerechnet, der der Täter angehörte. Der geschädigten Klientel stand das Recht zu, von seiner Verwandtschaft die Auslieferung des Täters zu fordern, um ihn dem Talionsprinzip – Auge um Auge, Zahn um Zahn – zu unterwerfen oder Kompensation bzw. Schadensersatz (arab.: *diya*) zu fordern. Dabei unterlag das Talionsprinzip gewissen Modifikationen, die vom sozialen Status sowohl des Täters als auch des Opfers abhängig waren. Hatte ein Angehöriger einer weniger angesehenen, inferioren Klientel ein Mitglied einer sozial höhergestellten Klientel getötet, so durfte letztere für einen getöteten Mann das Leben von zwei Männern, für eine getötete Frau das Leben eines Mannes sowie für einen getöteten Sklaven das Leben eines Freien fordern. Derartige Modifikationen des an sich ja egalitären Talionsprinzips anhand des gesellschaftlichen Ranges belegen, wie sehr die Klientelstrukturen bereits im Niedergang begriffen waren. Ferner finden sich in den Quellen u. a. Belege über die Amputation einer Hand als Strafe für Diebstahl, die freilich nur zur Anwendung kam, wenn der Dieb einer weniger angesehenen, inferioren Klientel angehörte. Unter den Arabern, die namentlich in der Umgebung von Yathrib das mosaische Bekenntnis angenommen hatten, erlangten anfänglich auch einige Rechtsgrundsätze und Regelungen des damaligen jüdischen Strafrechts Geltung, die mit der Zeit jedoch immer mehr abgewandelt wurden.

Gerichtsbarkeit. Wie schon gezeigt, besteht ein grundlegendes Merkmal jeder sozialen Ordnung, die auf verwandtschaftlichen Klientelstrukturen beruht, im Fehlen einer über Familie, Familienverband und Stamm hinausweisenden Autorität, die imstande wäre, Funktionen öffentlicher Herrschaft auszuüben. Dies gilt auch für die soziale Ordnung der vorislamischen Araber. An eine funktionell eigenständige Gerichtsbarkeit zu denken, verbietet sich deshalb für das vorislamische Arabien von vornherein. Vielmehr lagen die Führung der Klientel und die Rechtsprechung bei den Ältesten in einer Hand. Streitigkeiten innerhalb einer Klientel wurden durch deren Ältesten entschieden, während Zwistigkeiten, die mehrere Klientelen betrafen, Gerichten anvertraut waren, die von Fall zu Fall gebildet wurden. Bemerkenswert ist es, dass das Fehlen einer funktionell eigenständigen Gerichtsbarkeit bei den vorislamischen Arabern nicht etwa zum Überwiegen der Selbsthilfe, sondern gerade umgekehrt dazu führte, dass gewillkürte Richter (arab.: *ḥakam*) bestellt wurden, die gewissermaßen als Vorläufer jenes späteren mekkanischen Bundes der Vorzüglichen (arab.: *ḥilf al-fuḍūl*) angesehen werden können und gleich dessen Mitgliedern von Amts wegen den Schwachen beistanden, denen ein Unrecht geschehen war. Die gewillkürten Richter mussten keiner bestimmten sozialen Kategorie angehören, waren jedoch häufig Älteste einer Klientel. Nicht selten wurde die richterliche Tätigkeit an ihrer Stelle von Wahrsagern (arab.: *kāhin*) ausgeübt, denen die vorislamischen Araber übernatürliche Fähigkeiten zuschrieben. Allgemein hatten sich die Parteien zunächst über die zur Entscheidung berufene Person sowie über den ihr vorzulegenden Fall zu verständigen. Vor dem Verfahrensbeginn waren Sicherheiten in Form von Vermögensgegenständen oder Geiseln als Unterpfand dafür zu stellen, dass sich die Parteien dem Schiedsspruch auch tatsächlich unterwerfen würden – dem Schiedsspruch deshalb, weil die richterliche Entscheidung nach den Forschungen, die Joseph Schacht über das vorislamische Recht betrieben hat, eher einem Lösungsvorschlag für den jeweiligen Einzelfall als einem juristisch ausgearbeiteten Urteil glich. Das Erkenntnisverfahren wies Ähnlichkeiten mit den Verfahrensregeln anderer archaischer Rechte auf, herrschten doch Formalismen und der Gebrauch irrationaler Beweismittel vor. Ein häufig gebrauchtes Beweismittel war der Eid. Freilich wurde er nicht im heutigen Sinn als Bekräftigung der subjektiven Richtigkeit einer Aussage verstanden, sondern vielmehr als sakrale Handlung angesehen, deren Vornahme objektiv über den Streit entschied. Besondere Aufmerksamkeit wurde der Form gewidmet, in welcher der Eid zu leisten war. Als Ort der Eidesleistung ist u. a. ein bestimmter, arab. *haṭīm* genannter Teil der Mauer bezeugt, die um die Kaaba lief. Dies belegt den Glauben daran, dass der Meineidige seiner Strafe nicht entgehen würde, bedeutet arab. *haṭīm* doch wörtlich der strafende bzw. zerschmetternde, tötende Ort. Der Wortlaut des Eides ist nicht bekannt, doch wird angenommen, dass er entweder auf Hubal als die oberste heidnische Gottheit oder auf die eigenen Vorfahren zu leisten war.

Resümee. So sah, in groben Zügen, das Recht der vorislamischen Araber aus. Ihr gegenüber wird die nun zu behandelnde Sharīʿa neue Verhältnisse schaffen: An die Stelle der lokalen Gewohnheitsrechte wird eine Offenbarung treten, die der Menschheit ein universell gültiges, ein für alle Mal geltendes Gesetz vorlegt. Aus ihrer Sicht kann Recht im eigentlichen Sinn nur sein, was Gott als Gesetz gegeben hat. Mit anderen Worten ist das Recht von nun an eine Gabe des Schöpfers, die aus Seiner jenseitigen Ewigkeit in die diesseitige Sphäre der menschlichen Geschichte eintritt. So wird das Recht der Sharīʿa Vorschriften universellen Charakters mit solchen von lokaler Eigenart vereinen, und es werden in ihm, wenngleich in gereinigter Form und wiedergeboren zu ursprünglicher Lauterkeit, auch manche Sitten und Bräuche der vorislamischen Araber erkennbar bleiben.

Literatur: ʿAbdur Raḥīm: *Muhammadan Jurisprudence*, Lahore o. J., S. 2 – 16; Anwār Aḥmad Qādrī: *Islamic Jurisprudence in the Modern World*, Lahore 1981, S. 3 – 9; J. Schacht: *An Introduction to Islamic Law*, Oxford 1964, S. 6 – 9.

Die einzelnen Perioden der Geschichte des Rechts der Sharīʿa

I. Die Periode der Gesetzgebung

1. Der geschichtliche und gesellschaftliche Rahmen

Die Periode der Gesetzgebung, näherhin also die dreiundzwanzig Jahre der prophetischen Sendung Muḥammads صلى الله عليه وسلم von 12 v. H. / 610 n. Chr. bis zu seinem Tod im Jahr 10/632, ist zweifelsohne die bedeutendste Ära in der Geschichte des Rechts der Sharīʿa. Der indische Rechtsgelehrte ʿAbdur Rahim hat diese etwas mehr als zwei Jahrzehnte die legislative Epoche des islamischen Rechts genannt. Seither ist das von Gott gegebene Gesetz in den Worten des Qurʾān, ergänzt und ausgelegt durch die Sunna des Gesandten Gottes, offenbar. Die Historiker unterteilen die dreiundzwanzig Jahre der prophetischen Sendung Muḥammads صلى الله عليه وسلم in zwei Abschnitte, nämlich den mekkanischen und den medinensischen. Sie berufen sich hierfür auf die nicht nur, aber insbesondere auch in rechtlich-normativer Hinsicht unterschiedliche Eigenart der jeweiligen Offenbarungen sowie ganz allgemein auf die Lebensumstände der frühesten Muslime. Hauptsächliches Argument für diese Unterteilung ist der Umstand, dass der Akzent der mekkanischen Offenbarungen auf der Weckung und Festigung des Glaubens und auf dem forum internum der individuellen Ethik liegt, während die Offenbarung von Rechtsnormen im eigentlichen Sinn des Wortes, nämlich im Sinne von verbindlichen Vorschriften, die auch schon im diesseitigen Leben sanktionsbewehrt sind, erst in Medina anhebt. Einige Autoren schließen den mekkanischen Abschnitt im Hinblick auf die soeben zitierte, freilich eher dem heutigen Verständnis entsprechende Definition rechtlicher Normativität sogar ganz aus der islamischen Rechtsgeschichte aus. Für sie zählt dieser Abschnitt nicht zur Geschichte des Rechts der Sharīʿa, sondern lediglich zur Geschichte der Religion des Islam im Allgemeinen und der islamischen Ethik im Besonderen. Indessen vertritt der Islam gerade, indem er die Regeln über die gottesdienstlichen Handlungen (arab.: *ʿibādāt*) als Sollensanordnungen auffasst, denen rechtliche Normativität zukommt, die ihm eigentümliche Konzeption des Rechts, von der in diesem Buch an anderer Stelle schon die Rede war. Eben deshalb wäre es aber auch verfehlt, den mekkanischen Abschnitt aus der islamischen

Rechtsgeschichte auszuschließen; wenngleich der muslimische Rechtshistoriker natürlich trotzdem vor der Aufgabe steht, die spezifische Eigenart dieses Abschnittes herauszuarbeiten und genügend zu betonen. Hinsichtlich der genauen zeitlichen Abgrenzung des mekkanischen Abschnittes vom medinensischen Abschnitt gibt es auch unter den muslimischen Autoren einige Abweichungen, die jedoch unbedeutend sind. Daneben werden Anstrengungen unternommen, beide Abschnitte im Detail zu rekonstruieren. So vertritt der zeitgenössische muslimische Gelehrte ʿAbdulazim Šerefuddin z. B. die Auffassung, dass Muḥammad صلى الله عليه وسلم als Gesandter Gottes genau zwölf Jahre, fünf Monate und dreizehn Tage, nämlich vom 17. Ramaḍān (arab.; dt.: Fastenmonat) seines 41. bis zum 1. Rabīʿ al-Awwal (arab.; dt.: Monat des ersten Frühlings) seines 54. Lebensjahres, in Mekka aufgetreten sei. Dass er anschließend bis zu seinem Tod am 9. Dhū al-Ḥijja (arab.; dt.: Monat der Pilgerfahrt) in Medina wirkte, ist unstreitige Überlieferung. In Zahlen ausgedrückt und von der ersten Offenbarung an gerechnet, nimmt der mekkanische Abschnitt somit ca. 19/30 des Zeitalters der Gesetzgebung ein, während der medinensische Abschnitt ca. 11/30 einnimmt.

Mekkanischer Abschnitt. Das grundlegende Merkmal dieses Abschnittes besteht in der Abwesenheit von Themen und Diskursen, die im engeren Sinn rechtlich relevant sind, und zwar sowohl in der Offenbarung selbst als auch im Lebensvollzug des Propheten. Die Offenbarung schärfte während dieses Zeitraumes in erster Linie die Lehre von der Einsheit Gottes (arab.: *tawḥīd*) ein, predigte die sichtbaren Zeichen Seiner Existenz, verwies mahnend auf die göttlichen Gerichte, die über frühere Völker verhängten worden waren, und hob die Verantwortung des Einzelnen für seine Handlungen hervor. Eindeutig ist somit, dass die Offenbarung zunächst auf die innere Läuterung des Individuums und auf die Festigung seiner persönlichen Moral ausging. Eine Veränderung des äußeren Verhaltens war erst zu erwarten, wenn der dadurch veranlasste Wandel in den Seelen der Menschen Platz gegriffen hatte, und erst dann war auch an gesellschaftlich wirksame Rechtsnormen zu denken. Bezeichnend für den mekkanischen Abschnitt ist somit das Bezogensein der Offenbarung auf die Privatsphäre des Individuums. Eine andere Ausrichtung wäre unter den Lebensbedingungen der wenigen Muslime in einer überwiegend noch polytheistischen Umgebung auch gar nicht möglich gewesen. Die Schlussfolgerung, dass die Offenbarung während dieses Abschnittes auf die innere Läuterung des Einzelnen ausging, wird dadurch gestützt, dass das rituelle Gebet (arab.: *ṣalāt*) schon in Mekka vorgeschrieben wurde. Da die Art und Weise des Gebetsvollzuges gemäß dem bereits dargelegten Verständnis der gottesdienstlichen Handlungen (arab.: *ʿibādāt*) zugleich der Sphäre des Rechts der Sharīʿa angehört, handelt es sich hier um eines der seltenen Beispiele islamischer Gesetzgebung aus dem mekkanischen Abschnitt.

Medinensischer Abschnitt. Mit dem Einzug des Gesandten Gottes in das seither Medina genannte Yathrib im Jahr 622 n. Chr. und damit im ersten Jahr der islamischen Zeitrechnung begann innerhalb des Zeitalters der Gesetzgebung ein neuer Abschnitt. Innerhalb seiner konstituiert sich, als bedeutendste Innovation im Rahmen der schrittweisen Entfaltung des Islam, eine förmliche Gemeinschaft der Gläubigen (arab.: *umma*). Von nun an unternahm es der Gesandte Gottes, der Sozialstruktur der Medinenser ein neues inneres und äußeres Gefüge einzuprägen. Der bedeutendste einzelne Gesetzgebungsakt dieses Abschnittes bestand in der Verfassung von Medina, die Muḥammad صلى الله عليه وسلم nach Beratungen mit den Ältesten sowohl der muslimischen als auch der nichtmuslimischen Bevölkerung verkündete. Aus dem vielfältigen Schrifttum seien hierzu beispielhaft die Arbeiten von Muḥammad Ḥamīdullāh genannt, der sich dieser Verfassung mit besonderem Interesse gewidmet hat und auf dessen Darstellung wir uns beziehen: Die Verfassung von Medina entstand im ersten Jahr der islamischen Zeitrechnung und wird in den Quellen entweder Buch [Gesetzbuch im materiellen Sinn] (arab.: *kitāb*) oder teilweise auch einfach Urkunde [Verfassungsurkunde im formellen Sinn] (arab.: *ṣaḥīfa*) genannt. Sie enthält 52 Artikel, von denen sich 25 auf die Muslime und 27 auf die Nichtmuslime beziehen. Ihr Inkrafttreten schuf eine aus den mekkanischen Muslimen, den medinensischen Muslimen sowie den medinensischen Nichtmuslimen zusammengesetzte, sowohl gesellschaftlich als auch rechtlich definierte Entität, deren muslimische und nichtmuslimische Glieder sämtlich die Herrschaft des Propheten anerkannten. Sie alle unterstellten sich, besonders in Kriegszeiten, prinzipiell dem gleichen Recht. Ihm zur Geltung zu verhelfen, war die Pflicht eines Jeden selbst dann, wenn dies für seine Klientel oder seine nächsten Verwandten im Einzelfall nachteilig war. Recht und Gesetz kamen von Gott, und als oberster Richter fungierte Sein Gesandter, Muḥammad صلى الله عليه وسلم. Missetätern Schutz und Obdach zu gewähren, war untersagt. Nichtmuslime erhielten Bekenntnisfreiheit sowie die Befugnis, in allen sie selbst betreffenden Fragen ihr eigenes Recht anzuwenden. Dies bedeutet zugleich, dass die religiöse Autonomie der Nichtmuslime garantiert war.

2. Die Rechtsquellen

Während des medinensischen Abschnittes waren Rechtsquellen erstens die Offenbarung (arab.: *waḥy*) als das Wort, das Gott selbst in unterschiedlicher Form eröffnet hatte, zweitens das selbständige Urteil (arab.: *ijtihād*) des Gesandten Gottes sowie drittens die fortbestehenden Gewohnheitsrechte der vorislamischen Araber, die freilich in die Schranken des islamischen ordre public (arab.: *ʿurf*) verwiesen wurden. Dabei fand die Offenbarung den ihr gemäßen Ausdruck teilweise unmittelbar in der Textgestalt, verbunden mit der Bedeutung der Texte, während sie im Übrigen ohne Rückgriff auf die Textgestalt nur mittelbar aus der Bedeutung der Texte zu erschließen war. Das erstere war beim Qurʾān, das letztere bei der Sunna der Fall. Deshalb unterscheiden die muslimischen Gelehrten hinsichtlich der formellen Qualität der Offenbarung zwischen rezitierten Offenbarungen (arab.: *waḥy matluww*) einerseits und nicht rezitierten Offenbarungen (arab.: *waḥy ghayr matluww*) andererseits.

a) Der Qurʾān

Die medinensische Periode der Offenbarung ist sowohl anhand der Reihenfolge der in ihr offenbarten Suren als auch anhand der Offenbarungsanlässe (arab.: *asbāb an-nuzūl*) bzw. der geschichtlichen Begebenheiten, die die einzelnen Offenbarungen motivierten und ihnen vorangingen, historisch getreu zu rekonstruieren. Älteste Sure dieser Periode ist die 2. Sure *al-Baqara* (arab.; dt.: Die Kuh). Sie enthält Bestimmungen rechtlichen Charakters u. a. im Hinblick auf den Wechsel der Gebetsrichtung (arab.: *qibla*) sowie zu Fragen der Speisevorschriften, des Fastens (arab.: *ṣaum*), der Läuterungsgabe (arab.: *zakāt*), der Pilgerfahrt (arab.: *ḥajj*), der Anstrengung auf dem Wege Gottes (arab.: *jihād*) und dergleichen mehr. Danach folgt die im Hinblick auf die Schlacht von Badr geoffenbarte 8. Sure *al-Anfāl* (arab.; dt.: Die Beute) mit Vorschriften über das im Krieg erbeutete Gut (arab.: *ghanīma*). Die 4. Sure *al-Nisāʾ* (arab.; dt.: Die Frauen) wurde 3/625 – 5/627 offenbart und enthält Vorschriften über die Witwen und Waisen sowie über die Erbschaft, die Ehe etc. Hieraus haben die Historiker gefolgert, dass diese Sure zeitlich nach der Schlacht bei Uḥud offenbart wurde, als auf diesen Gebieten [wegen der vielen in der Schlacht gefallenen Männer, die Witwen und Waisen hinterließen] ein fühlbarer Regelungsbedarf entstand. Die 33. Sure *al-Aḥzāb* (arab.; dt.: Die Verbündeten), offenbart um 5/627, enthält u. a. Vorschriften hinsichtlich des Gesandten Gottes und seiner eigenen Frauen im Besonderen, über die Bekleidung der muslimischen Frau im Allgemeinen sowie über das Rechtsinstitut der Adoption. Die 9. Sure *al-Tawba* (arab.; dt.: Die Reue), die dort, wo sie sich zum Verhältnis der Muslime zu den Nichtmuslimen äußert, insbesondere die Institution der Kopfsteuer bzw. pro Kopf oder pro Person erhobenen Steuer (arab.: *jizya*) einführt, wurde um 8/630 offenbart. Natürlich ist die Liste der Suren des Qur'ān, die Verse (arab.: *āyāt*) rechtlichen Charakters enthalten, damit bei Weitem nicht erschöpft. Anschließend seien die Methoden und die Regelungsgebiete der qur'ānischen Gesetzgebung von Medina anhand einiger weniger Beispiele gezeigt, die pars pro toto für das Ganze stehen mögen:

Die Methoden der qur'ānischen Gesetzgebung

Indem sie die einzelnen Rechtstexte des Qur'ān analysierten, gelangten die muslimischen Gelehrten auch zu Erkenntnissen über die Methodologie der qur'ānischen Gesetzgebung überhaupt. Innerhalb ihrer sind folgende Methoden unterscheidbar:

Die Methode des konkreten Einzelfalles. Die qur'ānischen Vorschriften intendierten von Anfang an die Entscheidung von Fällen, die sich wirklich zugetragen hatten. Die qur'ānische Gesetzgebung ging somit nicht von hypothetischen oder etwaigen künftigen Fällen aus, sondern das Bewusstsein der Gläubigen für die generell-abstrakte Regel wurde anhand von Entscheidungen geschärft, die sich jeweils auf einen konkret-individuellen Einzelfall bezogen, vgl. Vers 5:101 des Qur'ān.

Die Methode der Generalklausel. Generell ist der Qur'ān bestrebt, allgemeine Vorschriften und Anleitungen zu geben, ohne sich in Einzelheiten zu verlieren. Andererseits gibt er hinsichtlich einzelner, bedeutsamer Rechtsfragen auch konkrete und präzise Normen an, die das jeweilige Gebiet erschöpfen; so etwa Vers 4:25 zum ehelichen Güterrecht.

Die Methode des allmählichen Vorgehens gegen unerlaubte Handlungen. Vereinzelt trat der Qur'ān sozialen Missständen nicht schon von Anfang an durch strikte Verbote entgegen. Auf diese Weise erhielt er den guten Willen der ja weitgehend noch vorislamischen Gesellschaft der Unwissenheit (arab.: *jāhi-*

liyya), innerhalb derer die offenbarten Rechtsnormen erst noch akzeptiert werden und sich durchsetzen sollten. Anschauliche Beispiele für den Gebrauch dieser Methode bilden das Verbot des Alkoholgenusses, das sich nach der thematischen Einleitung in Vers 16:67 durch die Verse 2:219, 4:43 und 5:90 zieht, sowie die Pönalisierung des außerehelichen Geschlechtsverkehrs (arab.: *zinā*) in den Versen 4:41-43 und 24:2.

Die Regelungsgebiete der qurʾānischen Gesetzgebung

Viele muslimische Gelehrte haben versucht, alle einzelnen Verse des Qurʾān mit Aussagen rechtlichen Charakters (arab.: *āyāt al-ahkām*) zu identifizieren und zu zählen. Einer von ihnen, der Ägypter ʿAbd al-Wahhāb Khallāf, benennt zum Familienrecht 70, zum sonstigen Zivilrecht weitere 70, zum Strafrecht 30, zum Gerichtsverfassungs- und zum Verfahrensrecht 13, zum Verfassungsrecht 10, zum Kollisionsrecht 25 sowie zum Wirtschafts- und zum Abgabenrecht 10 Verse. Weit verbreitet ist die Auffassung, dass ca. 500 Verse und somit ca. 1/13 des Qurʾāntextes Aussagen enthalten, die rechtlich relevant bzw. im Rechtssinn normativ sind. Nachstehend werden wir versuchen, die fundamentalen Leitlinien des Qurʾān zu bestimmten Rechtsgebieten nachzuzeichnen und außerdem einige rechtsgeschichtliche Hinweise zu einzelnen islamischen Rechtsinstituten geben.

Gottesdienstliche Handlungen. Im Unterschied zu anderen und insbesondere im Unterschied zu allen westlichen Rechtsordnungen wird das Verhältnis zwischen Gott und Mensch vom islamischen Recht als Gegenstand von Sollensanordnungen betrachtet, denen rechtliche Normativität zukommt. Damit nicht genug, steht dieses Gebiet für das islamische Recht sogar im Fokus des Interesses, sodass die Erörterung der gottesdienstlichen Handlungen (arab.: *ʿibādāt*) in den Summen der islamischen Rechtswissenschaft immer an erster Stelle steht. Dabei enthält der Qurʾān selbst zwar Anordnungen zu sämtlichen religiösen Pflichten (arab.: *farḍ*) als solchen. Jedoch werden die betreffenden Vorschriften innerhalb des Qurʾān nur in summarischer Form (arab.: *ijmāliyy^an^*) gegeben, sodass ihre weitere Detaillierung dem Gesandten Gottes oblag. Bereits erwähnt wurde, dass das rituelle Gebet (arab.: *ṣalāt*), wie durch den Ḥadīth zur sog. Nachtfahrt (arab.: *al-Isrāʾ*) der 17. Sure des Qurʾān bezeugt ist, in Mekka vorgeschrieben wurde. Das Fasten wurde 3/625 in Medina vorgeschrieben. Hierfür wurde in der Frühzeit von Medina ein allgemeiner Fastentag eingeführt, und zwar am 10. Tag des Muḥarram, des ersten Monats im islamischen Kalender, als dem Tag des Gedenkens (arab.: *yawm ʿāshurāʾ*), während das allgemeine Fasten (arab.: *ṣaum*) später mit dem Fasten im Ramaḍān, also während des Fastenmonats, institutionell vereinigt wurde. Geregelt sind außerdem ein besonderes Fasten (arab.: *kaffāra*), das bis heute als religiöse Sanktion bzw. Genugtuung oder Ersatzleistung fungiert, sowie ein weiteres besonderes Fasten als Buße für eine vorislamische Form der Ehescheidung (arab.: *ẓihār*), die zur Zeit der vorislamischen Unwissenheit (arab.: *jāhiliyya*) verbreitet war. Die als Lauterkeit oder auch als Zuwachs [an guten Werken] (arab.: *zakāt*) aufgefasste Gabe wurde in Medina zwischen 2/624 und 9/631 eingeführt. Anfangs wurde die Gabe individuell, d. h. als persönlich unmittelbare, dem Leitbild der Wohltat entsprechende Zuwendung nach freiem Belieben im Sinne eines Almosens praktiziert. Später, und zwar nach Muḥammad Ḥamīdullāh im Jahr 9/631, nahm sie, da zu ihrer Beitreibung öffentliche Amtsträger bestellt wurden, den Charakter einer obligatorischen Sozialabgabe an. In dieser Funktion wird sie auch in den Verträgen erwähnt, die Muḥammad صلى الله عليه وسلم mit den einzelnen arabischen Stämmen schloss. Auch die Pilgerfahrt (arab.: *ḥajj*) wurde in Medina vorgeschrieben, doch dauerte es eine gewisse Zeit, bis es den Muslimen erstmals gelang, der Regel tatsächlich zu genügen, denn ohne Erfolg blieben die Bemühungen z. B. noch 6/628. Im nächstfolgenden Jahr, nach dem grundlegenden Vertrag von Ḥudaybiyya, waren sog. kleine Pilgerfahrten (arab.: *ʿumra*) von dreitägiger Dauer möglich. 8/630 sagte sich Mekka vom Gesandten Gottes los, sodass die Muslime ihre Pilgerfahrt gemeinsam mit den Heiden durchführten. 9/631 wurde den Polytheisten die Wallfahrt zur Kaaba untersagt, sodass dieses Jahr das Jahr der Erlösung (arab.: *sanat al-baraʾa*) genannt wird. In diesem Zusammenhang wurden die Verse der 9. Sure *al-Tawba* (arab.; dt.: Die Reue) über die Unterwerfung der Götzendiener und ihre versöhnliche Behandlung nach einer Kapitulation offenbart, die Hz. ʿAlī während der Pilgerfahrt an die Gläubigen weitergab. Sowohl die Pilgerfahrt als auch die sog. kleine Pilgerfahrt bauen auf der vorislamischen Praxis auf, sind aber durch das qurʾānische Regelwerk von Entstellungen gereinigt.

Zivilrecht. Grundlegend für die Charakteristik der qurʾānischen Gesetzgebung auf dem Gebiet des Zivilrechts ist es, allgemeine Regeln und Richtlinien anzugeben und diejenigen Gegenstände des Geschäftsverkehrs zu regeln, die man zur Zeit der Offenbarung kannte. Die 4. Sure *al-Nisāʾ* (arab.; dt.: Die Frauen) enthält Grundsätze über das Verbot des unredlichen Erwerbs sowie über das Erfordernis des rechtsgeschäftlichen Bindungswillens bei Konsensualverträgen (4:29). Diese Grundsätze sowie das Zinsverbot bilden die Basis des islamischen Zivilrechts. Außerdem befasst sich der Qurʾān mit dem Vertrag als wesentlichstem Institut des Schuldrechts. Materiell besteht danach Vertragsfreiheit innerhalb der Grenzen des von Gott gegebenen Gesetzes, und formell ist der Vertragsschluss vom Ballast unnützer Förmelei befreit. Lediglich im Hinblick auf die Beweisführung im Streitfall wird für den Abschluss von gegenseitigen Verträgen, insbesondere von Darlehens- und von Kaufverträgen, die Anwesenheit von Zeugen (2:282) sowie für Vereinbarungen über eine hinausgezögerte Fälligkeit des Kaufpreises die Schriftform nahegelegt (2:282); so wie auch generell geboten wird, Verträge redlich zu erfüllen (5:1).

Familien- und Erbrecht. Die ehelichen und familiären Belange sind im Qurʾān detailliert und präzise geregelt. Von der grundlegenden Bedeutung der mit diesen Gebieten zusammenhängenden Fragen für die islamische Gesetzgebung überhaupt zeugt auch der Umstand, dass die 4. Sure *al-Nisāʾ* (arab.; dt.: Die Frauen) und die 65. Sure *al-Ṭalak* (arab.; dt.: Die Scheidung) genannt wird; wenngleich die Namen der Suren nicht zur Offenbarung zählen. Im Zusammenhang mit Ehe und Familie regelt der Qurʾān zahlreiche Fragen z. B. der Eheschließung, der Ehehindernisse (4:23), der Scheidung, der nachehelichen Wartezeit (2:228) und dergleichen mehr, die an dieser Stelle schon deshalb nicht breit erörtert werden können, weil sie den Gegenstand besonderer Disziplinen bilden. Auch die erbrechtlichen Materien sind bis in Einzelheiten und genau geregelt. Der Qurʾān führt ein gesetzliches Erbrecht ein (4:11, 12 und 176) und gibt Grundsätze für Verfügungen von Todes wegen an (2:180).

Strafrecht. Auch für dieses Gebiet stellt der Qurʾān einige allgemeine Grundsätze auf. Darüber hinaus schreibt er für einzelne Delikte bestimmte Sanktionen vor. Fundamental für die betreffenden Verse sind das in ihnen ausgesprochene Schuldprinzip (74:38) bzw. der Grundsatz der Verantwortlichkeit nur auf der Grundlage persönlicher Vorwerfbarkeit (4:92 – 93). Für bestimmte Taten, die gemäß göttlichem Recht, aber eben auch zum Besten des Menschen und seiner Gesellschaft pönalisiert sind, werden Sanktionen vorgeschrieben, die man als Grenzstrafen (arab.: *ḥudūd*) bezeichnet. Bei diesen Delikten handelt es sich um Tötungsdelikte und schwere Körperverletzungen (arab.: *qiṣāṣ*), um den außerehelichen Geschlechtsverkehr (arab.: *zinā*) sowie um die Fälle, in denen eine Person eine andere fälschlicherweise des außerehelichen Geschlechtsverkehrs verdächtigt (arab.: *qadhf*); ferner um den schweren Diebstahl (arab.: *sariqa*) und den schweren Raub (arab.: *qatʿ al-ṭarīq*).

Internationales Recht. Schließlich legt der Qur'ān auch gewisse erste Grundlagen für die weitere Entwicklung eines islamischen Völkerrechts und Internationalen Privatrechts, proklamiert er doch die ursprüngliche Einheit aller Menschen (4:1) und untersagt Zwangsmaßnahmen in religiösen Angelegenheiten (2:256); beides Prinzipien, die den Boden dafür bereiten, Unterschiede zu akzeptieren, Achtung zu erweisen und Toleranz zu üben.

b) Die Sunna

Bei der Sunna handelt es sich bekanntermaßen um die Praxis Muḥammads صلى الله عليه وسلم, bestehend aus seinen Worten und Taten sowie aus dem, was er stillschweigend billigte. Dabei verleiht der Umstand, dass Muḥammad صلى الله عليه وسلم der Gesandte Gottes war, seiner Praxis eine über ihn selbst hinausweisende, legislatorische Qualität. Seine Worte, seine Taten und seine stillschweigende Billigung stehen normativ nicht auf derselben Stufe wie die Handlungen anderer Menschen, war er doch der Überbringer, der Übersetzer und der Ausleger der Offenbarung und zugleich Anführer der islamischen Gemeinschaft von Medina ebenso, wie er Oberhaupt des Gemeinwesens von Medina war; außerdem war er Richter – und bei alldem immer, was nicht vergessen werden darf, ein von Gott geschaffener Mensch. All dies ist bei einer Auseinandersetzung mit der legislatorischen Qualität seiner Praxis zu bedenken. Insbesondere drängt sich die Frage auf, welche Normativität den Worten und Taten Muḥammads صلى الله عليه وسلم sowie dem, was er stillschweigend billigte, zu seinen Lebzeiten innerhalb der sozialen Ordnung Medinas sowie nach seinem Tod während der formativen Periode des islamischen Rechts auch über Medina hinaus zukam. Die Antwort hierauf kann nicht gegeben werden, ohne darauf einzugehen, was die Rede von der Praxis Muḥammads صلى الله عليه وسلم für das islamische Bekenntnis in ihrem Kern besagt. Die muslimischen Rechtsgelehrten sind schon früh darauf gestoßen, dass die Persönlichkeit Muḥammads صلى الله عليه وسلم eine Vielzahl von Eigenschaften bzw. Funktionen in sich vereinte. Dieses besondere, ihm eigentümliche Charisma befähigte ihn zu einer Ordnung stiftenden Predigt und verlieh seiner Praxis eine Geltung, die nicht bloß faktisch, sondern von Anfang an auch rechtlich normativ und damit im eigentlichen Sinn legislatorisch war. So kommt der ägyptische Rechtsgelehrte al-Ḥasan ʿAbd al-Qādir zum Ergebnis, dass in der Individualität Muḥammads صلى الله عليه وسلم vier Funktionen konzentriert sind: 1. die Evokation der von Gott gesandten Offenbarung (arab.: *risāla*), 2. die verbindliche Klärung religiöser Fragen (arab.: *futya*), 3. die richterliche Entscheidung von Rechtsstreitigkeiten (arab.: *qaḍāʾ*) sowie 4. die politische Führung der islamischen Gemeinschaft (arab.: *imāma*). Hinsichtlich der beiden ersten Funktionen, also der Evokation der von Gott gesandten Offenbarung und der verbindlichen Klärung religiöser Fragen, trat Muḥammad صلى الله عليه وسلم als erwählter Überbringer, Übersetzer und Ausleger des göttlichen Willens auf, sodass seine Worte und Taten und das, was er stillschweigend billigte, eben nicht die Praxis eines alltäglichen Menschen, sondern die Praxis des Gesandten Gottes sind. So eignet seiner Sunna auf diesen beiden Gebieten, die zugleich die unabdingbare Mitte des Rechts der Sharīʿa bilden, eine Normativität, deren Geltungsanspruch bis zum Ende aller Zeiten fortbesteht. Hierher gehören etwa die Offenbarungen darüber, wie das rituelle Gebet und die Pilgerfahrt zu verrichten sind. Anders verhält es sich dagegen hinsichtlich der beiden anderen Funktionen, also der richterlichen Entscheidung von Rechtsstreitigkeiten sowie der politischen Führung der islamischen Gemeinschaft. Wenn er als oberster Richter von Medina Rechtsstreitigkeiten entschied, urteilte Muḥammad صلى الله عليه وسلم zwar zugleich über die jeweils grundlegenden Aspekte, die in dem vor ihn gebrachten Einzelfall verkörpert waren. In einigen Fällen gelang ihm dies mehr, in anderen weniger. Dies belegt jedoch nur, dass die richterliche Tätigkeit Muḥammads صلى الله عليه وسلم, wie ja übrigens die Rechtsprechung aller Richter dieser Welt, fallbezogen war und die Gründe seines Urteils vom jeweiligen Tatbestand in der Form abhingen, die ihm vor Augen stand. In seinen Judikaten subsistiert deshalb, anders als in seiner Praxis hinsichtlich der Evokation der von Gott gesandten Offenbarung sowie hinsichtlich der verbindlichen Klärung religiöser Fragen, keine absolute Wahrheit, sondern menschliche Rechtserkenntnis. Ähnlich verhält es sich mit den Entscheidungen, die Muḥammad صلى الله عليه وسلم in seinen Eigenschaften als politischer Führer der islamischen Gemeinschaft sowie als Oberhaupt des Gemeinwesens von Medina traf. Seine diesbezügliche Praxis repräsentiert seine Agenda in einer konkreten historischen Situation mit bestimmten gesellschaftlichen, wirtschaftlichen und politischen Merkmalen und damit seine Antwort auf die Herausforderungen seiner Zeit und seines Lebens. Damit handelt es sich, dem Grunde nach, um eine bestimmte Art und Weise, die in der Offenbarung verkörperten Maximen, Prinzipien und Werte (arab.: *al-qawāʿid al-kulliyya*) unter den Bedingungen der frühen islamischen Gemeinschaft im Arabien des 1./7. Jahrhunderts zu wahren und zu entwickeln. So kommt der Praxis Muḥammads صلى

وسلم عليه الله hinsichtlich der beiden zuletzt genannten Funktionen zwar keine absolute Bedeutung zu. Jedoch stellt sie Exempel für die Entscheidung ähnlicher Fälle zur Verfügung, die sich unter gewandelten Vorzeichen auch weiterhin ereignen können; und dies bedeutet, dass die Sunna Muḥammads صلى الله عليه وسلم auch auf diesen beiden Gebieten nicht willkürlich übergangen werden darf. Vielmehr dürfen muslimische Richter und muslimische politische Amtsinhaber von ihr auch heute und in Zukunft nur dort abweichen, wo die Umstände des Einzelfalles dies erfordern oder gerade eine abweichende Praxis das öffentliche Wohl bzw. die Grundlagen des Rechts der Sharīʿa unter den jeweiligen Bedingungen besser zu schützen vermag. Nach alldem waren die Entscheidungen, die Muḥammad صلى الله عليه وسلم als Richter und als politischer Führer der islamischen Gemeinschaft zur Zeit der Offenbarung der Sharīʿa traf, von Rechts wegen verbindlich, können heute jedoch entsprechend den mittlerweile gewandelten gesellschaftlichen, wirtschaftlichen und politischen Randbedingungen abgeändert werden, wie dies ja, geschichtlich belegt, auch schon in der Vergangenheit gelegentlich der Fall war. Beispielhaft für seine Praxis auf den beiden zuletzt erörterten Gebieten mögen von den richterlichen Entscheidungen, die Muḥammad صلى الله عليه وسلم fällte, die Judikate zur Tilgung von Schulden und zur Ehescheidung, sowie von den Entscheidungen, die er als politischer Führer der muslimischen Gemeinschaft traf, die Verträge mit den verschiedenen arabischen Stämmen stehen. Was nun den Ursprung der Rechtsnormen angeht, die der Sunna Muḥammads صلى الله عليه وسلم angehören, so sind zwei Kategorien zu unterscheiden: Stets handelt es sich entweder um eine von Gott selbst herrührende Offenbarung (arab.: *waḥy*) oder um das selbständige Urteil (arab.: *ijtihād*) des Gesandten Gottes. Letzteres wurde besonders während der Anfänge der muslimischen Gerichtsbarkeit und Staatspraxis stark betont. Indessen weisen die muslimischen Gelehrten darauf hin, dass der Ijtihād des Gesandten Gottes nicht etwa als gleichrangig bzw. auf einer Ebene stehend mit dem Ijtihād der späteren juristischen Autoritäten betrachtet werden kann. Vielmehr erfüllt bzw. vervollständigt sein Ijtihād die ihm zuteil gewordene Offenbarung und steht deshalb auf einer anderen Stufe als die Bemühungen anderer Menschen, die lediglich, wenn auch vielleicht nach bestem Wissen und Gewissen, ihrem Ermessen folgen: Spätere Generationen verfügen mit ihrem jeweiligen Ijtihād nicht etwa über ein Instrument, das die ein für allemal kundgewordene Offenbarung abändern oder auch nur bestätigen könnte; denn das Zeitalter der Offenbarung, das zugleich das Zeitalter der Gesetzgebung war, endete mit dem Tod Muḥammads صلى الله عليه وسلم. Nach alldem ist festzuhalten, dass ein bedeutender Teil des späteren islamischen

Rechtsdenkens auf der Sunna gründet. So finden sich etwa auf dem Gebiet der gottesdienstlichen Handlungen (arab.: *ʿibādāt*) detaillierte Ausführungsvorschriften, deren Rechtsquelle die Sunna ist. Im Schuldrecht beruht die Akzeptanz zahlreicher Gestaltungen wie z. B. mancher Arten des Kaufvertrages sowie des Vorkaufes und anderer Vertragstypen auf der Sunna des Gesandten Gottes. Zudem gehen einige dem Recht der Sharīʿa eigentümliche Institute wie etwa die Stiftung (arab.: *waqf*) gleichermaßen in ihrer formellen Regelungstechnik wie auch in ihrer materiell intendierten, religiösen sowie gesellschaftlichen und wirtschaftlichen Funktion auf die Praxis Muḥammads صلى الله عليه وسلم zurück.

c) Das vorislamische Gewohnheitsrecht

Das Gewohnheitsrecht der vorislamischen Araber, das teils in ihrer eigenen Tradition wurzelte und das sie teils von benachbarten Entitäten übernommen hatten, wurde zur Zeit der Offenbarung der Sharīʿa als ergänzende Rechtsquelle herangezogen. Da die Sharīʿa schrittweise und nur Stück für Stück offenbart wurde, orientierte sich die Bevölkerung einstweilen an dem Gewohnheitsrecht, das bereits etabliert war. Preisgegeben wurden dessen Regelungen erst und nur dann, wenn ihre Unvereinbarkeit mit den islamischen religiösen und moralischen Maximen, Prinzipien und Werten (arab.: *al-qawāʿid al-kulliyya*) feststand oder offenbarte Rechtsnormen an ihre Stelle getreten waren. Wenngleich auf diese Weise ständig hinterfragt, erwies sich das vorislamische Gewohnheitsrecht dort, wo es durch das Recht der Sharīʿa nicht ausdrücklich außer Kraft gesetzt oder abgeändert wurde, als Korpus von Rechtsnormen, die die gesellschaftlichen Verhältnisse auch weiterhin effektiv regulierten. Respektiert wurde dieser Korpus deshalb, weil er unmittelbar auf die von Ibrāhīm عليه السلام * gelehrte Offenbarung zurückging; mochte diese seither auch mancherlei Verfälschungen erlitten haben, die der menschlichen Unvollkommenheit geschuldet waren. Jedenfalls ging es nicht etwa um einen Kotau vor der untergegangenen Ära der vorislamischen Unwissenheit (arab.: *jāhiliyya*), sondern Grundlage der Fortgeltung des vorislamischen Gewohnheitsrechts war, nach einer geläufigen Formel, sein Charakter als "das Gesetz derer, die vor uns da waren" (arab.: *sharʿ man qablanā*) – als Gesetz also, das nicht etwa zur

* Die Eulogie für die Propheten vor Muḥammad: „*[Gottes] Heil sei über ihm!*“, A. d. Ü.

Gänze Willkür und Menschensatzung war, sondern im Ursprung auf die Offenbarungen zurückging, die den früheren Generationen ja auch zuteil geworden waren und von der sich einige Sequenzen durch die Zeitläufte erhalten hatten. Was von dieser älteren Offenbarung dem reinen Glauben und seiner Lehre entsprach, wurde vom Islam als der wahrhaft monotheistischen Religion (arab.: *al-dīn al-ḥanīf*) weiterhin gehütet und in die Sharīʿa Muḥammads صلى الله عليه وسلم eingegliedert, weil es sich als bewährt (arab.: *ʿurf*) bzw. der Billigkeit gemäß (arab.: *maʿrūf*) erwiesen hatte. Hinweise hierauf finden sich im Qurʾān etwa in den Versen 2:180, 2:233, 2:236 und 4:6. Als gleichsam mittelbare Rechtsquelle im weiteren Sinn wurde das vorislamische Gewohnheitsrecht besonders auf dem Gebiet des Schuldrechts sowie auf den Gebieten des Familien- und des Erbrechts herangezogen. So sagt der Qurʾān z. B. in Vers 2:233: "Und dem Vater soll ihre [der Scheidungskinder] Versorgung und Kleidung nach Billigkeit obliegen." Amīn Aḥsan Iṣlāḥī, ein pakistanischer Rechtsgelehrter, der über die Bedeutung des Wortes arab. *maʿrūf* gearbeitet hat, weist darauf hin, dass in dieser Regelung, die sich ihrem Wortlaut nach nur auf den besonderen Fall der Scheidungskinder bezieht, der allgemeine Grundsatz aufscheint, den Kindesunterhalt mindestens so zu gewährleisten, wie es bereits dem vorislamischen Recht entsprochen hatte. Dergleichen Verweisungen beziehen sich in erster Linie auf das Gewohnheitsrecht der vorislamischen Araber, denn unter den gesellschaftlichen, wirtschaftlichen und politischen Bedingungen ihrer Lebenswelt hatte das Recht der Sharīʿa seine legislatorischen Ziele in der Periode der Gesetzgebung zu erreichen. Daneben gibt es Hinweise darauf, dass auch das Gewohnheitsrecht anderer Völker eine gewisse Rolle spielte. Freilich kam all diesen Gewohnheitsrechten nicht etwa der Charakter von eigenständigen Rechtsquellen im engeren Sinne zu. Vielmehr fanden einzelne ihrer Regelungen den Weg in das Recht der Sharīʿa, weil diese ja selbst besagt, dass grundsätzlich erlaubt ist, was nicht ausdrücklich verboten wurde. Als Beleg hierfür wird im Schrifttum der Ḥadīth aus der Sammlung von Muslim angeführt, nach welchem Muḥammad صلى الله عليه وسلم sagte: "Ich beabsichtigte, das Stillen [kurz zuvor geborener Kinder] während der [erneuten] Schwangerschaft [ihrer Mutter] zu untersagen, doch erfuhr ich, dass die Byzantiner und die Perser dies nicht tun, und dass diese Praxis [gesundheitlich] niemandem schadet."[1] Die Art und Weise, in der das vorislamische Gewohnheitsrecht zu Lebzeiten Muḥammads صلى الله عليه وسلم rezipiert wurde,

[1] Vgl. ʿAbd al-Qādir, a.a.O., S. 53.

blieb auch später vorbildlich, wenn Territorien mit eigenen Gewohnheitsrechten den Islam annahmen.

Literatur: ʿAbd al-ʿAẓīm Sharaf al-Dīn: *Tārīkh al-tashrīʿ al-islāmī*, Bengasi 1974, S. 41 – 73; ʿAlī Ḥasan ʿAbd al-Qādir: *Naẓra ʿāmma fī tārīkh al-fiqh al-islāmī*, Kairo 1965, S. 8 – 54; M. Hamidullah: *Muhammed (a. s.)*, Zagreb 1977, S. 174 – 186; Amīn Aḥsan Islāḥī: *Islamic Law. Concept and Codification*, Lahore 1979, S. 75 – 80.

II. Die Periode der rechtgeleiteten Kalifen

1. Der geschichtliche und gesellschaftliche Rahmen

Die Herrschaft der vier rechtgeleiteten Kalifen (arab.: *al-khulafāʾ al-rāshidūn*) umfasst den Zeitraum von der Einsetzung Abū Bakrs zum Kalifen im Jahr 11/632 bis zur Ermordung Hz. ʿAlīs im Jahr 40/661. Die damit umrissene Ära wird nicht nur von den Rechtshistorikern, sondern auch von den Historikern im Allgemeinen als eigenständige Periode angesehen, und zwar als eine Periode, die entsprechend dem jeweiligen Blickwinkel entweder das Zeitalter der rechtgeleiteten Kalifen oder auch das Zeitalter der bedeutendsten Ṣaḥāba und ihrer Tābiʿūn genannt wird. Beide Bezeichnungen sind gleichermaßen üblich und anerkannt. Sie referieren auf jeweils ein Charakteristikum von zwei Charakteristika, die der Periode eigentümlich sind: Die öffentlichen Angelegenheiten der islamischen Gemeinschaft, die nun zu einem Gemeinwesen geworden war, dessen Hoheitsgewalt sich auch auf nichtmuslimische Bevölkerungsteile erstreckte, lagen in den Händen derjenigen Ṣaḥāba, die dem Gesandten Gottes am nächsten gestanden hatten und die man bis heute Kalifen auf dem rechten Weg bzw. rechtgeleitete Kalifen nennt. Die muslimische Historiografie hat dieser Periode das Epitheton eines goldenen Zeitalters (arab.: *ʿasr al-saʿāda*) des Islam verliehen. Allerdings wird jemand, der sich dem Bild dieser Zeit objektiv nähert, nicht nur unzweifelhaft aufrichtiger Bemühungen gewahr werden, ein wahrhaft islamisches Haus zu bauen. Vielmehr wird er zugleich bemerken, dass damals auch zahlreiche religiöse, politische und juristische Schismen, Querelen und Kriege ihren Ausgang nahmen. Beredte Kunde hiervon gibt der Umstand, dass drei der vier "Kalifen auf dem rechten Weg" ihr Leben durch die Hand von politischen Feinden und Verschwörern ließen. Andererseits wird die Periode in der Tat von den bedeutendsten Ṣaḥāba geprägt, die als noch lebende Augen- und Ohrenzeugen des Gesandten Gottes seine kundigen Tradenten waren und damit das Fundament für die spätere Entfaltung der islamischen Wissenschaften legten, zu denen ja auch die islamische Rechtswissenschaft als die Einsicht (arab.: *fiqh*) in das Recht der Sharīʿa zählt. In gesellschaftlicher, wirtschaftlicher und politischer Hinsicht war die Periode der rechtgeleiteten Kalifen die Ära der stürmischen Ausbreitung des Islam über die arabische Halbinsel sowie über namhafte Territorien des byzantinischen und des persischen Reiches hinweg, sie war eine Ära der Gründung neuer Städte und der Annahme des Islam durch Völker mit sehr verschiedenen Kulturen. In rechtlicher Hinsicht hatte der stürmische Verlauf dieser Ära das Auftreten neuartiger Sachverhalte zur Folge, die im islamischen Recht bis dahin nicht geregelt waren, jetzt aber regelungsbedürftig wurden. Außerdem waren zahlreiche vorislamische Sozialstrukturen und Rechtsinstitute der eroberten Territorien im Licht der religiösen und ethischen Grundsätze des Islam neu zu betrachten und zu bewerten, was namentlich von den praktisch tätigen Juristen, die die Herrscher auf den Gebieten der Verwaltung und Gerichtsbarkeit berieten, Augenmaß und Einfühlungsvermögen erforderte. Obwohl die zahlreichen Spannungen und Konflikte innerhalb der islamischen Gemeinschaft die Stoßkraft der für die Periode kennzeichnenden Feldzüge schwächten, führte die durch sie bewirkte territoriale Expansion unter den schon islamisch gewordenen Stämmen Arabiens doch zu Wanderungsbewegungen in die neuen Grenzgebiete hinein, wo um die dortigen Festungen herum neue Städte wie etwa Fusṭāṭ, Qayrawān, Kūfa und Baṣra entstanden. Die unterworfenen nichtmuslimischen Bevölkerungen nahmen teils den Islam an, beharrten aber teils auch auf ihrem bisherigen Bekenntnis. Demgemäß formierten sich als gesellschaftlich relevante Gruppen auf der einen Seite die muslimischen Araber und die als Assoziierte (arab.: *mawālī*) bezeichneten neumuslimischen Nichtaraber, zwischen denen zunächst noch gewisse soziale Unterschiede bestanden, sowie auf der anderen Seite die Nichtmuslime, die den Status schutzbefohlener Leute (arab.: *ahl al-dhimma*) erhielten und zu denen Christen, Juden und Zoroastrier zählten. Die muslimischen Herrscher mischten sich in die inneren Angelegenheiten der nichtmuslimischen Bevölkerungsteile nicht ein, sondern gewährten ihnen, in ihren inneren Angelegenheiten, rechtliche Autonomie und eigene Gerichtsbarkeit. Verlangt wurde von den Nichtmuslimen die Loyalität zu den muslimischen Herrschern sowie das Entrichten der für sie festgesetzten Abgaben. Vertreten wurden sie von ihren religiösen Sprechern, d. h. von den Bischöfen in ehemals byzantinischen Gebieten und von den Rabbinern dort, wo es Juden gab. Was die Rechtsordnung des islamischen Gemeinwesens angeht, so entwickelten sich in dieser frühen Periode einige Institutionen, die in die klassische islamische Staatslehre eingingen. Einige dieser Institutionen wurden später nur noch zur Praxis der frühen Generationen gezählt, während andere, wenngleich nicht immer unverändert, fortbestanden. Zur letztgenannten Gruppe zählt die Institution des Kalifates (arab.: *khilāfa*). Abū Bakr war der erste muslimische Herrscher, der zum Kalifen des Gesandten Gottes (arab.: *khalīfat al-rasūl*) ausgerufen wurde. Hz. ʿUmar führte den Titel ebenfalls, obwohl er im weiteren Verlauf seiner Amtszeit häufig auch als Führer der Rechtgeleiteten (arab.: *amīr al-muʾminīn*) bezeichnet wurde. Wie dem auch sei, entstand zu dieser Zeit doch die Idee des Kalifates als einer spezifisch islamischen Institution zur Leitung des muslimischen Gemeinwesens und seiner öffentlichen Angelegenheiten. Dass es bei diesen Angelegenheiten um die verbindliche Klärung religiöser Fragen (arab.: *futya*) sowie um die richterliche Entscheidung von Rechtsstreitigkeiten (arab.: *qaḍāʾ*) und die politische Führung der islamischen Gemeinschaft (arab.: *imāma*) ging, wurde anhand des vorangegangenen Zeitalters der Gesetzgebung bereits gezeigt. Mithin ging es beim Kalifat der Sache nach, wenngleich natürlich ohne die Kategorie der Evokation der von Gott gesandten Offenbarung (arab.: *risāla*), um die Funktionen, die zuvor der Gesandte Gottes wahrgenommen hatte. Drei der ihm eigentümlichen vier Funktionen waren nun Personen übertragen, von denen erwartet wurde, dass sie die Sharīʿa zur Richtschnur nehmen würden, wie man sie zugleich auch als die Hüter der Sharīʿa ansah. Auswahl und Berufung dieser Personen oblagen während der Periode der rechtgeleiteten Kalifen dem Zirkel der angesehensten Ṣaḥāba. Einige Historiker haben die Ära deshalb als republikanisches Zeitalter bezeichnet, doch wird ein derart modernistisches Vokabular den damaligen Verhältnissen nicht gerecht. Sehr viel näher liegt es, die Etikettierung der Periode als gleichsam republikanisch auf die beratende Versammlung (arab.: *majlis al-shūrā*) und damit auf eine Institution zu beziehen, die ebenso wie das Kalifat während des Zeitalters der rechtgeleiteten Kalifen entstand. Gemäß der qurʾānischen Anordnung, sich untereinander zu beraten (42:38), sowie gemäß der Sunna des Gesandten Gottes konsultierte Abū Bakr von Fall zu Fall einen Kreis von Beratern, wenn wichtige Fragen zur

Entscheidung standen. Hz. ʿUmar installierte ein ordentliches Gremium, das sich u. a. mit ausgewählten öffentlichen Angelegenheiten befasste. Diese Praxis wurde sowohl von Hz. ʿUthmān wie auch von Hz. ʿAlī beibehalten. Freilich konnte die Einrichtung sich angesichts der Zeitläufte mit ihren zahlreichen Schismen, Querelen und Kriegen nicht halten, zumal spätere Herrscher sie schon vor ihrer faktischen Abschaffung weitgehend entmachteten; die aufkommende Monarchie der Umayyaden duldete ein Gremium dieser Art ebensowenig, wie sie eine unabhängige Verwaltung und Gerichtsbarkeit zuließ. Dieselbe Tendenz führte auch zu Wandlungen des Kalifates, das aber, wenngleich in veränderter Gestalt, anders als die beratende Versammlung in den folgenden Jahrhunderten erhalten blieb.

2. Die Rechtsquellen

Die Rechtsanwendung dieser Periode schöpfte entsprechend dem jeweiligen Rechtsgebiet aus vier Rechtsquellen, nämlich dem Qurʾān, der Sunna, dem selbständigen Urteil (arab.: *ijtihād*) der bedeutendsten Ṣaḥāba sowie den ggf. modifizierten vorislamischen Gewohnheitsrechten. Dabei waren der Ijtihād der Ṣaḥāba, unter dem das selbständige Urteil wenigstens eines Aṣḥāb über die Bedeutung eines rechtlich relevanten Textes aus Qurʾān oder Sunna zu verstehen ist, sowie die Berücksichtigung der vorislamischen Gewohnheitsrechte neuartige Rechtsquellen, die erst in der Periode der rechtgeleiteten Kalifen aufkamen und die es während der Periode der Gesetzgebung noch nicht gegeben hatte.

a) Der Ijtihād der Ṣaḥāba

Wenn die Ṣaḥāba sich ein selbständiges Urteil bildeten, so war Gegenstand dieser Bemühung die anlassbezogene Erkenntnis des normativen Sinnes von Qurʾān und Sunna bzw. die Anwendung ihrer Rechtsnormen oder auch ihrer allgemeinen Maximen, Prinzipien und Werte (arab.: *al-qawāʿid al-kulliyya*) auf einen bestimmten Einzelfall; außerdem ging es um rechtliche Lösungen für neuartige Fälle, die in den originären Rechtsquellen nicht behandelt waren. Dabei wurde der Ijtihād der Ṣaḥāba in Rechtsgutachten (arab. Sg.: *fatwa*, Pl.:

fatāwā) verlautbart, die als Texte ihrer Verfasser aber jeweils nur die Gedanken eines einzelnen Aṣḥāb wiedergeben. Deshalb vermitteln sie ein Wissen, das im Unterschied zu Qur'ān und Sunna mit ihrer gänzlichen Gewissheit (arab.: *qaṭʿī*) letztlich stets ungewiss (arab.: *ẓannī*) bleibt. Ohnehin erlangte nicht etwa jeder Aṣḥāb den Status eines zu selbständiger Urteilsfindung befähigten Rechtsgelehrten (arab. Sg.: *mujtahid*, Pl.: *mujtahidūn*). Vielmehr verharrten manche Ṣaḥāba, wie schon Ibn Khaldūn (732/1332 – 809/1406) in seiner *Muqaddima* (arab.; dt.: Einleitung) hervorhob,[2] auf dem Stande von sachverständigen Zeugen bzw. Kennern des Qur'ān, die etwa um seine abrogierenden (arab.: *nāsikh*) und seine abrogierten (arab.: *mansūkh*) Verse wussten, allegorische (arab.: *mutashābih*) und eindeutig klare (arab.: *muḥkam*) Verse unterscheiden und dergleichen Hinweise tradieren konnten, die der Gesandte Gottes einst gegeben hatte. Um dieses Wissens willen wurden sie anfangs Leute genannt, die den Qur'ān zu lesen verstanden (arab.: *al-qurrā'*), während man sie später, nachdem sich eine eigenständige islamische Rechtswissenschaft etabliert hatte, einfach als Rechtskundige (arab.: *al-fuqahā'*) bezeichnete. Gegenstand des Ijtihād der Ṣaḥāba waren aber nicht nur Rechtsfragen. Man darf sie auch nicht etwa als Juristen im technischen Sinn des Wortes, dem der juristischen Profession, ansehen; denn die einschlägigen Termini *ʿilm* (arab.; dt.: das Wissen) [von Gottes Gesetz und seinem Wirken als Schöpfer: sinngemäß die Fundamentaltheologie] und *fiqh* (arab.; dt.: die Einsicht) [in das Recht: sinngemäß die islamische Rechtswissenschaft] referierten in der Frühzeit des Islam, in der Periode der Gesetzgebung ebenso wie in der Periode der rechtgeleiteten Kalifen, gleichermaßen auf die mit ihnen gemeinte Disziplin als Fach wie auch auf den Islam als Ganzes und damit auf die Glaubenslehre überhaupt. So sagte etwa Ibn Masʿūd (gest. 32/652) über den Tod von Hz. ʿUmar, mit ihm seien neun Zehntel des ʿIlm gegangen. Bekanntlich wurde Hz. ʿUmar jedoch nicht nur für seine theologischen Kenntnisse, sondern ebenso für sein juristisches Urteilsvermögen gerühmt, und zwar in der denkbar weitesten Bedeutung, die beide Ausdrücke nur haben können! Während der Periode der rechtgeleiteten Kalifen sah sich die islamische Gemeinschaft mit neuartigen Fragen konfrontiert, die eine ihnen gemäße Antwort herausforderten. Seither wurde ein rechtlich konnotiertes und praktisch orientiertes Wissen arab. *fiqh* genannt, während ein theologisch konnotiertes und theoretisch orientiertes Wissen arab. *ʿilm* bezeichnet wurde. Freilich führte das realitätsori-

[2] ʿAlī Ḥasan ʿAbd al-Qādir, a.a.O., S. 77.

entierte Glaubensverständnis der Periode dazu, dass Themen von theoretischem Interesse im Allgemeinen zugleich praktische Bedeutung hatten. Den Muslimen jener Ära ging es also weniger abstrakt um eine islamische Lehre an sich, sondern ihre fundamentale Frage lautete, wie man sein Leben konkret an dem Willen Gottes orientieren könne, der in Qur'ān und Sunna verkündet worden war. Deshalb befassten sich die Mujtahidūn dieser Epoche in erster Linie mit Gegenständen des wirklichen Lebens sowie darüber hinaus mit Fragen aus dem Gebiet der gottesdienstlichen Handlungen. Dadurch wurde der Weg zu dem bis heute herrschenden, weiten Verständnis der islamischen Rechtswissenschaft eröffnet, das den Fiqh ganz allgemein als das Wissen über die Pflichten und die Rechte des Menschen (arab.: *ma'rifat al-nafs mā lahā wa mā 'alayhā*) auffasst. Auch die Ṣaḥāba, die das Niveau eines Mujtahid erreicht hatten, äußerten sich ausschließlich zu Gegenständen des wirklichen Lebens und setzten so die Methode des konkreten Einzelfalles fort, die sich ja schon in Qur'ān und Sunna findet. Freilich verkündeten die Ṣaḥāba aus der Furcht heraus, etwas Verbotenes zu erlauben bzw. etwas Erlaubtes zu verbieten, formelle Fatāwā meist nur ungern. Dennoch hat die Tradition sowohl das Rechtsdenken der Ṣaḥāba als auch das Rechtsdenken der rechtgeleiteten Kalifen gesammelt und bewahrt. Wurde ein Rechtsgedanke von einem Aṣḥāb oder einem Kalifen geäußert, verlieh dieser Umstand allein ihm allerdings noch keine Verbindlichkeit. Vielmehr wurde der betreffende Rechtsgedanke in den Korpus des geltenden Rechts erst aufgenommen, wenn die Ṣaḥāba, die als rechtskundig galten, ihn gebilligt hatten. Auf diese Weise begann sich der Konsens (arab.: *ijmā'*) der Rechtsgelehrten und damit eine neue Rechtsquelle zu formieren; wobei es zu jener Zeit freilich noch nicht um den Konsens aller Rechtsgelehrten, sondern nur um den Konsens der Ṣaḥāba ging. Stimmten sie hinsichtlich der Antwort auf eine Rechtsfrage überein, war dies von großem Einfluss auf die normative Qualität des betreffenden Rechtsgedankens: Von nun an handelte es sich nicht mehr um eine unverbindliche Einzelmeinung, sondern ganz im Gegenteil um den Standpunkt, den die kundigsten Prophetengefährten eingenommen hatten und der für die islamische Gemeinschaft gerade deshalb autoritativ verbindlich war. Die so akzeptierten Normen gingen deshalb auch in die Praxis der frühesten Generationen der Muslime (arab.: *salaf*) ein. Später wurde der enge Begriff eines Konsenses nur der Ṣaḥāba zum Konsens der Rechtsgelehrten überhaupt (arab.: *ijmā' al-a'imma*) erweitert. Selbst dieser weite Begriff steht jedoch eigentlich nur stellvertretend für die Idee einer Übereinstimmung der islamischen Gemeinschaft (arab.: *ijmā' al-*

umma) als Ganzer. Dass wir die rechtlichen Diskurse kennen, aus denen heraus letztlich ein Standpunkt die Zustimmung der Ṣaḥāba fand, verweist zugleich auf die Möglichkeit islamischer Diskursivität schlechthin und auf die unzähligen Diskurse, die in der damaligen Gesellschaft durch Einzelne angestoßen wurden oder von interessierten Kreisen ihren Ausgang nahmen. Die Historiker, und wiederum keineswegs nur die Rechtshistoriker, haben die Zeugnisse dieser Diskurse gesammelt. Obwohl es in ihnen zunächst nur um unterschiedliche methodische Standpunkte hinsichtlich der Auslegung der Rechtsquellen oder um unterschiedliche Antworten auf bestimmte einzelne Rechtsfragen ging, bildeten sich langfristig verschiedene Denkweisen und Denkrichtungen heraus. Dieser Prozess belegt, dass die Periode der rechtgeleiteten Kalifen die Voraussetzungen für die spätere Bandbreite des Rechtsdenkens sowie für die Formation besonderer Rechtsschulen geschaffen hat. So lässt sich nahezu die ganze weitere Entwicklung in ihren Grundzügen auf das Wirken der Ṣaḥāba sowie auf die Diskurse zurückführen, die ihre Ära prägten. Zur wirkmächtigen Gruppe der Ṣaḥāba zählen zunächst die vier rechtgeleiteten Kalifen selbst.

Der Ijtihād der vier rechtgeleiteten Kalifen

Hz. Abū Bakr. Der erste der rechtgeleiteten Kalifen verkündete mehrere Fatāwā, von denen folgende überliefert sind: 1. Er wies das Ansinnen von Hz. Fāṭima und ʿAbbās zurück, zu Erben des Propheten eingesetzt zu werden, indem er auf den Ḥadīth verwies: "Wir, der Gesandte Gottes, haben keine Erben. So soll das, was wir hinterlassen, als Almosen (arab.: *ṣadaqa*) dienen." Diesen Ḥadīth interpretierte Abū Bakr so, dass die Qurʾānverse über das Erbrecht auf den Propheten selbst unanwendbar seien. 2. Sich auf die Stellungnahmen zweier Ṣaḥāba stützend, sprach er Hz. Fāṭima und ʿAbbās gleichwohl einen Erbteil von 1/6 zu und berief sich hierfür auf die Sunna des Propheten.

Hz. ʿUmar. Er ist für eine große Zahl rechtlicher Urteile bekannt, die von seinen Zeitgenossen anerkannt und geachtet wurden. Hinzuzufügen ist, dass diese Akzeptanz auch ein Resultat seiner Praxis war, sich im Rahmen der bereits erwähnten Versammlung (arab.: *majlis al-shūrā*) zunächst mit anderen Ṣaḥāba zu beraten. Auf diese Weise erlangten seine rechtlichen Urteile allgemeine Akzeptanz. Von den Fatāwā Hz. ʿUmars sind zu nennen: 1. Die Festsetzung, dass der Auszug von Mekka nach Medina (arab.: *hijra*) den Anfangspunkt der islamischen Zeitrechnung bilden solle. 2. Die Einführung einer

Strafe von achtzig Hieben für den Genuss von Alkohol, weil weder Qur'ān noch Sunna hierfür ein Strafmaß bestimmen. 3. Das endgültige Verbot der Zeitehe (arab.: *mut'a*), die nach einigen Überlieferungen zu Lebzeiten Muḥammads صلى الله عليه وسلم erlaubt gewesen war. Hz. 'Umar argumentierte, dass diese Form der Ehe seinerzeit aus einem bestehenden Bedürfnis (arab.: *ḍarūra*) heraus zeitweilig gestattet worden, nach dem Wegfall dieses Bedürfnisses jedoch nicht länger rechtens sei. Keine Zustimmung fand diese Entscheidung Hz. 'Umars bei Hz. 'Alī und einigen weiteren Ṣaḥāba; die gesamte Shī'a folgt in dieser Frage bis heute Hz. 'Alī. 4. Die gemeinsame Verrichtung des freiwilligen zusätzlichen Ritualgebetes während der Nächte des Fastenmonats (arab.: *tarāwīḥ*) in der Moschee. Zu Lebzeiten Muḥammads صلى الله عليه وسلم sowie unter Abū Bakr war dieses Gebet einzeln verrichtet worden. Demgegenüber proklamierte Hz. 'Umar seine gemeinsame Verrichtung in der Moschee und bezog sich dabei auf bereits bestehende Vorbilder. Im späteren Schrifttum wird hierzu auf die gemeinsame Verrichtung ritueller Gebetsabschnitte (arab.: *rak'a*) während der Trauer nach dem Tode des Gesandten Gottes sowie auf einzelne weitere Praktiken aus jener Zeit verwiesen. 5. Die Entscheidung, dass die dreimalige, formell erklärte Verstoßung (arab.: *ṭalāq*) der Ehefrau das Eheband unwiderruflich löse. Zu Lebzeiten Muḥammads صلى الله عليه وسلم sowie unter Abū Bakr galt die dreimalige Verstoßung, augenblicklich und in einem Satz erklärt, als lediglich momentane Zurückweisung der Ehefrau, deren Widerruf (arab.: *raj'*) dem Ehemann freistand. Hz. 'Umar deutete sie dagegen als eine Sequenz aus drei separaten Verstoßungsformeln, durch die der definitive Bruch des Ehebandes sogar noch unterstrichen werde. Die auf diese Weise verstoßene Frau könne sich nur dann erneut mit ihrem früheren Mann liieren, falls sie nach der Scheidung zunächst einen anderen Mann heirate und diese andere Ehe dann auf rechtmäßige Weise beendet werde. Hz. 'Umar verstand dies als Strafe für den Mann, der leichtfertig zur Scheidung greife; denn habe Gott sie auch um der menschlichen Schwäche willen gestattet, sei sie ihm doch zutiefst verhasst. Die muslimische Rechtspraxis unserer Tage folgt dieser Fatwa Hz. 'Umars nicht.

Hz. 'Uthmān. Bemerkenswert an Hz. 'Uthmān ist seine profunde Kenntnis der Vorschriften über die Pilgerfahrt (arab.: *ḥajj*). Bekannt sind folgende Fatāwā: 1. Die Bemessung der Läuterungsgabe (arab.: *zakāt*) auch aus dem, was bereits als [zinsloses] Darlehen an eine andere Person geleistet wurde. Von Rechts wegen entlässt die Hingabe als Darlehen den betreffenden Vermögenswert nicht endgültig aus dem Vermögen des Darlehensgebers, denn er behält sich ja den Anspruch auf eine Darlehenstilgung in gleicher Menge oder Höhe gegen den Darlehensnehmer vor. Gerade deshalb wird das Darlehen jedoch weiterhin der Gesamtheit der Vermögenswerte zugerechnet, aus denen [aktuell] auch weiterhin die Läuterungsgabe zu bemessen ist; denn das, was der Darlehensnehmer bekommen hat, gebührt ihm ja nicht endgültig, sondern bildet nur den Anspruchsgrund für die [künftige] Rückforderung durch den Darlehensgeber. Mit dieser Überlegung wird der stillschweigende Konsens (arab.: *sukūt*) bis heute begründet. 2. Die Anerkennung des Erbrechts der Ehefrau, die von ihrem Mann noch auf dem Sterbebett verstoßen worden war. Hz. ʿUthmān sah im Verhalten eines Ehemannes, der seine Frau noch kurz vor seinem Tod verstößt, eine Vereitelung des Erbrechts, das nach dem Recht der Sharīʿa jeder Ehefrau zusteht. Deshalb entschied er, dass das Erbrecht der verstoßenen Frau so erhalten bleibe, wie es zuvor aufgrund der Ehe bestanden habe. 3. Die Einführung des zweiten Gebetsrufes zum Freitagsgebet. Zur Zeit Muḥammads صلى الله عليه وسلم und der beiden ersten Kalifen lud zum Freitagsgebet nur ein Gebetsruf. Um ihn zu bekräftigen, führte Hz. ʿUthmān einen weiteren Gebetsruf ein; eine Praxis, die bis heute erhalten blieb.

Hz. ʿAlī. In den auf uns überkommenen rechtlichen Urteilen vermag sich Hz. ʿAlī auf eine gründliche Kenntnis der Quellen sowie auf ein bedeutendes eigenes Urteilsvermögen zu stützen, das er im Geiste der Sharīʿa nutzt. Die meisten seiner Fatāwā wurden in Kūfa gegeben. Im Schrifttum wird die Auffassung vertreten, dass die Judikate Hz. ʿAlīs im Unterschied zu denen von Hz. ʿUmar, der einen regelgeleiteten Ansatz verfolgt habe, zur Abwägung im Einzelfall tendierten.[3] Zu dieser Einschätzung mag einerseits der Umstand beigetragen haben, dass seine Anhänger viele Entscheidungen aus späterer Zeit nachträglich Hz. ʿAlī zuschrieben. Andererseits kann dieser Eindruck aber auch darauf beruhen, dass die Rechtsschulen der Sunniten bzw. der Leute der Sunna (arab.: *ahl al-sunna*) nur einen Teil der Judikate von Hz. ʿAlī rezipierten, während sich unter jenen, die durch die Shīʿiten bzw. die Leute der Prophetenfamilie (arab.: *ahl al-bayt*) überliefert wurden, auch solche von ʿAbdullāh b. Masʿūd befinden, der gleichfalls in Kūfa wirkte. Von den Rechtsgutachten Hz. ʿAlīs sind zu erwähnen: 1. Die Aufstellung der [rechtspraktisch im Sinne einer Vermutung wirkenden] Regel, dass die Schwangerschaft mindestens sechs Monate dauere. Anhand einer Synopse zweier Qurʾānverse; nämlich des Verses 46:15, nach dem Schwangerschaft und Stillen bis zur Entwöhnung insgesamt dreißig Monate dauern, sowie des Verses 2:233, nach dem die

[3] ʿAlī Ḥasan ʿAbd al-Qādir, a.a.O., S. 78.

Mutter ihr Kind zwei Jahre lang stillen soll, zog Hz. ʿAlī den Schluss, dass die Schwangerschaft wenigstens sechs Monate dauere. 2. Die Ablehnung des Vollzuges der Steinigung an jener geistesgestörten Frau, die Hz. ʿUmar wegen Prostitution verurteilt hatte. Freilich wird berichtet, dass auch Hz. ʿUmar die Begründung, die Hz. ʿAlī hierfür gab – dass nämlich Allāh سبحانه وتعالى * die Verantwortlichkeit von der Kranken genommen habe – akzeptiert und sein Urteil mit den Worten zurückgenommen habe: "Wäre ʿAlī nicht, so hätte ʿUmar gefehlt."

Der Ijtihād anderer Ṣaḥāba

ʿAbdullāh b. Masʿūd (gest. 32/652) war ein ausgezeichneter Kenner der islamischen Lehre allgemein sowie besonders der Sunna des Gesandten Gottes. Grundlage hierfür war der Umstand, dass er, mit ihm zusammenlebend und ihn durch viele der wichtigsten Stationen seines Wirkens begleitend, längere Zeit im persönlichen Dienst Muḥammads صلى الله عليه وسلم stand; und zwar von der Hidschra bis zum Ende seines Lebens. Hz. ʿUmar bestellte ihn in Kūfa zum Lehrer des Islam. Die Spuren, die ʿAbdullāh b. Masʿūd dort hinterließ, sind unauslöschlich, denn um ihn herum scharte sich ein Kreis von Schülern, in dem einige der intellektuellen Grundlagen für die Formierung der künftigen Rechtsschulen gelegt wurden. In seinen eigenen Judikaten folgte ʿAbdullāh b. Masʿūd, was für die spätere kūfische Rechtsschule von Bedeutung werden sollte, dem Rechtsdenken Hz. ʿUmars. Gestorben ist er in Medina. Zayd b. Thābit (gest. 45/665) ist bekannt als der Schreiber des Gesandten Gottes, der die Korrespondenzen Muḥammads صلى الله عليه وسلم sowie der ersten beiden Kalifen führte. Er wurde als Kenner des Ḥadīth gerühmt und gilt unter den Ṣaḥāba als bester Kenner des sharīʿatischen Erbrechts (arab.: *farāʾiḍ*); ein Gebiet, auf dem er auch zahlreiche Fatāwā verkündet hat. ʿĀʾisha, Gattin des Propheten, ist als Kennerin der sharīʿatischen Vorschriften auf dem Gebiet der ehelichen Pflichten und des Erbrechts bekannt. ʿAbdullāh b. ʿAbbās erfreute sich einer breit angelegten, durch profunde Kenntnis gespeisten Gesamtschau der Lehren des Islam (arab.: *baḥr al-ʿilm*). Erwähnenswert ist schließlich ʿAbdullāh b. ʿUmar mit seinem Fundus von Wissen über die gottesdienstlichen Handlungen (arab.: *ʿibādāt*).

* Die Eulogie für Gott selbst: „*Er ist gepriesen und erhaben!*“, A. d. Ü.

Das Aufkommen unterschiedlicher Auslegungen unter den Ṣaḥāba

Während der Periode der rechtgeleiteten Kalifen traten, wie bereits angedeutet, die ersten Divergenzen hinsichtlich der Auslegung der Rechtsquellen und der Anwendung der Rechtsnormen auf. Die Ursachen hierfür waren vielfältig. Zu ihnen zählten unterschiedliche Interpretationen bestimmter Verse oder auch einzelner Begriffe des Qurʾān, abweichende Kriterien für die Bewertung der einschlägigen Aḥadīth bzw. bei der Anwendung einer generell für Recht erkannten Sunna auf den individuellen Einzelfall sowie zuweilen wohl auch einfach Unterschiede im persönlichen Vorverständnis. All diese Auslegungs- und Anwendungsdivergenzen zogen kaum zu überschätzende Folgen nach sich, denn die späteren Begründer der Rechtsschulen bezogen sich jeweils auf die Judikate einzelner Ṣaḥāba, sodass deren unterschiedliche Ansätze eine sowohl überörtliche als auch über ihr eigenes Zeitalter weit hinausreichende Bedeutung erlangten. Anzumerken bleibt allerdings, dass sich die Divergenzen unter den Ṣaḥāba hinsichtlich ihrer persönlichen Motive und nicht zuletzt auch hinsichtlich ihrer religiösen und moralischen Anliegen deutlich von manchen späteren Streitigkeiten unterschieden, die von diversen Gruppierungen wie z. B. den Khārijiten ausgingen. In ihnen ging es oftmals um Machtfragen, die religiös etikettiert, in Wahrheit aber nichts als Missbräuche der islamischen Lehre waren.

Unterschiede im Verständnis qurʾānischer Texte

Sowohl einzelne Begriffe in qurʾānischen Texten als auch bestimmte Qurʾānverse in ihrer Gesamtheit wurden von manchen Ṣaḥāba unterschiedlich aufgefasst. Derartige Divergenzen hatten natürlicherweise oft auch ein unterschiedliches Verständnis derjenigen Vorschriften des positiven Rechts zur Folge, deren Grundlage die betreffenden Texte waren. Dies war z. B. bei dem Qurʾānvers der Fall, der die nacheheliche Wartefrist (arab.: *ʿidda*) regelt. Im Qurʾān heißt es hierzu: "Und die geschiedenen Frauen sollen warten, bis sie dreimal die Reinigung (arab.: *qurūʾ*) gehabt haben" (2:228). In diesem Vers wird das Wort arab. *qurūʾ* gebraucht, das sprachlich sowohl auf die weibliche Monatsblutung selbst als auch auf den Zustand der Reinheit zwischen zwei Menstruationen referieren kann. Hz. ʿUmar, Hz. ʿAlī sowie Ibn Masʿūd und Abū Mūsā al-Ashʿarī meinten, dass *qurūʾ* in diesem Vers für die Menstruation selbst (arab.: *ḥayḍ*) stehe, während ʿĀʾisha, Zayd b. Thābit und Ibn ʿUmar die Auffassung vertraten, dass der Zeitraum zwischen zwei Blutungen (arab.:

ṭuhr) gemeint sei. Diese unterschiedlichen Ausgangspunkte führten zu konträren Interpretationen: Nach der zuerst genannten Auffassung endet die nacheheliche Wartefrist erst mit dem Ende der dritten nachehelichen Monatsblutung, während sie nach der zuletzt genannten Auffassung schon mit dem Beginn dieser Blutung endet.

Unterschiede im Verständnis des Ḥadīth

Da es während der Periode der rechtgeleiteten Kalifen noch keine zuverlässigen Ḥadīth-Sammlungen gab, wandten die Ṣaḥāba verschiedene Methoden an, um sich Gewissheit über die Authentizität der Berichte zu verschaffen, die zu ihrer Zeit über die Sunna Muḥammads صلى الله عليه وسلم in Umlauf waren. Hz. ʿUmar forderte mindestens zwei Tradenten, die sich für die Authentizität verbürgten, Hz. ʿAlī lud alle noch lebenden Überlieferer zum Eid. Unabhängig von der jeweils angewandten Methode ging es der Sache nach vor allem darum, anhand der Authentizität des jeweiligen Ḥadīth positiv-rechtliche Entscheidungen begründen zu können. Im Schrifttum wird als Beispiel hierfür der Fall der Fāṭima b. Qays genannt. Sie behauptete gegenüber Hz. ʿUmar, dass ihr Mann sie noch zu Lebzeiten des Propheten dreimal verstoßen habe; und doch habe der Gesandte Gottes ihr während der nachehelichen Wartefrist keinen Anspruch auf Unterhalt zugebilligt. Hz. ʿUmar erkannte diesen Ḥadīth nicht an, weil er dem Qurʾān widerspreche. Er sagte, dass es ihm nicht zustehe, eine in Gottes eigenem Buch niedergelegte Vorschrift wegen der Äußerung einer Frau zu abrogieren, von der man nicht einmal wissen könne, ob sie die Wahrheit spreche oder nicht. Die irakischen Juristen teilten Hz. ʿUmars Standpunkt. Andere Rechtsgelehrte, nämlich Mālik und al-Shāfiʿī, erkannten den Ḥadīth dagegen an und bezogen sich hierfür auf bestimmte Ṣaḥāba, die einer verstoßenen Ehefrau während der nachehelichen Wartezeit keinen Unterhalt zuerkannt hatten. Die betreffenden Ṣaḥāba legten jenen Qurʾānvers (65:6), in dem vom nachehelichen Unterhalt die Rede ist, dahingehend aus, dass der Anspruch nur solange bestehe, wie die Frau nach der Scheidung etwa noch [mit einem ehelichen Kind] schwanger sei.

Unterschiede im Ijtihād

Soweit der Qurʾān keine konkreten Vorschriften enthielt und eine gesicherte Sunna fehlte, entschieden die Ṣaḥāba die ihnen vorgelegten Fälle, dem Geist der Sharīʿa nacheifernd, aufgrund ihres selbständigen Urteils (arab.: *ijtihād*). Dabei kam es hinsichtlich der Rechtmäßigkeit und der Zweckmäßigkeit der denkbaren Entscheidungen naturgemäß zu abweichenden Bewertungen. So fragte etwa Ibn Masʿūd, ob die Frau ihre Morgengabe (arab.: *mahr*) verlangen könne, falls ihr Mann vor dem Vollzug der Ehe und damit vor dem Zeitpunkt sterbe, mit dem der überwiegende Anteil der Morgengabe überhaupt erst fällig werde. Ibn Masʿūd vertrat den Standpunkt, dass die Frau in derartigen Fällen einen Anspruch auf eine Morgengabe habe, wie sie für Frauen mit vergleichbarem sozialem Status üblich sei, dass sie vom Nachlass des Mannes den gesetzlichen Erbteil verlangen könne und außerdem die nacheheliche Wartezeit zu beachten habe. Eine andere Auffassung vertraten Ibn ʿUmar und Zayd b. Thābit. Nach ihnen hat die Frau in solchen Fällen keinen Anspruch auf eine Morgengabe, sondern ist auf ihr Erbrecht verwiesen. Die irakischen Juristen folgten dem Standpunkt von Ibn Masʿūd, weil einer der Ṣaḥāba, Maʾhil b. Sinān, erklärte, dass der Gesandte Gottes einen ähnlichen Fall entsprechend entschieden habe.

b) Die vorislamischen Rechte der eroberten Gebiete

Die vorislamischen Rechte der eroberten Gebiete fungierten als Rechtsquelle u. a. im Verwaltungsrecht und im Abgabenrecht. Damit ging es um Rechtsgebiete, die die frühen Muslime binnen kürzester Frist mit einer Vielzahl von Situationen konfrontierten, die regelungsbedürftig, für sie jedoch neu waren. Die islamische Rechtswissenschaft war so, wie sie damals existierte, zur sofortigen Präsentation sowohl innovativer als auch konzeptionell islamischer Lösungen außerstande, sodass die Rechtspraxis, wenngleich nicht ohne charakteristische Anpassungen, meist den bestehenden Rechtszustand rezipierte. Im neueren rechtsgeschichtlichen Schrifttum weist namentlich ʿAlī Ḥasan ʿAbd al-Qādir darauf hin, dass die vorislamischen Verwaltungs- und Abgabenrechte der eroberten Gebiete im Zeitalter der rechtgeleiteten Kalifen mit nur wenigen Änderungen weiterhin vollzogen wurden und sich insbesondere ein spezifisch islamisches Abgabensystem erst im 2./8. Jahrhundert etablierte. Auch auf anderen Rechtsgebieten hielt man zunächst oft an vorislamischen Rechtsinstituten fest und modifizierte sie im islamischen Sinn erst später. Was ihre Herkunft angeht, so waren die verwaltungs- und abgabenrechtlich als Rechtsquellen herangezogenen vorislamischen Rechte byzantinischen und persischen Ursprungs. So wurde z. B. die allgemeine Einwohnersteuer sowohl in Byzanz als auch in Persien nach dem Grundbesitz bemessen, während der Qur'ān in Vers 9:29 jedenfalls für die Nichtmuslime eine Abgabe (arab.: *jizya*) vorschreibt, die als Kopfsteuer pro nichtmuslimischem Einwohner zu erheben ist. Als die Muslime einzelne byzantinische und persische Landstriche eroberten, begannen sie, außer dieser qur'ānischen Abgabe eine Grundsteuer (arab.: *kharāj*) nach dem Vorbild der vorislamischen Rechte zu erheben. Vom hohen Alter und der allgemeinen Verbreitung dieser Steuerart in den vorislamischen Gesellschaften des Nahen Ostens zeugt der Umstand, dass es sich bei dem Terminus *kharāj* um ein aramäisches Lehnwort handelt. In der Verwaltungspraxis bürgerte sich zur Zeit ʿUmars der Begriff des Dīwān ein, der ein für bestimmte Zwecke aufgenommenes, staatliches Einwohnerverzeichnis bezeichnet. Derartige Verzeichnisse hatte es früher schon in Persien gegeben, sodass einige Autoren auf der Suche nach dem Ursprung des Begriffes auf pers. *dev* verweisen, was "Verwalter, Berater" oder auch "Sekretär" bedeutet. Andere Autoren meinen, dass der Terminus aus arab. *dawwana* abzuleiten sei, was soviel wie "sammeln" oder "registrieren" heißt. Jedenfalls belegen die Quellen, dass das Institut des Dīwān um 20/641 entstand, und zwar zunächst als Verzeichnis der Krieger (arab.: *dīwān al-jund*), um ihnen nach einem Feldzug ihren Anteil [an der Beute] auszahlen zu können. Dieses früheste Verzeichnis bezog sich auf Medina. In anderen Gegenden nutzte man die Listen entsprechend der übernommenen byzantinischen und sassanidischen Verwaltungspraxis, wie ja auch Kanzleisprache zeitweise das Griechische bzw. das Persische blieb. Weiter gibt es Hinweise auf eine mittelbare Übernahme byzantinischer Zollvorschriften zur Zeit Hz. ʿUmars, und zwar nach dem Prinzip des do ut des bzw. der Reziprozität. Muḥammad Ḥamīdullāh zitiert nämlich Quellen, nach denen der dritte Kalif den Statthalter eines an Byzanz grenzenden Gebietes brieflich anwies, von byzantinischen Kaufleuten, die das Haus des Islam (arab.: *dār al-islām*) betraten, die nämlichen Zölle zu erheben, die Byzanz umgekehrt auch von muslimischen Kaufleuten auf seinen Territorien erhob. Freilich war die Rezeption vorislamischer Abgaben und Zölle der eroberten oder auch nur benachbarten Gebiete ein Provisorium, das sich nur solange hielt, wie es noch keine islamische Theorie der Staatsfinanzen gab, die zur Umsetzung in die Praxis drängte. Einige der vorgefundenen Rechtsinstitute wurden, nach gründlicher Prüfung, endgültig in das islamische Recht integriert. Allerdings geschah dies nur selektiv, denn übernommen wurde nur, was dem islamischen ordre public entsprechend billig und gerecht war. In diesem Sinne positiv beurteilt wurden z. B. die persischen Vorschriften über die

Grundsteuer, während die entsprechenden byzantinischen Regelungen, wie man sie in Syrien, Ägypten und andernorts vorfand, negativ beurteilt und verworfen wurden. Freilich galten die vorislamischen Rechte der eroberten Gebiete auch dann, wenn sie an sich beachtlich und schätzenswert waren, immer nur als sekundäre Rechtsquellen. Dies hatte zur Folge, dass diese Rechte insofern, als sie überhaupt fortgalten, Partikularrechte blieben, die auch nach der Islamisierung weiterhin nur dort angewandt wurden, wo sie zuvor gegolten hatten.

3. Die Rechtspraxis

Während der Periode der rechtgeleiteten Kalifen bildete sich allmählich ein zweistufiges System von Verwaltung und Gerichtsbarkeit heraus. Zur Zeit des ersten Kalifen bestand zwischen Verwaltung und Gerichtsbarkeit von Rechts wegen noch kein Unterschied. Hz. Abū Bakr teilte das Land in mehrere Provinzen auf, die jeweils einem Statthalter unterstanden, in dessen Händen die Führung von Verwaltung, Militärwesen und Gerichtsbarkeit rechtlich und tatsächlich eine Einheit bildeten. Die Statthalter hatten das militärische Kommando inne, ihnen unterstanden die Militärkassen, sie waren Imāme ihrer Moscheen, in denen sie sich zum Freitagsgebet (arab.: *salāt al-jum ʿa*) niederwarfen, sie standen für den rechtmäßigen Vollzug dieses Gebetes in ihrer Provinz ein, sie überwachten die öffentliche Ordnung, vollzogen die Sanktionen des Strafrechts der Sharīʿa, gewährleisteten die Sicherheit der Pilger auf dem Weg zur Ḥajj, kümmerten sich um die Förderung der Landwirtschaft sowie um vielerlei mehr. Außer den Statthaltern ernannte Abū Bakr bewährte, als rechtskundig bekannte Männer mit dem Auftrag, Fatāwā zu erstatten und sich so auf analytische, im weitgefassten Sinn also bereits wissenschaftliche Art und Weise der Jurisprudenz als Profession zu widmen. So entstand das Amt des Rechtsgutachters (arab. Sg.: *muftī*, Pl.: *muftiyyūn*), das zu jener Zeit von ʿUmar, ʿUthmān, ʿAlī, ʿAbd al-Raḥman b. ʿAwf, Zayd b. Thabit und Abū Hurayra ausgeübt wurde. Einige Rechtshistoriker nehmen an, dass es der zweite Kalif war, der Verwaltung und Gerichtsbarkeit voneinander trennte. Sie weisen darauf hin, dass Hz. ʿUmar in allen Territorien besondere Staatsbeamte zu Richtern (arab. Sg.: *qāḍī*, Pl.: *quḍāt*) bestellte, deren Arbeit ausschließlich der Entscheidung rechtlicher Streitigkeiten sowie gewissen Beurkundungen etc. galt. Freilich residierten die Quḍāt dieser Ära noch nicht an einem festen

Sitz, sondern sie reisten durch das Land, judizierten in den Moscheen, und ihre Spruchpraxis blieb auf das Ganze gesehen informell. Hz. ʿUmar ergriff mehrere Maßnahmen, um das Ansehen der neugeschaffenen Richterschaft zu stärken und Korruption zu unterbinden. Insbesondere gewährte er den Quḍāt hohe Bezüge, sodass sie keiner weiteren Einkünfte bedurften, und untersagte ihnen Nebentätigkeiten in Handel und Gewerbe; außerdem berief er nur viri probati, die besonders qualifiziert und angesehen waren. Zu alldem wird im Schrifttum auf einen Brief verwiesen, in dem Hz. ʿUmar den Statthalter von Kūfa, Abū Mūsā al-Ashʿarī, über Richterschaft und Gerichtsbarkeit instruiert habe. Allerdings haben sowohl frühe Historiker wie Ibn Ḥazm als auch spätere Gelehrte Zweifel an der Authentizität dieses Briefes geäußert. Ungeschmälert bleibt indessen die inhaltliche Bedeutung der in ihm niedergelegten Grundsätze, die als unabdingbare Minima auch allen späteren Richtern und Gerichten aufgegeben sind. Erwähnt werden im Brief nämlich die folgenden Gebote: Beide Parteien sind völlig gleich zu behandeln; die Beweislast liegt prinzipiell beim Kläger; wer die Abweisung einer gegen ihn gerichteten Klage begehrt, weil sie grundlos sei, hat dies zu beeiden; die Parteien können sich über den Streitgegenstand vergleichen, es sei denn, ihre Einigung sei sittenwidrig bzw. widerspreche dem Gesetz; der Qāḍī muss seine Entscheidung begründen; der Termin zur mündlichen Verhandlung ist möglichst frühzeitig zu bestimmen; Zeugen, die als Lügner bekannt sind, sind zurückzuweisen. All diese Prinzipien fanden später Eingang in das sharīʿatische Prozessrecht (arab.: *uṣūl al-muḥākama*).

Literatur: ʿAlī Ḥasan ʿAbd al-Qādir, a.a.O., S. 54 – 105; Muḥammad al-Khuḍrī: *Tārīkh al-tashrīʿ al-islāmī*, Kairo 1920, S. 95 – 122; Bożena Gajane Strzyżewska: *Tārīkh al-tashrīʿ al-islāmī*, Beirut 1980, S. 36 – 70; Sayed Āthār Ḥusain: *The Glorious Caliphate*, Lucknow 1974, S. 221 – 226; Muḥammad Ḥamīdullāh: *Uticaj rimskog prava na fikh*, in: *Islamsko misao* 9/1983, S. 11 – 16.

III. Die Periode der frühen Rechtsschulen

1. Der geschichtliche und gesellschaftliche Rahmen

Diese Periode, die, wenngleich die einzelnen Autoren hierunter nicht immer dasselbe verstehen, im neueren Schrifttum das Zeitalter der frühen oder auch älteren Rechtsschulen heißt, umfasst die zweite Hälfte des 1./7. Jahrhunderts. Sie ist die Ära, die auch als Präludium zur Geschichte der islamischen Rechtswissenschaft bzw. der Einsicht (arab.: *fiqh*) im engeren Sinn bezeichnet wird – eine Einordnung, die darauf konnotiert, dass während dieser Periode diejenigen Autoritäten wirkten, deren rechtsgeschichtliche Sendung in einer Art von Transmission bestand; galt es doch, das vom Gesandten Gottes über die Ṣaḥāba tradierte Rechtsdenken an die nachfolgenden Zeitalter weiterzugeben. Die Trennlinie zwischen dem Anfang dieser Periode und dem Ende der vorangegangenen Ära der rechtgeleiteten Kalifen wird durch die Inthronisation der Umayyaden-Dynastie gezogen, mit der die letzte Stunde des Wahlkalifates schlug: 41/661 rief der neue Herrscher, Muʿāwiya I., die Monarchie (arab.: *mamlaka* oder auch *mulk*) mit dynastischer Erbfolge aus. Nach außen gelang dem Umayyadenreich eine weitere Ausdehnung des islamischen Territoriums, dessen dauerhafte Sicherung auch darauf beruhte, dass die Bevölkerung der eroberten Gebiete überwiegend den Islam annahm. Nach innen verfestigte sich freilich die Aufspaltung der islamischen Gemeinschaft in die Mehrheit der Sunniten und die Minderheiten der Shīʿiten und der Khārijiten. Streitigkeiten über religiöse, rechtliche und gesellschaftliche Fragen werden in der Geschichte der Muslime von nun an eine Konstante sein! Auf das Ganze gesehen, werden die Umayyaden mit nur wenigen Ausnahmen als weltlich orientierte Herrscher angesehen. Ihr hauptsächliches Augenmerk galt ihrem Reich, dessen Staatswesen sie einer höfischen, zeremoniell geprägten Ordnung unterwarfen. Die damit einhergehende Habitualisierung ihrer Monarchie war, nach einer Formulierung von Joseph Schacht, beredter Ausdruck einer auf Disziplinierung zielenden, ihrer Intention nach zentralistischen Bürokratie, die gegen den Individualismus der Beduinen und gegen die Anarchie der altarabischen, vorislamischen Lebensweise antrat.[4] Als Gesetzgeber ordneten die Umayya-

[4] *The Cambridge History of Islam*, Bd. II, Cambridge 1970, S. 547.

den insbesondere die Verteidigung und das Haushaltswesen neu; letzteres unmittelbar durch die Besteuerung der unterworfenen Gebiete oder auch mittelbar durch Abgaben, die sie den von ihnen eingesetzten arabischen Pfründnern auferlegten. Im Schrifttum wird zu alldem die Auffassung vertreten, dass die säkulare Orientierung der Umayyaden nicht nur ihrer Neigung entsprochen habe, sondern, herrschaftstechnisch gesehen, auch einer dringenden Notwendigkeit geschuldet gewesen sei. Dies lässt sich auch auf dem Gebiet des Rechts belegen. Denn in rechtlicher Hinsicht führte die stürmische Ausdehnung der Grenzen binnen kürzester Frist zu einer solchen Vielfalt des gesellschaftlichen und wirtschaftlichen Verkehrs sowie zur Begegnung mit derart unterschiedlichen Traditionen und Institutionen, dass die frühe islamische Rechtslehre zunächst nicht schrittzuhalten vermochte. Folge dieser Entwicklung waren auf die Forderungen des Tages eingehende administrative Akte weltlichen Charakters, die sich an Verwaltung und Gerichtsbarkeit und damit an die Praxis wandten.[5] Das Desinteresse der Umayyaden an den Konsequenzen der islamischen Lehre für die Rechtsordnung sowie ihre autokratische Mentalität, aus welcher heraus sie der Praxis der rechtgeleiteten Kalifen nicht nur dem Inhalt nach die Gefolgschaft versagten, sondern sie unverblümt bereits der Form nach abschafften, führte dazu, dass sich die Gemeinschaft der Gelehrten (arab.: *ʿulamāʾ*) zurückzog und die ihr angehörenden Juristen es, das Feld der Theorie bestellend, nun im Stillen unternahmen, eine gelehrte Jurisprudenz zu schaffen. Dieselben Gelehrten waren es auch, die bald anfingen, sich aus Damaskus als dem Symbol der Umayyadenmacht zurückzuziehen und an den Saum des Reiches, nach Medina und in den Irak, auszuweichen. In diesen beiden Regionen, besonders aber in Medina, wo die Tradition des Gesandten Gottes und der Ṣaḥāba lebte, begannen die Rechtsgelehrten nun mit einem der frühesten Versuche, das islamische Recht und seine theoretischen und methodologischen Grundlagen systematisch auszuformulieren. Rechtshistoriker wie ʿAlī Ḥasan ʿAbd al-Qādir haben dargelegt, dass wirklich fundierte Kentnisse von Religion und Recht in jener Periode sowohl innerhalb der ʿUlamāʾ selbst als auch in der übrigen Gesellschaft nur ausnahmsweise vorhanden waren; wenngleich das Niveau sicher sehr unterschiedlich war. So hatte man z. B. in Baṣra zur Zeit von Ibn ʿAbbās nur wenig Wissen über die Läuterungsgabe im Fastenmonat (arab.: *zakāt al-fiṭr*), und in anderen Regionen wie z. B. der Levante kam sogar ein schwerwiegender Fall direkten Unwissens vor – berichtet man doch, dass die noch lebenden Ṣaḥāba von der dortigen Einwohnerschaft über

[5] Vgl. K. A. Faruki: *Islamic Jurisprudence*, Lahore 1962.

die Anzahl der täglichen Pflichtgebete befragt worden seien![6] Durchwegs am besten orientiert waren die Medinenser; dies natürlich auch deshalb, weil der Bezug zur Sunna und zu der auf sie gegründeten Lebenswelt in ihrer Stadt unmittelbar gegeben und ununterbrochen überliefert war. Auf das Ganze gesehen, führten die tendenziell säkulare Orientierung der Umayyaden sowie der missliche Zustand der Katechese dazu, dass ein religiös inspiriertes Recht, welches imstande gewesen wäre, die Lebenswirklichkeit zu prägen, gar nicht entstehen konnte. Als wirkmächtige Rechtsquelle erwies sich stattdessen vielmehr die Staats- und Verwaltungspraxis jener Zeit.

2. Die Rechtsquellen

Kennzeichnend für die Periode der frühen Rechtsschulen ist aus den bereits dargelegten Gründen das Nebeneinander zweier Rechte; nämlich einerseits desjenigen Rechts, das in den Kreisen der frommen Rechtsgelehrten formuliert wurde und jedenfalls zunächst in erster Linie die Rechtstheorie befruchtete, und andererseits des Rechts der weltlichen Herrscher und ihrer Juristen, das die Rechtspraxis prägte. Das Recht, das in den Kreisen der frommen Rechtsgelehrten im Wege theoretischer Diskurse entfaltet wurde, gründete auf dem Qur'ān, der Sunna und dem Ijtihād der Ṣaḥāba. Die so gefundenen Ergebnisse bildeten das Fundament, auf dem später das Gebäude der islamischen Rechtswissenschaft im wortwörtlichen Sinn, also dem der Einsicht (arab.: *fiqh*), errichtet werden konnte. Die Rechtsgedanken dieses gelehrten Rechts beziehen sich auf die grundlegenden Texte nicht nur nominell, sondern sind folgerichtige Ableitungen aus ihnen. Deshalb ist die Normativität dieses Rechts die eines idealen Rechts, und zwar desjenigen Rechts, das man bräuchte, um anhand der originären Quellen eine spezifisch islamische Sollensordnung zu entwerfen. Demgegenüber ist der Kontakt zur realen Rechtspraxis, die die Lebenswelt des Umayyadenreiches regulierte, bei diesem gelehrten Recht allenfalls punktuell gegeben. Das daraus folgende Auseinanderfallen von Theorie und Praxis wird den Charakter des Fiqh auch später noch prägen: Er wird sich als eine theoretisch orientierte Disziplin entwickeln, die vom wirklichen Leben und von der praktisch gelebten Religiosität der Gläubigen oft weit entfernt ist. Auf der anderen Seite, der Seite der Rechtspraxis, nimmt zur gleichen Zeit

[6] A. H. ʿAbd al-Qadir, a.a.O., S. 111.

der Rechtsalltag des Umayyadenreiches greifbare Gestalt an. Zu beobachten ist dies bei den Behörden und bei den Gerichten. Das Verwaltungsrecht der Behörden beruht auf der eingeführten Verwaltungspraxis sowie auf Zweckmäßigkeitserwägungen. Dagegen beruht die Rechtsprechung der Gerichte auf der gefestigten Auslegung der Rechtsnormen, also auf Rechtmäßigkeitserwägungen, sowie auf dem eigenständigen Verstehen (arab.: *ra'y*) der judizierenden Quḍāt. Viele der so entstandenen Administrativakte und Judikate würden eine Prüfung anhand islamischer Maßstäbe freilich nicht überstehen. So heißt es z. B. in einer Fatwa des Qāḍī Shurayḥa zur Begründung, warum Hz. Ḥusayn [in der Schlacht von Kerbela durch gegnerische Truppen] getötet wurde: "Es ist bewiesen, dass Hz. Ḥusayn, Sohn des ʿAlī, die Grenzen des Islam übertreten hatte, und deshalb wurde die Todesstrafe über ihn verhängt."[7] Später zeigten die Umayyaden, namentlich unter der Regentschaft von ʿUmar b. ʿAbd al-ʿAzīz, ein stärkeres Interesse für die theoretischen Grundlagen des islamischen Rechts, während sich umgekehrt auch die Rechtsgelehrten vermehrt an der Rechtspraxis orientierten.

3. Die Rechtswissenschaft

Einige der Ṣaḥāba, die als religiöse Lehrer bzw. als Muftī oder Qāḍī in bestimmten Regionen wirkten, hinterließen im Leben und Denken der dortigen Muslime nachhaltige, ja unauslöschliche Spuren. Um sie herum bildeten sich Schülerkreise, die das Rechtsdenken ihres jeweiligen Lehrers tradierten und seine Gedanken vertieften und entfalteten. Seit dem Ende des 2./8. Jahrhunderts formierten sich um diese Schülerkreise der jeweils einem Aṣḥāb folgenden Tābiʿūn herum weiter gefasste Interessentenkreise, innerhalb derer die Lehren des Qurʾān und der Sunna sowie die einschlägigen Fatāwā gleichfalls weitergegeben und erörtert wurden. Die damit gegebene Form der lockeren Kreise, gegründet auf geistige Wahlverwandtschaft und gemeinsame Interessen, ist für die frühen Rechtsschulen kennzeichnend und eigentümlich. Innerhalb der einzelnen frühen Rechtsschulen herrschte zwar keine dogmatische Gleichförmigkeit, doch versuchte man sehr wohl, eine gemeinsame Rechtsidee zu formulieren. Persönlich bzw. als Menschen waren die frühen Rechtsgelehrten zutiefst von ihrer Religiosität ergriffen und standen dem öffentlichen

[7] *Jawāhir al-kalām*, Tabrīz 1862, S. 88.

Leben deshalb im Allgemeinen fern. Besondere Glaubhaftigkeit erlangte diese Bekennerhaltung dadurch, dass sie sich weigerten, mancherlei willkürliche Praktiken der Umayyadenherrscher zu verteidigen. So waren sie in der muslimischen Bevölkerung hoch angesehen. Geografisch gesehen, gingen drei Regionen mit voneinander unabhängigen Schulbestrebungen aus dem Lernen und Lehren der Tābiʿūn hervor: der Irak, der Hedschas und Syrien. Im Hedschas gab es mit Mekka und Medina zwei juristische Zentren, und auch im Irak gab es mit Kūfa und Baṣra derer zwei. Die syrische Schule hingegen taucht in den Urkunden nicht sehr häufig auf. Obwohl sonstige Quellen weitgehend fehlen, sind ihre Lehren jedoch anhand der Berichte Abū Yūsufs hinreichend zu rekonstruieren.

a) Die medinensische Schule des Hedschas

Wissenschaftliche Hauptstadt des Umayyadenreiches war Medina, die im Ehrentitel der beiden Heiligtümer (arab.: *al-ḥaramayn*) mit Mekka vereinte Stätte des Islam. Nach herrschender Überzeugung waren es die dort ansässigen Rechtsgelehrten, die mit den Lehren des Fiqh am innigsten vertraut waren; stammten sie doch aus der Stadt, in der der Gesandte Gottes seit der Hidschra gelebt hatte und in der im 1. Jahrhundert n. H. die Sunna entstanden war. Die daraus hervorgegangene Rechtsschule bezog sich nicht nur, aber insbesondere auch auf das Rechtsdenken von fünf Ṣaḥāba, nämlich ʿUmar b. al-Khaṭṭāb, Zayd b. Thābit, ʿAbdullāh b. ʿUmar, ʿAbdullāh b. al-ʿAbbās sowie Hz. ʿĀʾisha. Frühestes im Hedschas fassbares Zentrum einer gelehrten Jurisprudenz sind die sog. Sieben Rechtsgelehrten von Medina (arab.: *al-fuqahāʾ al-sabʿa bi-l-Madīna*). In ihrem Kreis war das Rechtsdenken der Ṣaḥāba in konzentrierter Form wirkmächtig und gegenwärtig, wenngleich von ihrem Wirken so wenig überliefert ist, dass ʿAlī Ḥasan ʿAbd al-Qādir die Schule der Sieben geradezu als das fehlende Glied in der Kette der islamischen Rechtsgeschichte ansieht. Fest steht aber, dass das Wirken dieser sieben eine Linie zieht, die vom Leben Muḥammads صلى الله عليه وسلم und seiner Gefährten bis hinein in die formative Ära der sunnitischen Rechtsschulen reicht. Deshalb ist die Erforschung ihrer Schule unentbehrlich, um die theoretischen Paradigmen der späteren Schulen und die zwischen ihnen bestehenden praktischen Unterschiede kennenzulernen und zu verstehen. Als Gründer und als Imām der Schule der Sieben wird Saʿīd b. al-Muṣayyab (gest. 94/713) angesehen, der als

Quraysh dem Stamme des Gesandten Gottes angehörte und unter dem Ehrentitel "Gelehrter der Gelehrten und Rechtsgelehrter der Rechtsgelehrten" (arab.: *ʿālim al-ʿulamāʾ wa faqīh al-fuqahāʾ*) bekannt war. Er arbeitete ausschließlich auf dem Gebiet des Fiqh und verfügte über fundiertes Wissen hinsichtlich der Entscheidungen Muḥammads صلى الله عليه وسلم sowie der Rechtsgutachten Abū Bakrs und ʿUmars. Abū Iṣḥaq al-Shīrāzī (gest. 476/1084) merkt in seinem *Ṭabaqāt al-fuqahāʾ* (arab.; dt.: Das Klassenbuch der Rechtsgelehrten) an, dass die Disziplinen der Rechtstheorie und juristischen Methodenlehre nach dem Tode der sog. vier ʿAbdullāhs, also Ibn ʿAbbās, Ibn Zubayr, Ibn ʿAmr b. al-ʿĀṣ und Ibn ʿUmar, überall von Nichtarabern beherrscht worden seien – außer eben in Medina, wo ihr Präzeptor der Araber Saʿīd b. al-Muṣayyab gewesen sei. Seine Lebensspanne schließt außer den Regentschaften der beiden letzten rechtgeleiteten Kalifen Hz. ʿUmar und Hz. ʿAlī mit den Regentschaften Muʿāwiyas I. sowie der Söhne Marwāns auch die der ersten Umayyaden ein. Obwohl er eingekerkert wurde, weil er es ablehnte, den Umayyadenherrschern zu akklamieren, nahm er an den Kämpfen ihrer Gegner keinen Anteil. Zweiter der Sieben von Medina ist ʿUrw b. al-Zubayr (gest. 94/713). Von ihm wird berichtet, dass er außer einzelnen Fatāwā auch ganze Bücher verfasst habe, die aber nicht überliefert sind. Dritter der Gruppe ist al-Qāsim b. Muḥammad (gest. 104/725), der als eminenter Kenner der Sunna sowie als Kritiker schwacher Aḥadīth bedeutsam ist. Vierter der sieben ist Abū Bakr b. ʿAbd al-Raḥmān (gest. 94/713 oder 95/714), der gleichfalls auf dem Felde des Ḥadīth hervortrat. Fünfter ist mit ʿUbaydullāh b. ʿAbdullāh b. Masʿūd (gest. 98/717) der Lehrer des Umayyaden ʿUmar b. ʿAbd al-ʿAziz, während dessen Regentschaft Sulaymān b. Yasār (gest. 107/726), der sechste der Sieben, Marktvogt von Medina war. Von Khārija b. Zayd b. Thābit (gest. 99/718), dem Siebenten der Reihe, ist überliefert, dass er Rechtsgutachten insbesondere zu erbrechtlichen Fragen erstattet und sich notariell betätigt habe. Mit den Sieben von Medina beginnt die formative Periode der islamischen Rechtswissenschaft im technischen Sinn des Wortes. Ihr bleibendes Verdienst ist die Inkorporierung islamischer Paradigmen in das vorislamische Gewohnheitsrecht der damaligen Araber. Die Sieben unternahmen es, die Rechtswirklichkeit den Lehren des Islam anzuverwandeln, indem sie das vorislamische Gewohnheitsrecht im Licht der islamischen Quellen rezipierten. Ihrem Einfluss ist, neben anderen Faktoren, auch das vermehrte Interesse der späteren Umayyaden am Islam und einer mit ihm im Einklang stehenden Herrschaft zu verdanken; denn ihrem Umkreis gehörte ʿAbd al-Malik b. Marwān an, und außerdem hatten sie, wie bereits dargelegt, unmittelbaren Zugang zu ʿUmar b. ʿAbd al-ʿAzīz während dessen Regentschaft in Medina.[8]

b) Die kūfische Schule des Irak

Zur Zeit der medinensischen Schule des Hedschas bildete sich im Irak, am anderen Ende des Reiches, in Kūfa eine zweite Rechtsschule heraus. Obwohl sie nicht weniger bedeutend als die erste war, erwarb sie in der muslimischen Bevölkerung doch nicht das Ansehen, das die medinensische Schule des sog. Hauses der Hidschra (arab.: *dār al-hijra*) allgemein genoss. Die kūfische Schule des Irak ging auf drei Ṣaḥāba, nämlich auf ʿAbdullāh b. Masʿūd, ʿAlī b. Abī Ṭālib und ʿUmar b. al-Khaṭṭāb zurück. Von diesen dreien war ʿAbdullāh b. Masʿūd der bedeutendste. Er versammelte im Laufe seines Aufenthaltes in Kūfa durch seine Tätigkeit als Glaubenslehrer einen Kreis namhafter Schüler um sich, die auch an Fragen des Rechts interessiert waren. Von diesen Schülern sind hier zu nennen ʿAlqama b. Qays al-Nahāʾī (gest. 62/682), al-Aswad b. Yazīd al-Nahāʾī (gest. 75/695), Masrūq b. al-Ajdaʿ (gest. 63/683), ʿUbayda b. ʿAmr al-Salmānī (gest. 72/692) sowie Shurayḥ b. al-Ḥārith al-Qāḍī (gest. 82/702). Bedeutendster Kopf der kūfischen Schule war indessen Ibrāhīm al-Nahāʾī (gest. 95/717 oder 96/718), der hinsichtlich seiner Bedeutung in der medinensischen Schule etwa mit Saʿīd b. al-Muṣayyab verglichen werden kann. Er stammte aus einer Familie, die außer ihm selbst eine Reihe weiterer Juristen hervorbrachte, und ist rechtsgeschichtlich besonders als Bindeglied zwischen ʿAbdullāh b. Masʿūd und der späteren ḥanafitischen Rechtsschule wichtig. Ibrāhīm al-Nahāʾī scharte keinen Schülerkreis um sich und scheute die Öffentlichkeit. Er respondierte lediglich auf konkrete Rechtsfragen, die man ihm stellte. Die rechte Überlieferung und Weitergabe des Wissens um die Rechtsnormen und ihre Auslegung versuchte er anhand einer Kritik der Inhalte und der Formen zu gewährleisten.

---

[8] A. Ḥ. ʿAbd al-Qādir, a.a.O., S. 149.

c) Allgemeine Charakteristik der frühen Rechtsschulen

Gemeinsamkeiten. In der Literatur wird auf folgende Gemeinsamkeiten der frühen Rechtsschulen hingewiesen: **(1)** *Geografische Radizierung:* Die frühen Rechtsschulen waren geografisch radiziert. Sie vereinten Juristen aus bestimmten Regionen, die allein schon deshalb derselben juristischen Tradition verpflichtet waren. Die zwischen ihnen bestehenden Differenzen gründeten in unterschiedlichen lokalen Traditionen und bezogen sich nicht etwa auf unterschiedliche Lehren singulärer Gründergestalten – Schulbildungen, die auf einzelne bedeutende Rechtsgelehrte zurückgingen, gab es erst später, in der formativen Ära der klassischen Rechtsschulen. **(2)** *Lokale Traditionen:* Die frühen Schulen basierten auf einem Rechtsdenken, das lokale Traditionen im Sinne eines von eigenständigem Verstehen (arab.: *ra'y*) geprägten Rechtsdenkens aufgriff und sich ihrer bediente. Dabei bestanden methodologisch in der ersten Zeit keine nennenswerten Unterschiede. Aktualisierte bzw. teils auch nur potentielle Differenzierungen wie die nach Schulen, die sich mehr auf den Ḥadīth bezogen, und solchen, die sich mehr dem Ra'y verpflichtet fühlten, bildeten sich erst später heraus. Freilich war der Begriff des Ra'y in dieser frühen Ära weder eindeutig definiert noch brauchbar umschrieben. Dennoch erscheint eine Annäherung an ihn über den jeweiligen Stellenwert des Analogieschlusses (arab.: *al-qiyās*) und des eigenständigen Für-Gut-Befindens nach Billigkeit (arab.: *al-istiḥsān*) sowie über Inhalt und Umfang der Inkorporierung der vorislamischen Gewohnheitsrechte etc. durchaus möglich. **(3)** *Ḥadīth als Rechtsquelle:* Damals wurden die Aḥadīth oftmals nur ihrer sinngemäßen Bedeutung nach weitergegeben und bezeugten teilweise nicht einmal die Sunna des Gesandten Gottes, sondern die Praxis anderer Personen. Eingang in das Recht bzw. in die Rechtsanwendung fand der Ḥadīth damals nur über den individuellen Argumentationsstil mancher Juristen als Teil ihres persönlichen Ra'y. Verbreitet ist das freilich sehr pauschale Urteil, dass die medinensische Schule den Ḥadīth als Rechtsquelle angesehen habe, während die kūfische ihm diese Bedeutung nicht beigemessen habe. Der wirkliche Unterschied zwischen den beiden Schulen bestand indessen im Hinblick auf die juristische Methode. Die medinensische Schule akzeptierte den überkommenen, als gut anerkannten Brauch (arab.: *'urf*) sowie den Konsens (arab.: *ijmā'*) der Rechtsgelehrten innerhalb Medinas als einen Fundus der Sunna und, mehr noch, als Rechtsquelle. Auf diese Weise geriet das mit dem Begriff der Sunna Gemeinte ganz allgemein zum Inbegriff der Sunna von Medina. Die kūfische Schule wahrte in der Anerkennung des Ḥadīth als Rechtsquelle hingegen strikte Zurückhaltung. Sie sah den Ḥadīth als eine Möglichkeit, Wissen über die Sunna des Gesandten Gottes zu erlangen, falls sich z. B. in der eigenen Überlieferung von Kūfa keine anderweitige sichere Nachricht über seine Praxis fand. So akzeptierte sie den Ḥadīth, wie es ja rechtsgeschichtlich auch der generellen Tendenz aller sunnitischen Rechtsschulen entspricht, einerseits als den "großen" Weg, die Sunna zu erforschen, beschränkte jedoch andererseits ihr Wissen über die Praxis des Gesandten Gottes objektiv gesehen selbst, indem sie nur relativ wenige Aḥadīth als Rechtsquelle heranzog. **(4)** *Methodisch geordnete Rechtsanwendung:* Das Bemühen um eine methodisch geordnete Rechtsanwendung war allen frühen Rechtsschulen zu eigen. Was die rechtstechnische Seite angeht, so war die Arbeitsweise der kūfischen Juristen freilich auf das Ganze gesehen präziser und fundierter, und ihrem Rechtsdenken eignete, im Unterschied zu der mehr überlieferungsgebundenen Geistigkeit der Medinenser, tendenziell mehr Flexibilität und Vielfalt. Allerdings war die Präsenz fremder, zugewanderter Elemente im Irak auch größer und waren Wirtschaft und Gesellschaft dort komplexer als im Hedschas, was Diskurse eher herausgefordert haben mag als die homogenere Lebenswelt Medinas. Insgesamt ist festzuhalten, dass sich die frühen Rechtsschulen der methodisch abgesicherten Gewinnung von Rechtssätzen widmeten, die sie im Wege verständiger Argumentation auf die originären Rechtsquellen zurückbezogen und für Recht erkannten. Mithin ging es ihren Vertretern der Sache nach bereits um eine spezifisch islamische Rechtswissenschaft, deren Wissenschaftlichkeit darin bestand, dass sie einen geordneten und nachvollziehbaren Weg zur juristisch konnotierten Einsicht (arab.: *fiqh*) wies. Die so gewonnene Rechtserkenntnis unterscheidet sich freilich qualitativ von jenem theologisch konnotierten Wissen (arab.: *ʿilm*), das die Worte der Offenbarung in sich selbst enthalten und tradieren.

Unterschiede. Folgende Faktoren prägten die von Anfang an erkennbaren lehrmäßigen Unterschiede zwischen den frühen Rechtsschulen hauptsächlich: **(1)** *Unterschiedliche Traditionen:* Die einzelnen Schulen bezogen sich auf unterschiedliche Traditionen. Die Unterschiede, die im Hinblick auf Auslegung und Anwendung des Rechts bereits zwischen den Ṣaḥāba bestanden hatten, bestanden unter den Tābiʿūn, die auf die Generation der Ṣaḥāba folgten, nicht nur fort, sondern vermehrten sich entsprechend der Zahl der weiteren Fälle, für deren Lösung die Tābiʿūn auf die unterschiedlichen Traditionen der einzelnen Ṣaḥāba zurückgriffen. Auf diese Weise verzweigten sich die einander widersprechenden Überlieferungen und die auf ihnen aufbauenden Differenzierungen immer mehr. Nachdem es dabei zunächst eher um Grundsätze gegangen war, wurden mit der Zeit immer öfter auch widersprüchliche Antworten auf einzelne Fragen aufgegriffen. Nach einer Überlieferung verrichteten etwa Hz. Abū Bakr und Hz. ʿUmar im Rahmen des Pflichtgebetes vor Sonnenaufgang (arab.: *ṣalāt al-fajr*) eines der Bittgebete stehend (arab.: *duʿāʾ al-qunūṭ*), während sie dies nach anderen Überlieferungen nicht taten. Später bezogen sich die einzelnen Rechtsschulen je nach ihrer Art und Weise der Rechtserkenntnis auf die eine oder andere Überlieferung und kamen somit auch zu unterschiedlichen Ergebnissen. **(2)** *Eigenständige Urteilsfindung:* Der Ijthihād der Tābiʿūn zeigte sich auf unterschiedliche Weise; nämlich als Abweichung von den Auffassungen der Ṣaḥāba sowie als deren Ausdifferenzierung für bestimmte Fälle oder Fallgruppen oder auch als Rückgriff auf Gutdünken und Billigkeit im Einzelfall. Es liegt auf der Hand, dass all dies zu immer neuen Verzweigungen und Unterschieden führte. **(3)** *Regionale und lokale Faktoren:* Die verschiedenartigen Rechtstraditionen der einzelnen Gebiete, die unterschiedlichen geografischen und klimatischen sowie gesellschaftlichen, wirtschaftlichen und politischen Randbedingungen sowie deren jeweiliger Stellenwert führten von selbst zu Unterschieden zwischen den frühen Schulen, die auch in ihrer Rechtstheorie und juristischen Methodenlehre abgebildet wurden. So finden sich unterschiedliche Lehren insbesondere hinsichtlich der Rechtsquellen und ihrer Hierarchie sowie der Ausfüllung von Regelungslücken etc.

4. Die Rechtspraxis

Die schon früher eingeführte Gerichtsbarkeit wurde von den Umayyadenherrschern nicht angetastet, d. h. die Entscheidung von Rechtsstreitigkeiten blieb grundsätzlich den Quḍāt übertragen. Freilich fällten, im Einklang mit der allgemeinen Neigung der Umayyaden zur Administration, auch die Behörden bestimmte Entscheidungen, sodass die Kompetenzen von Verwaltung und Gerichtsbarkeit in den Quellen nicht immer klar getrennt erscheinen – zumal der Qāḍī häufig zugleich Sekretär des örtlichen Statthalters war. In jener Periode begann die Rechtsordnung weitere Institutionen auszuformen, die für die frühe Geschichte des Islam von weitreichender Bedeutung sind. Auf der Basis des qurʾānischen Gebotes, das Rechte zu gebieten, das Unrechte aber zu verbieten

[3:104; 3:110; 9:71] sowie auf der Grundlage der Sunna des Gesandten Gottes und der entsprechenden Praxis der rechtgeleiteten Kalifen insbesondere hinsichtlich der Marktaufsicht setzte sich unter den Umayyaden der Gedanke einer Polizei zur Wahrung der Redlichkeit und öffentlichen Ordnung (arab.: *ḥisba*) durch. Allerdings führte diese Lehre zunächst nicht etwa zur Einsetzung einer Polizeibehörde im technischen Sinn des Wortes, sondern allein die Idee eines solchen Dienstes war es, die einzelne angesehene Muslime bewog, sich auf den Märkten und im sonstigen öffentlichen Leben aus eigenem Antrieb als Anwälte des Rechts und der Moral zu betätigen. Aber auch die Juristen befassten sich gebührend mit dem Thema, sodass der Dienst des amtlich bestellten Marktvogtes (arab.: *muḥtasib*) schon zu Beginn des ʿAbbāsidenkalifates bezeugt ist. Dabei stützten sich die Umayyaden auf die wesentlich ältere Einrichtung der Agoranen (von grch. ἀγορά: der Marktplatz) in den eroberten byzantinischen Gebieten, deren Funktion derjenigen des islamischen Muḥtasib ähnelte. Einige westliche Orientalisten haben aus der zeitlichen Abfolge schließen wollen, dass es sich um eine unmittelbare Rezeption oströmischen Rechts handele, was aber zu weitgehend ist.[9] In der gleichen Periode erfuhr auch die Funktion der Dienstaufsicht (arab.: *maẓālim*) ihre rechtliche Ausformung. Bei dieser handelt es sich um eine außerordentliche Aufsicht über Verwaltung und Gerichtsbarkeit, ausgeübt entweder durch den Herrscher selbst oder durch von ihm eingesetzte, besondere Organe. Diese hörten tatsächliche oder vermeintliche Opfer behördlicher und richterlicher Willkür an und ermöglichten es ihnen, Beschwerden über ungerechte Entscheidungen vorzubringen; hierher stammt auch die Redewendung von der Aufsicht über die Ungerechten (arab.: *wilāyat al-maẓālim*). Muḥammad صلى الله عليه وسلم war richterlich und aufsichtführend tätig gewesen, und die rechtgeleiteten Kalifen nahmen diese Funktionen in ähnlicher Weise wahr. Deshalb fungierte das Staatsoberhaupt traditionell zugleich als letzte Instanz in allen behördlichen und gerichtlichen Verfahren. Zur Zeit der Umayyaden wurde darüber hinaus die Möglichkeit geschaffen, sich auch als unbeteiligter Dritter im Wege der Popularklage gegen persönliche Missbräuche und Anmaßungen einzelner Amtsträger zu wenden. Besonders diejenigen Kalifen, deren Anliegen es war, die Beamten und Richter auf das Recht der Sharīʿa zu verpflichten, sahen in der Aufsicht ein Bollwerk gegen Tyrannei und Korruption. Es wird angenommen, dass die Anfänge der Maẓālim-Praxis auf die Regentschaft von ʿAbd al-Mālik b. Marwān oder ʿUmar b. ʿAbd al-ʿAzīz zurückgehen. Seither ist diese Institution bis in unsere

[9] Vgl. Iṣḥāq al-Ḥusaynī: *Hisba in Islam*, in: Al-Azhar Academy of Islamic Research (Hrsg.): *The First Conference of the Academy of Islamic Research*, a.a.O., S. 255 – 275.

Tage ein Teil des Systems der Rechtsanwendung innerhalb der Sharīʿa geblieben.

Literatur: ʿAlī Ḥasan ʿAbd al-Qādir, a.a.O.; Kemal Faruki: *Islamic Jurisprudence*, Lahore 1962; Ẓāfir al-Qāsim: *Niẓām al-ḥukm fī al-sharīʿa wa-l-tārīkh al-islāmī, al-ṣultāt al-qaḍāʾiyya*, Beirut 1978; Isḥāq Mūsā al-Ḥusaynī: *Hisba in Islam*, in: Al-Azhar Academy of Islamic Research (Hrsg.): *The First Conference of the Academy of Islamic Research*, Bd. II, Cambridge 1970.

IV. Die Periode der klassischen Rechtsschulen

1. Der geschichtliche und gesellschaftliche Rahmen

In dieser Periode, die mit dem Beginn des 2./8. Jahrhunderts einsetzt und bis zum Beginn bzw. nach einigen Stimmen bis zur Mitte des 4./10. Jahrhunderts dauert, entfaltet sich die islamische Rechtswissenschaft zu voller Blüte. Während dieser Ära formieren sich die vier klassischen Rechtsschulen der Sunniten, und das Rechtsdenken der Shīʿiten und der Khārijiten gewinnt seine vollendete Gestalt. Dies ist das Zeitalter der großen muslimischen Rechtsgelehrten, der juristischen Gründergestalten und ihrer Werke, die in der islamischen Jurisprudenz Spuren hinterließen, die bis heute allenthalben sichtbar sind. Den Beginn dieser Periode markiert 132/750 der Wechsel vom Umayyadenkalifat zum Kalifat der ʿAbbāsiden. Die Unzufriedenheit der Bevölkerung mit den Umayyaden und ihrer Art und Weise, zu regieren, führte, angespornt durch die Opposition von Teilen der Gemeinschaft der Gelehrten (arab.: *ʿulamāʾ*), letzten Endes zum Untergang der Dynastie und dazu, dass ein Nachkomme des [Prophetenonkels] ʿAbbās b. ʿAbd al-Muṭṭalib die Herrschaft antrat. Die neue Dynastie stützte ihren Herrschaftsanspruch folgerichtig darauf, dass ihre Angehörigen der Familie Muḥammads صلى الله عليه وسلم angehörten. Einer der Umayyaden wich damals nach Spanien aus und gründete ein Parallelkalifat mit Cordoba als Hauptstadt; ein Ereignis, das zugleich den Auftakt für den Verlust der sunnitischen Rechtseinheit bildete. Die ʿAbbāsiden hielten an der Monarchie als Herrschaftsform fest, widmeten dem Glauben jedoch von Anfang an größere Aufmerksamkeit als die Umayyaden und öffneten Recht und Verwaltung dem religiösen Einfluss. Im Unterschied zu den Umayyaden, deren Herrschaftsanspruch sich betontermaßen säkular-politisch verstanden hatte, legten die ʿAbbāsiden großen Wert darauf, ihr Kalifat zugleich als Imāmat und damit als religiös-moralisch begründet zu verstehen. Die damit einhergehende Tendenz, ihre Regentschaft nach außen sichtbar mit geistlicher Bedeutung aufzuladen, lässt sich anhand ihrer Herrschaftssymbolik beispielhaft belegen. So waren die Umayyaden bei öffentlichen Anlässen in kriegerischer Rüstung aufgetreten, während sich die ʿAbbāsiden namentlich beim Freitagsgebet oder an Festtagen mit dem Umhang, den der Gesandte Gottes einst dem Poeten Kaʿb b. Zuhayr geschenkt hatte, sowie mit einem roten Talar und einem schwarzen Fes als Kopfbedeckung zeigten, das [früheste vollständig gebundene] Qurʾānexemplar ʿUthmāns mit sich führten und schließlich auch den Säbel trugen, den Muḥammad صلى الله عليه وسلم getragen hatte. Auf diese Weise sicherten sie die Dynastie gewissermaßen semiotisch ab, indem ihr Habitus darauf verwies, dass ihr Herrschaftsanspruch religiös legitimiert sei. Das 2./8. Jahrhundert stand im Zeichen des Aufstieges der ʿAbbāsiden, deren Ehrerbietung für das Recht der Sharīʿa im öffentlichen Leben fortwährend präsent war. Im 3./9. Jahrhundert nahmen die Rechtsgelehrten (arab. Sg.: *faqīh*, Pl.: *fuqahāʾ*) einen bedeutenden Platz nicht nur in der Gerichtsbarkeit, sondern auch bei Hof und in der Verwaltung ein. Soweit es um Materien ging, die von Rechts wegen geregelt waren, unterwarfen sich die ʿAbbāsiden der Herrschaft des Gesetzes ebenso wie andere Bürger auch. Gleichzeitig führten allerdings der mit den Eroberungen eingetretene Wohlstand sowie die Stabilität des Reiches zu einem geradezu ostentativ prunkenden Gebaren der führenden Kreise. In den Höfen der ʿAbbāsiden, den Festungen ihrer Reichtümer, floss ein luxuriöses Leben dahin, das seinen poetischen Widerschein in den Märchen aus tausendundeiner Nacht gefunden hat. Die damit einhergehende Diskrepanz zwischen öffentlichem Auftreten und Privatleben machte sich mit der Zeit immer nachteiliger bemerkbar. So rügte etwa der Rechtsgelehrte Sufyān al-Thawrī (gest. 161/777) seinen Kalifen scharf: "Sodann schirmt Dein Dach auch eine gewalttätige Soldateska, die das Land tyrannisiert und keine Barmherzigkeit kennt; die selbst Wein trinkt und andere, die ihn trinken, doch bestraft; die selbst Unzucht übt und andere, die Unzucht üben, bedenkenlos züchtigt; die dem Dieb eine Hand abhackt, obwohl sie selbst stiehlt; die den Mörder bestraft, nachdem sie selbst gemordet hat."[10] Nüchtern betrachtet, läuft das

[10] ʿA. Ḥ. ʿAbd al-Qādir, a.a.O., S. 196.

Bestreben der ʿAbbāsiden, ihrer Herrschaft ein religiöses Siegel aufzuprägen, auf die schon erwähnte Kluft heraus, die in ähnlicher Weise zwischen der islamischen Rechtswissenschaft einerseits und der herrscherlichen, machtgestützten Rechtspraxis andererseits bestand. Freilich war auch die Herausbildung einer wissenschaftlichen Jurisprudenz selbst kein isoliertes Phänomen, denn die Ära des wirtschaftlichen Wohlstandes und der politischen Stabilität, die sich über das ganze 2./8. und 3./9. Jahrhundert erstreckte, war ja zugleich die formative Epoche der islamischen Wissenschaften und der islamischen Zivilisation überhaupt. Das Recht der Muslime war gezwungen, mit diesen Entwicklungen ihres gesellschaftlichen und wirtschaftlichen Lebens Schritt zu halten. Als hilfreich für die Systematisierung all des alten und neuen Wissens erwies sich der liberale Geist einiger ʿAbbāsiden wie z. B. des Kalifen al-Maʾmūn. Die Begegnung des Islam mit dem wissenschaftlichen, insbesondere philosophischen Erbe namentlich der griechischen Antike trug zum Aufkommen neuer Wege des Denkens bei. Allerdings waren unter den vielen bedeutenden Theoremen, die ihre Entstehung einer geistig derart aufgeladenen Atmosphäre verdankten, auch solche, die bestimmten Tendenzen der Staatsmacht entgegenkamen; so etwa die muʿtazilitische Lehre vom "geschaffenen" Qurʾān. Letztlich führten die lebhaften Diskurse jedoch zur Herausbildung neuer und fruchtbarer Disziplinen: Gegen Ende des 2./8. und zu Beginn des 3./9. Jahrhunderts entwickelt sich unter dem Einfluss der Muʿtazila die rational argumentierende, systematische Theologie (arab.: *kalām*) als neue und eigenständige Wissenschaft, festigt sich die Lehre vom Ḥadīth und kommt es innerhalb der Einsicht (arab.: *fiqh*), als welche die islamische Rechtswissenschaft nun endgültig bezeichnet wird, zur Abschichtung der Rechtstheorie und juristischen Methodenlehre als den Wurzeln der Einsicht (arab.: *uṣūl al-fiqh*) von den einzelnen Zweigen (arab.: *furūʿ*) des positiven Rechts.

2. Die Rechtsquellen

Auch in dieser Periode wird das islamische Recht im Sinne einer rechtswissenschaftlichen, auf den Quellen gegründeten Dogmatik überwiegend aus der Gemeinschaft der Gelehrten (arab.: *ʿulamāʾ*) heraus formuliert. Von dem durch und durch islamischen Ansatz dieses gelehrten Rechts ist die Rechtspraxis des ʿAbbāsidenkalifates ungleich mehr durchwoben, als dies unter dem Umayyadenkalifat der Fall gewesen war. Auf das Ganze gesehen, lässt sich deshalb sagen, dass die islamische Rechtswissenschaft manchen bedeutsamen Grundstein gelegt hat, auf den nun auch die Rechtspraxis der muslimischen Herrscher aufbaut. Dies gilt insbesondere für die Hierarchie und den Anwendungsbereich der verschiedenen Rechtsquellen.

3. Die Rechtswissenschaft

Die bereits aufgezeigten Unterschiede zwischen den frühen Rechtsschulen wirkten auch in dieser Periode fort. Vieles von dem, was für die weitere Entwicklung der sunnitischen Rechtsschulen paradigmatisch wurde, lässt sich seither anhand der Meinungsverschiedenheiten beschreiben, die zwischen den Rechtsgelehrten deshalb aufkamen, weil ihr Rechtsdenken zwei entgegengesetzten Tendenzen folgte – auf der einen Seite standen die Gefolgsleute des Ḥadīth (arab.: *tarīqat ahl al-ḥadīth*), auf der anderen die Anhänger eines freien, auf juristischem Sachverstand fußenden Rechtsdenkens (arab.: *tarīqat aṣḥāb al-ra'y*). Letzter Grund all dieser Zwistigkeiten ist das Problem des Verhältnisses zwischen dem eigenständigen Gebrauch der Vernunft einerseits und der Verbindlichkeit der Tradition andererseits. Vor diesem Hintergrund hängen theoretische Rechtserkenntnis und praktische Rechtsanwendung jeweils davon ab, welche Antworten auf die Fragen nach der Hierarchie und dem Anwendungsbereich der verschiedenen Rechtsquellen gegeben werden. Innerhalb des Rahmens, den die zwei paradigmatischen Tendenzen setzten, schritt die islamische Rechtswissenschaft dieser Periode in der Systematisierung und Dogmatisierung ihres Erkenntnisgegenstandes fort. Von nun an entstanden Rechtsschulen, deren Bezeichnungen auf einzelne herausragende Gründergestalten konnotierten. Schulbegründend wirkte nicht mehr die territoriale Radizierung, sondern vielmehr die persönliche Bindung der Schüler an ihre Lehrer. Daneben verdankte sich die Entstehung der neuen Rechtsschulen allerdings auch den mancherlei Versuchen, gemeinsame Nenner zu finden und die Dispute zwischen einzelnen Rechtsgelehrten dadurch zum Ausgleich zu bringen. Die Rechtshistoriker haben die Entstehung einer Vielzahl von Rechtsschulen nachgezeichnet, die freilich überwiegend schon nach kurzer Frist erloschen, weil sie die Prüfung der Rechtspraxis nicht bestanden. Die folgende Darstellung beschränkt sich deshalb auf die Entstehungsgeschichte und die charakteristischen Merkmale der vier großen sunnitischen Rechtsschulen sowie auf die bedeutendsten Vertreter derjenigen heute nicht mehr existenten Rechtsschulen, deren Beiträge grundlegend für das Rechtsdenken der Shīʿiten und der Khārijiten wurden.

a) Abū Ḥanīfa und seine Schule

Leben. Al-Nuʿmān b. Thābit, Theologe und theologisch fundierter Rechtsgelehrter, geb. um 80/699, gest. 150/767 in seinem siebzigsten Jahr, wurde bekannt unter dem Namen Abū Ḥanīfa. Sein Vater war ein aus Kabul stammender afghanischer Sklave, der – schließlich freigelassen – zum Schützling einer Sippe namens Taym wurde, weshalb Abū Ḥanīfa auch al-Taymī genannt wird. Über sein Leben weiß man nicht sehr viel, außer dass er in Kūfa lebte und Seidenhändler war. Eine glaubwürdige Tradition besagt, dass er gelegentlich seiner Pilgerfahrt nach Mekka die dortigen Vorlesungen von Ḥammād b. Abī Sulaymān (gest. 120/738) sowie von ʿAṭāʾ b. Abī Rabāḥ (gest. 114/733 oder 115/734) besuchte. Nach dem Tod des Erstgenannten wurde Abū Ḥanīfa, zunächst im Kontext der kūfischen Rechtsschule, zu einem der bekanntesten und angesehensten muslimischen Rechtsgelehrten überhaupt. Er hatte eine Vielzahl von Schülern und gab sein Rechtsdenken außerdem als Muftī im Wege der Rechtsberatung weiter, war aber niemals als Qāḍī tätig. Gestorben ist er im Kerker, in Bagdad, wo man später, 459/1066, über seinem Grab eine Türbe errichtet hat.

Werk. Abū Ḥanīfa verfasste kein einziges schriftliches Werk, sondern disputierte mit seinen Schülern mündlich über einzelne Probleme, wobei er seine Gedankengänge im persönlichen Gespräch entwickelte und manchmal auch diktierte. Den Zugang zu seinem Rechtsdenken eröffnen die Abhandlungen *Ikhtilāṭ Abī Ḥanīfa wa Ibn Abī Laylā* (arab.; dt.: Die Vermischung von Abū Ḥanīfa und Ibn Abī Laylā) sowie *Al-radd ʿalā siyar al-Awzāʿī* (arab.; dt.: Die Widerlegung der von al-Awzāʿī verfassten "Verhaltensweisen"; wobei die Verhaltensweisen [arab. Sg.: *sira,* Pl.: *siyar*] hier den Korpus des Kriegsführungs- und Fremdenrechts bezeichnen) seines Schülers Abū Yūsuf, außerdem eine bestimmte, von Muḥammad b. Ḥasan al-Shaybānī bearbeitete Ausgabe des mālikitischen Rechtsbuches *al-Muwaṭṭāʾ* (arab.; dt.: Der geebnete Pfad).

Kennzeichen seines Rechtsdenkens. Das Rechtsdenken von Abū Ḥanīfa wird im Schrifttum als überlegen charakterisiert, und zwar zu seinen Lebzeiten namentlich im Vergleich mit dem Rechtsdenken von Ibn Abī Laylā (gest. 148/766), der damals, gleichfalls in Kūfa, als Faqīh lehrte und als Qāḍī judizierte. Dabei wird allgemein hervorgehoben, dass Abū Ḥanīfa ein theoretisch fundierter Systematiker und Dogmatiker von Rang war, dessen Arbeit aber zugleich auch stupende Fortschritte in der praktischen Technik der Rechtsanwendung ermöglichte. Wohl deshalb, weil er niemals Qāḍī war, blieb sein Einfluss auf die Rechtspraxis seines eigenen Zeitalters allerdings gering. Seine Argumentation ist immer folgerichtig; sie ist sowohl rechtsethisch als auch rechtstechnisch ausgefeilt und fein durchdacht, und seiner ausgeprägten Fähigkeit zum Gebrauch der Logik verdankt sich das Wort von Mālik, Abū Ḥanīfa habe gezeigt, dass jeder noch so gewöhnliche Topos, im Aufbau der Argumentation an seinen Platz gestellt, edel und gediegen wie Gold sein könne. Dennoch verstehen sich seine Gedankengänge nicht etwa als Demonstration unüberholbarer Theoreme oder unabänderlicher Dogmen. Überliefert ist vielmehr die Äußerung: "Unsere Rechtserkenntnis ist nichts als eine Argumentation; und dies ist der beste Beitrag, den wir leisten können. Falls jemand imstande sein sollte, zu anderen Schlussfolgerungen zu gelangen, so hat er das Recht, auf seinem Ergebnis zu beharren, so wie auch wir das Recht haben, auf unserem Ergebnis zu beharren."[11] Nach der Lehre von Abū Ḥanīfa sind Tatbestand und Rechtsfolge jeder Rechtsnorm anhand der Rechtsquellen in folgender Reihenfolge zu ermitteln, die zugleich die Hierarchie der Rechtsquellen angibt: 1. der Qur'ān, 2. die Sunna, 3. der Konsens (arab.: *ijmā'*) der Ṣaḥāba, 4. der Analogieschluss (arab.: *qiyās*), 5. das Fürgutbefinden (arab.: *istiḥsān*), 6. der gute Brauch (arab.: *'urf*). Beim Gebrauch des Ḥadīth als Rechtsquelle verfuhr Abū Ḥanīfa hingegen mit äußerster Strenge, was ihn dazu bewog, von den ausdrücklich gebietenden und verbietenden Aḥadīth (arab.: *al-sunna al-qawliyya*) insgesamt nur siebzehn als vielfach und unablässig sicher überliefert (arab.: *mutawātir*) anzuerkennen. Spätere Gegner versuchten deshalb, ihm eine gänzliche Ablehnung des Ḥadīth als Rechtsquelle anzulasten, was aber schon durch die von Abū Ḥanīfa selbst angelegten Ḥadīth-Sammlungen widerlegt wird. Diese Ḥadīth-Sammlungen wurden, beginnend mit Abū Yūsuf dem Jüngeren, von späteren Rechtsgelehrten seiner Schule fixiert und zunächst in Indien unter dem Titel *Masānid Abī Ḥanīfa*

[11] A. A. Quadri, a.a.O., S. 94.

(arab.; dt.: Die Überlieferungen des Abū Ḥanīfa) herausgegeben. Den Anwendungsbereich des freien, auf juristischem Sachverstand fußenden Rechtsdenkens (arab.: *ra'y*) als Rechtsquelle engte Abū Ḥanīfa ein, indem er statt seiner die systematische Ableitung anhand des Analogieschlusses (arab.: *qiyās*) bevorzugte. Was den Anwendungsbereich des Analogieschlusses betraf, so formulierte er die Regel, dass er immer dann in Betracht komme, wenn es an sicher überlieferten Aḥadīth fehle. Auch für solche Fälle forderte er aber, dass ein Analogieschlus stets auf dem Qur'ān oder der Sunna fußen müsse. Denn nur so bleibe die neue Rechtsnorm, zu welcher der Analogieschluss führe, nach Inhalt und Umfang auf das mit der Offenbarung verkündete Recht der Sharī'a zurückbezogen, und nur so werde Beliebigkeit und Willkür vorgebeugt. Im Hinblick darauf, dass eine strikt auf Legalität bedachte Methode nicht immer zu einem billigen Ergebnis führt, ließ Abū Ḥanīfa allerdings auch die Möglichkeit zu, das durch den Analogieschluss gefundene Ergebnis im Einzelfall zu korrigieren. Dies erreichte er, indem er das Fürgutbefinden (arab.: *istiḥsān*) unter die Rechtsquellen einreihte – was ja nichts anderes als die Möglichkeit bedeutet, die im Wege des Analogieschlusses ermittelte Rechtsnorm insoweit zurückzuweisen, als Gründe der Billigkeit dies im Einzelfall erfordern. Dieser Ansatz eröffnete, innerhalb seiner Methodologie freilich nicht für sich allein stehend, sondern in Verbindung damit, dass Abū Ḥanīfa auf dem Gebiet der sozialen Handlungen und Beziehungen (arab.: *mu'āmalāt*) außerdem den guten Brauch (arab.: *'urf*) als Rechtsquelle zuließ, den nötigen Freiraum für die große Flexibilität, die für die ḥanafitische Rechtsschule so bezeichnend ist und die es ihr später ermöglichte, die sozialen Bedürfnisse sich wandelnder Gesellschaften rechtlich zu modellieren. Die Hierarchie der Rechtsquellen und ihr Verhältnis zueinander auslotend, erschloss Abū Ḥanīfa das Gebiet der Rechtstheorie und der juristischen Methodenlehre bzw. der Wurzeln der Einsicht (arab.: *uṣūl al-fiqh*) insbesondere hinsichtlich der Rechtstechnik im Sinne einer theoretisch fundierten und methodisch abgesicherten Rechtsanwendung auf den Einzelfall. Auf diesem Feld gebührt ihm das Verdienst, einen der ersten uneingeschränkt wissenschaftlich zu nennenden Beiträge zur islamischen Jurisprudenz überhaupt geleistet zu haben. Wenngleich die eigentliche Systembildung den späteren Fuqahā' der Schule vorbehalten blieb, scheint bei Abū Ḥanīfa selbst und seinen Schülern doch schon die Tendenz auf, die Rechtsanwendung an generell-abstrakten Sätzen auszurichten: Jede konkret-individuelle Entscheidung eines Einzelfalles bildet zugleich ein Präjudiz; die Reihe der Präjudizien führt zu Rechtsnormen; vom

Korpus der Rechtsnormen aus erschließen sich die rechtssystematisch allgemein bedeutsamen Maximen, Prinzipien und Werte (arab.: *al-qawāʿid al-kulliyya*).

Anwendungsbeispiel. Qurʾān 9:34 f.: "Aber wer da Gold und Silber sammelt und es nicht spendet in Allāhs Weg, ihnen verheiße schmerzliche Strafe. An jenem Tage soll es [das gesammelte Gold und Silber] am Feuer der Hölle glühend gemacht werden, und gebrandmarkt werden sollen damit ihre Stirnen, Seiten und Rücken: 'Das ist's, was ihr gesammelt habt für eure Seelen; so schmecket nun, was ihr [selbst für euch] gesammelt habt'." Schlussfolgerung: Die Läuterungsgabe (arab.: *zakāt*) fällt auch auf solche Edelmetallbestände an, die [aus vielen einzelnen, für sich genommen jeweils geringfügigen Teilmengen langfristig] angespart und gehortet wurden.

Schüler. Abū Ḥanīfa hatte eine Vielzahl von Schülern, die sich anhand ihrer späteren juristischen Tätigkeiten in die drei Gruppen der Rechtsgelehrten (arab. Sg.: *faqīh*, Pl.: *fuqahāʾ*), der Rechtsgutachter (arab. Sg.: *muftī*, Pl.: *muftiyyūn* und der Richter (arab. Sg.: *qāḍī*, Pl.: *quḍāt*) unterteilen lassen. Einhellig überliefert ist, dass Abū Ḥanīfa seinen Unterricht am einzelnen Schüler und dessen spezifischer Begabung orientierte. All seine Schüler mahnte er, das erworbene Wissen nicht etwa dienstbar zu machen, um damit diesseitige Erfolge einzuheimsen, sondern es vielmehr an der Sache des Glaubens zu bewähren. Politisch gesehen, fiel Abū Ḥanīfas Wirken in die Ära von Herrschern, deren Praktiken oft zweifelhaft und teilweise gewaltsam waren. Obwohl er selbst seine Unabhängigkeit bewahren wollte und deshalb kein öffentliches Amt annahm, ermutigte er seine Schüler, solche Ämter anzunehmen, falls absehbar sei, dass sie sonst Kandidaten zufallen würden, die das Recht beugen und dem Gemeinwohl zuwiderhandeln würden. So kam es, dass einige seiner Schüler in der Rechtspraxis reüssierten und hohe Positionen erlangten, nachdem Abū Ḥanīfa ihnen die Einstiegsämter vermittelt hatte. Seine bedeutendsten Schüler sind Abū Yūsuf Yaʿqūb b. Ibrāhīm al-Anṣārī, Muḥammad ibn al-Ḥasan al-Shaybānī und Ẓufar ibn al-Hudhayl ibn Qays.

Abū Yūsuf Yaʿqūb b. Ibrāhīm al-Anṣārī. Seiner wird im Schrifttum als desjenigen Schülers von Abū Ḥanīfa gedacht, der die mündliche Lehre seines Meisters aufgeschrieben hat. Geboren 113/731, arabischer Abstammung, lebte er zunächst in Kūfa, ging dann jedoch aufgrund seiner Berufung zum Qāḍī nach Bagdad, wo er bis zum Ende seines Lebens 182/798 blieb. Dem Kalifen Hārūn al-Rashīd, der ihm den Titel eines Großrichters (arab.: *qāḍī al-quḍāt*) verlieh, stand er persönlich nahe. Obwohl der damals neue Ehrentitel ihm nur als oberstem Richter und damit als Repräsentant der Gerichtsbarkeit galt, blieb Abū Yūsuf zugleich auch weiterhin als politischer Berater des Kalifen insbesondere in Fragen der Verwaltung, der Rechtspflege und des Fiskus tätig. Von seinen zahlreichen Werken ist das auf Veranlassung des Kalifen verfasste *Kitāb al-kharāj* (arab.; dt.: Das Buch der Grundsteuer), in dem fiskalische Fragen behandelt werden, besonders hervorzuheben. Außerdem verbinden sich mit dem Namen von Abū Yūsuf folgende Werke: 1. *Kitāb al-āthār* (arab.; dt.: Das Buch der Überlieferungen) über bestimmte Aspekte der Sunna und ihrer Tradition durch die Ṣaḥāba, 2. *Kitāb ikhtilāf Abī Ḥanīfa wa Ibn Abī Laylā* (arab.; dt.: Das Buch der Meinungsverschiedenheit zwischen Abū Ḥanīfa und Ibn Abī Laylā) über den Dissens zwischen Abū Ḥanīfa und seinem Zeitgenossen, dem kūfischen Richter Ibn Abī Laylā, 3. *al-Radd ʿalā siyar al-Awzāʿī* (arab.; dt.: Widerlegung der Siyar bzw. der Verhaltensweisen im Kriegsführungs- und Fremdenrecht nach den Lehren des Awzāʿī, eines zeitgenössischen Rechtsgelehrten) als Entgegnung auf eine von dessen Anhängern verfasste Abhandlung zum Völkerrecht sowie 4. *Kitāb al-ḥiyal* (arab.; dt.: Das Buch der Rechtskniffe) über die Abgrenzung der zulässigen rechtlichen Gestaltungen von den unzulässigen Umgehungsgeschäften. Daneben verfasste Abū Yūsuf Abhandlungen über das Gebet, die Läuterungsgabe, das Fasten, die Erbteilung und das Vermächtnis, das Testieren, die Stellvertretung, den Kaufvertrag sowie das Strafrecht etc. Insgesamt lässt sich von ihm sagen, dass er dem methodologischen Ansatz von Abū Ḥanīfa folgte, wobei für das Verhältnis zwischen dem Lehrer und seinem Schüler, bei aller Vorsicht und mit allem Vorbehalt, als Parallele etwa auf die Beziehung zwischen Sokrates, dem mündlich Lehrenden, und Platon als seinem niederschreibenden Schüler zurückgegriffen werden könnte. Wenn sich Abū Yūsuf im Rahmen seiner Argumentation deutlich öfter auf den Ḥadīth bezog als Abū Ḥanīfa dies getan hatte, so konnotiert dieser Unterschied einerseits darauf, dass zur Zeit des Schülers bereits wesentlich mehr anerkannte Ḥadīth-Sammlungen existierten als zur Zeit des Lehrers, zeigt freilich andererseits auch schon die beginnende Tendenz an, das Feld der freien Rechtsfindung mehr und mehr zurückzudrängen. Kennzeichnend für Abū Yūsuf ist demgegenüber allerdings gleichzeitig auch die ausgeprägte Neigung, einen zuvor eingenommenen Standpunkt im Einzelfall zu überdenken, was aber wohl den Bedürfnissen des forensisch tätigen Praktikers geschuldet war. Abū Yūsuf hatte eine große Zahl von Schülern; namentlich bekannt sind 103 Schüler. Dieser Umstand und die Tatsache, dass ihm als einflussreichstem Vertreter der Richterschaft des ʿAbbāsidenreiches ein großes Gewicht bei Berufungen in das Richteramt sowie generell im Hinblick auf die Standards der

Rechtsanwendung zukam, hatten eine vermehrte Ausbreitung der ḥanafitischen Rechtsschule zur Folge. So setzte mit Abū Yūsuf auch die Bindung der Rechtsgelehrten an einen bestimmten methodologischen Ansatz anstelle der früheren regionalen Radizierung ein; man sprach nicht länger von den irakischen Rechtsgelehrten, sondern z. B. von den Leuten Abū Ḥanīfas.

Muḥammad ibn al-Ḥasan al-Shaybānī. Geboren 132/749 im irakischen al-Wāsiṭ, wird er im Schrifttum als einer der jüngeren Schüler Abū Yūsufs angesehen. Aufgewachsen in Kūfa, verbrachte er einen Teil seiner Studienjahre in Bagdad, wo er die Vorlesungen von Abū Ḥanīfa und Abū Yūsuf besuchte; außerdem hörte er in Medina bei Mālik. Unter der Regentschaft Hārūn al-Rashīds wurde er zum Qāḍī berufen, verließ den öffentlichen Dienst jedoch rasch, um seine Unabhängigkeit und Unparteilichkeit zu wahren. Gestorben ist er 189/804 im 58. Jahr. Von bleibendem Verdienst sind seine Beiträge zur weiteren Ausarbeitung der rechtstheoretischen und methodologischen Ansätze der ḥanafitischen Rechtsschule. In dieser Hinsicht wird er allgemein als feinsinniger Dialektiker sowie als Systematiker gerühmt, der eine Fülle positivrechtlichen Materials durchdrang. Bekannt sind seine Fallanalysen, die Tatfrage und Rechtsfrage gleichermaßen ins Auge fassen und in denen er sowohl von einem deduktiven als auch von einem induktiven Aufbau der Argumentation breitgefächerten Gebrauch zu machen weiß. Das spätere Schrifttum erkannte al-Shaybānī deshalb ebenso wie Abū Yūsuf das Prädikat eines innerhalb seiner Rechtsschule zur eigenständigen Rechtsfindung befähigten Rechtsgelehrten (arab.: *mujtahid fī al-madhhab*) zu. Wenngleich dieser Ehrentitel objektiv natürlich nichts darüber aussagt, inwiefern das Werk der beiden Schüler tatsächlich über das ihres gemeinsamen Lehrers hinauswuchs, so steht doch fest, dass das Rechtsdenken von Abū Yūsuf und al-Shaybānī seinerzeit sprichwörtlich als der Maßstab galt, an dem man sich zu messen hatte (arab.: *qawl muftā bihī*). Erweislich ist dies etwa anhand der Diskussion über die Widerruflichkeit bzw. Unwiderruflichkeit einer Stiftung (arab.: *waqf*). Hier hatte Abū Ḥanīfa noch gemeint, dass der Stifter berechtigt sei, die Stiftung anschließend zu widerrufen; denn das Eigentum an den in die Stiftung eingebrachten Sachen verliere er durch den Stiftungsakt ja nicht. Demgegenüber begründeten Abū Yūsuf und al-Shaybānī die Auffassung, dass der Stifter durch die Kundgabe des Stiftungsaktes das Eigentum an den in die Stiftung eingebrachten Sachen ohne weiteres verliere, sodass die Stiftung unwiderruflich sei. Al-Shaybānī hinterließ eine große Zahl von Schriften, die zwei Kategorien unterfallen. Die Werke der ersten Kategorie werden allgemein Bücher aus zuverlässiger Überlieferung (arab.: *ẓāhir al-riwāya*) oder auch Grundlagen bzw.

Wurzeln (arab.: *al-uṣūl*) genannt. Bei ihnen handelt es sich um Abhandlungen, die der lehrmäßigen Vermittlung des ḥanafitischen Rechtsdenkens dienen. Zu dieser Kategorie zählen: 1. *al-Mabsūṭ* (arab.; dt.: Das ausgedehnte [umfassende] Buch), 2. *al-Jāmiʿ al-kabīr* (arab.; dt.: Die große Sammlung), 3. *al-Jāmiʿ al-ṣaghīr* (arab.; dt.: Die kleine Sammlung), 4. *al-Siyar al-kabīr* (arab.; dt.: Das große Buch der Siyar bzw. Verhaltensweisen i.S.d. Kriegsführungs- und Fremdenrechts), 5. *al-Siyar al-ṣaghīr* (arab.; dt.: Das kleine Buch der Siyar) sowie 6. *al-Ziyādāt* (arab.; dt.: Das Buch der Hinzufügungen). Diese sechs Bücher wurden zu Beginn des 4./10. Jahrhunderts von Abū al-Faḍl al-Marwazī in jener Sammlung vereint, die unter dem Titel *al-Kāfī* (arab.; dt.: Das Buch, das genügt) bekannt geworden ist. Die in der ḥanafitischen Rechtsschule herrschende Meinung stellte sich auf den Standpunkt, dass die in diesen Werken niedergelegten Auffassungen als solche von Abū Ḥanīfa bzw. von Abū Yūsuf anzusehen seien, falls nichts Gegenteiliges vermerkt sei. Die Werke der zweiten Kategorie werden allgemein als Fundstücke bzw. Seltenheiten (arab.: *al-nawādir*) bezeichnet. Bei ihnen handelt es sich um Notizen über das Rechtsdenken einzelner Juristen, die al-Shaybānī im Lauf der Zeit begegnet waren. Als besonderer Beitrag al-Shaybānīs zur Rechtswissenschaft sind seine Arbeiten zur rechtlichen Ordnung der internationalen Beziehungen im weiteren sowie zum Völkerrecht im engeren Sinn anzusehen. Der angesehene nordamerikanische Völkerrechtler C. S. Rhyne urteilte in seinem 1391/1971 erschienenen Werk *International Law*, dass al-Shaybānīs kodifikatorisch angelegte Arbeit vergleichbare westliche Bemühungen jahrhundertelang in den Schatten gestellt habe.

Ẓufar ibn al-Hudhayl ibn Qays. Er wurde 110/728 geboren. Überliefert ist, dass er in seinen Anfängen zu den Gefolgsleuten des Ḥadīth zählte, sich später jedoch den irakischen Juristen anschloss und gleich ihnen zum kraftvollen Verfechter des Analogieschlusses (arab.: *qiyās*) wurde. Seinen Lebensunterhalt verdiente er als Rechtslehrer und außerdem als Richter. Sein Rechtsdenken gab er nur mündlich weiter. Am bekanntesten ist seine Antwort auf die Frage, ob in eine Stiftung (arab.: *waqf*) auch Bargeld [anstelle von Sachen] eingebracht werden dürfe. Indem er dies bejahte, vertrat er einen anderen Standpunkt als viele bedeutende Juristen der ḥanafitischen Rechtsschule. Da die Fortschrittlichkeit seines Ansatzes den veränderten wirtschaftlichen und gesellschaftlichen Umständen besser entsprach und überdies das Stiftungswesen generell belebte, wurde das Rechtsdenken Ẓufars später sowohl im osmanischen Reich als auch in Indien geradezu als Fundus bezeichnet, anhand dessen sich [praxistaugliche] Rechtsgutachten erstatten ließen.

Die ḥanafitischen Juristen und das Problem der "Rechtskniffe". Sowohl Abū Ḥanīfa selbst als auch seine Schüler Abū Yūsuf und al-Shaybānī befassten sich mit dem Problem der sog. Rechtskniffe (arab.: *al-ḥiyal al-shar'iyya*). Darunter wurden rechtliche Gestaltungen und rechtstechnische Fiktionen verstanden, die man dazu gebrauchte, den Muslimen bei der Befolgung des Rechts der Sharī'a zu gewissen Zeiten und unter bestimmten Bedingungen eine definierte Erleichterung zu verschaffen. Der Idee nach ging es also nicht etwa um unzulässige Umgehungsgeschäfte, sondern vielmehr darum, materiell rechtschaffene, formell jedoch zweifelhafte Vollzüge dem objektiven Tatbestand einer auf jeden Fall zulässigen Rechtshandlung anzugleichen, um der subjektiv gegebenen Rechtstreue dadurch die rechtliche Wirksamkeit zu sichern. Der Ursprung dieser Rechtskniffe wird wohl darin zu suchen sein, dass die islamische Rechtswissenschaft sich ebenso von ihren gleichsam theologischen Anfängen her wie auch im Verlauf ihrer weiteren, spezifisch juristischen Entwicklung mit den Denkformen einer Rechtstheorie und juristischen Methodenlehre verband, die den sozialen und ökonomischen Bedürfnissen des wirklichen Lebens mehr oder weniger fernstand. So lagen ihrer Dogmatik oftmals Vorstellungen über die gesellschaftliche und wirtschaftliche Lebenswelt der Muslime zugrunde, die allenfalls in den frühesten Anfängen des Islam realisierbar gewesen wären. Deshalb stand die Rechtspraxis schon sehr frühzeitig vor dem Problem, wie Rechtsidee und Lebenswirklichkeit in Übereinstimmung zu bringen seien. Einen möglichen Ausweg wiesen die Rechtskniffe, verstanden als praktische Konkordanz der reinen Lehre mit den oft so prosaischen Niederungen der Alltäglichkeit. Die Rechtsgelehrten, die ihre Anwendung befürworteten, zielten darauf ab, den Muslimen eine Lebensführung getreu dem materiellen Geist des Rechts der Sharī'a, jedoch ohne die Nachteile und Belastungen zu ermöglichen, die seine formell strikte Anwendung zur Folge gehabt hätte. Zum Gegenstand der islamischen Rechtswissenschaft wurden die Rechtskniffe schon durch die kūfische Rechtsschule gemacht, doch besonders eingehend hat sich mit ihnen die ḥanafitische Rechtsschule befasst. Als grundlegend bedeutsam für die Rechtfertigung der Rechtskniffe erwiesen sich zwei Leitgedanken, nämlich erstens die Vorstellung vom regressiven Verlauf der Geschichte bzw. einer fortschreitenden Dekadenz der Zeitläufte (arab.: *fasād al-zamān*) seit dem Abtreten der letzten Ṣaḥāba sowie zweitens der Grundsatz, dass in Notlagen ausnahmsweise auch Handlungen erlaubt sind, die normalerweise einem Verbot unterliegen (arab.: *al-ḍarūrāt tubīḥu al-maḥẓūrāt*). Die meisten Rechtskniffe, die auf dieser normativen Basis begründet wurden, betrafen den Eid, die Stiftung, das Testament, den Abschluss von Verträgen sowie Unterhaltsleistungen und dergleichen mehr. Eine von al-Shaybānī verfasste Abhandlung über die Rechtskniffe ist heute in einer Edition von Joseph Schacht zugänglich.[12] Abgelehnt wurden die Rechtskniffe von al-Shāfi'ī, al-Ghazālī und anderen, die sie teils als verboten (arab.: *ḥarām*) und teils als zumindest ablehnenswert (arab.: *makrūh*) qualifizierten. Eine vermittelnde Auffassung vertrat der Ḥanbalit Ibn al-Qayyim, der einen Rechtskniff als erlaubte rechtliche Gestaltung ansah, wenn sowohl das Regelungsziel als auch das Gestaltungsmittel billigenswert seien; sei aber auch nur eines von beiden zu missbilligen, handele es sich um ein Umgehungsgeschäft, und ein solches sei unerlaubt. Dieser Ansatz vertraut der unterscheidenden Kraft des Argumentes bei der Rechtsanwendung im Einzelfall.[13] Übrigens haben auch andere Rechtsordnungen den Zwiespalt von theoretischem Dogma und praktischem Bedürfnis gesehen. So kannte z. B. das antike römische Recht den Topos des *in fraudem legis agere* (lat.; dt.: in Hintergehung des Gesetzes handeln). Er charakterisiert freilich nicht den Rechtskniff als die noch zulässige rechtliche Gestaltung, die auch den antiken römischen Juristen sehr wohl bekannt war, sondern stellt vielmehr darauf ab, dass die Grenze zum unzulässigen Umgehungsgeschäft bereits überschritten ist.

Beispiel eines ḥanafitischen Rechtskniffes. Der Chronist Abū Bakr Aḥmad b. 'Alī al-Khaṭīb al-Bagdadī (392/1002 – 463/1071) erwähnt in seiner *Tārīkh Baghdād* (arab.; dt.: Die Geschichte Bagdads) einen bestimmten Fall, um an ihm die Fähigkeit Abū Yūsufs zum Gebrauch der Rechtskniffe zu demonstrieren. Denselben Fall erwähnt auch Jalāl al-Dīn al-Suyūṭī in seiner *Tārīkh al-khulafā'* (arab.; dt.: Die Geschichte der Kalifen): Hārūn al-Rashīd forderte Abū Yūsuf eines Tages auf, sich zu folgendem Sachverhalt zu äußern: Hārūn hatte Gefallen an einer Sklavin gefunden, die im Eigentum von 'Īsā b. Ja'far stand und nach den damaligen, im Rahmen einer geschichtlichen Darstellung nicht zu hinterfragenden Gepflogenheiten 20.000 Dinare wert war. Hārūn forderte 'Īsā deshalb auf, ihm die Sklavin entweder zu schenken oder zu diesem Preis zum Kauf anzubieten. 'Īsā versagte sich jedoch beiden Ansinnen kategorisch, worauf Hārūn ihn, heilige Eide leistend, mit dem Tod bedrohte. Mit diesem Sachverhalt konfrontiert, wünschte Abū Yūsuf als erstes zu erfahren,

[12] [Joseph Schacht (Hrsg.): Muḥammad Ibn al-Ḥasan As-Saibānī: *Das kitāb al-maḫāriǧ fi 'l-ḥiyal*, Hildesheim – Zürich – New York 1968, A. d. Ü.]
[13] Vgl. Muḥammad 'Abd al-Wahhab al-Buhayri: *al-Hiyal fi al-shari'a al-islamiyya*, Kairo 1974.

warum ʿĪsā sowohl den Verkauf der Sklavin als auch ihre schenkweise Hingabe abgelehnt und sich dadurch in eine für ihn – als Untertan – derart bedrohliche Situation begeben habe. ʿĪsā ließ sich dahingehend ein, dass auch er, und zwar bei Gott, geschworen habe, die betreffende Sklavin weder zu verkaufen noch zu verschenken; andernfalls wolle er von seiner Ehefrau geschieden sein, all seine Sklaven freilassen und außerdem die Hälfte seines Vermögens als Almosen für die Armen (arab.: *sadaqa*) geben. Daraufhin schlug Abū Yūsuf vor, dass ʿĪsā die Sklavin zur einen Hälfte ihres Wertes an den Kalifen verkaufen, sie ihm zur anderen Hälfte aber schenken möge – damit er sie, seinem Schwur getreu, weder zur Gänze verkaufen noch zur Gänze verschenken müsse; denn nur das sei ja der wörtliche Sinn seines Schwurs gewesen. So verfuhren die Parteien dann auch, d. h. die Sklavin wurde für 10.000 Dinare zur einen Hälfte ihres Wertes an den Kalifen verkauft, ihm zur anderen Hälfte ihres Wertes hingegen schenkweise überlassen.[14]

Andere Angehörige der ḥanafitischen Rechtsschule. Von den Fuqahāʾ dieser Periode sind aus der ḥanafitischen Rechtsschule hervorzuheben Hilāl al-Raʾy (gest. 245/859) und Aḥmad b. ʿUmar al-Khassāf (gest. 261/874), beide Verfasser von Werken über die Rechtskniffe und die Stiftungen, sowie Abū Jaʿfar al-Ṭaḥāwī (gest. 321/933), Verfasser eines Werkes über die Meinungsverschiedenheiten unter den Rechtsgelehrten. Historischer Beruf all dieser Persönlichkeiten war es, die bis dahin noch verbliebenen Regelungslücken (arab.: *masāʾil al-nawāzil)* auszufüllen und so das dogmatische System ihrer Schule zu vervollständigen.

b) Mālik und seine Schule

Leben. Mālik b. Anas al-Aṣbaḥī wurde 95/713 in Medina geboren. Sowohl die religiöse Atmosphäre Medinas, des Zentrums der Überlieferung der Sunna, als auch die gelehrten Neigungen innerhalb seiner Familie förderten ihn auf seinem Weg der Arbeit über den Ḥadīth. Seine profunden Kenntnisse verhalfen ihm rasch zu hohen Ehren. Eine Tradentenkette (arab.: *isnād* oder auch *sanad*), die er geprüft und für gut befunden hatte, galt stets als zuverlässig, und auch sein eigenes, in seinen Fatāwā niedergelegtes Rechtsdenken gelangte schon

[14] Zitiert nach der Ausgabe des Dār al-fikr.

früh zu beträchtlichem Ansehen. Der Lebenslauf von Mālik vereint die Gestalten des religiösen Führers, des öffentlich wirksamen Rechtslehrers und des forensisch tätigen Richters in einer einzigen Person. Seine rechtlichen Standpunkte vertrat er frei heraus und ohne sich je zu verbiegen – als er in einer Fatwa feststellte, dass eine Loyalitätsbekundung, die der Kalif einem Untertan zwangsweise abgenötigt hatte, die betreffende Person von Rechts wegen gar nicht binden könne, verurteilte der ʿabbāsidische Statthalter Jaʿfar b. Sulaymān ihn zur Auspeitschung. Spätere ʿAbbāsidenherrscher versagten ihm ihre Achtung freilich nicht! In den öffentlichen Auseinandersetzungen seiner Zeit legte Mālik großen Wert darauf, sich von keiner der damals rivalisierenden religiösen und politischen Gruppierungen vereinnahmen zu lassen. Justizkritik im Sinne einer nachträglichen Urteilsschelte lehnte er ab; dies im Gegensatz zu Abū Ḥanīfa, dessen Rezensionen sogar im Urteilsstil verfasst waren und auf diese Weise an die Richterschaft appellierten, ihre Judikatur zu überdenken. Mālik begründete diese Auffassung damit, dass die Rechtsprechung zu den originären Aufgaben des Herrschers zähle und es ihm nicht zustehe, sich in dessen Befugnisse einzumischen. Umgekehrt widerstand er freilich auch der Versuchung, sein eigenes Rechtsdenken herrscherlich protegieren zu lassen; zur Absicht des Kalifen, seiner Summe *al-Muwaṭṭāʾ* (arab.; dt.: Der geebnete Pfad) den Status eines allgemeinen Gesetzes zu verleihen, schwieg er. Gestorben ist er 179/795.

Werk. Bekanntestes Werk von Mālik ist die zwischen 149/766 und 159/776 entstandene Summe al-Muwaṭṭāʾ, die zu den ältesten erhaltenen Kompendien der islamischen Rechtswissenschaft zählt. Von ihr sind zwei Fassungen auf uns überkommen – eine, die der bereits erwähnte ḥanafitische Rechtsgelehrte al-Shaybānī zusammengestellt hat, und von der viele Drucke aus Indien und Pakistan erhalten sind, sowie eine andere, die auf Yaḥyā al-Laythī (gest. 234/888), einen mālikitischen Juristen, zurückgeht. Al-Muwaṭṭāʾ behandelt nicht nur Fragen der Jurisprudenz, sondern auch solche der Theologie und anderer Disziplinen sowie, in eigenständigen Kapiteln, die Lehre vom Ḥadīth sowie die Praxis der medinensischen Prophetengefährten (arab.: *ṣaḥāba*) und ihrer Nachfolger (arab.: *tabi'un*). Ungeachtet dieser thematischen Breite wird al-Muwaṭṭāʾ allgemein als ein Werk der islamischen Rechtswissenschaft angesehen, geht es in ihm doch allenthalben um Aussagen über das, was von Rechts wegen verbindlich ist, und darum, seine Normativität anhand des tradierten Wissens zu erweisen. Weiter enthält das Werk auch Aussagen über das Gewohnheitsrecht des vorislamischen Medina, soweit es von den Muslimen rezipiert und in ihr eigenes Recht übernommen wurde.

Merkmale seines Rechtsdenkens. Mālik hielt an der kasuistischen Praxis der frühen Rechtsschulen fest, widmete sich also einzelnen Rechtsnormen und Fallgestaltungen. Die spekulative Tendenz der irakischen Rechtsgelehrten lehnte er ab und entwickelte auch niemals die Neigung, die Stoffmengen des positiven Rechts in ein dogmatisches System zu bringen. So bleibt Ausgangspunkt seiner Methode immer der Einzelfall als solcher; hypothetische Fragen stellt Mālik weder, noch beantwortet er sie. Sein Verständnis des Rechts der Sharīʿa stützt sich in erster Linie auf den Qurʾān und die Sunna als die beiden originären Rechtsquellen. Dabei zeigt er auf, dass die Sunna nur aus einer Zusammenschau des Ḥadīth einerseits und der lebendigen Tradition von Medina andererseits erschlossen werden kann, und greift dabei auch Aḥadīth auf, die nur vereinzelt überliefert (arab.: *āḥād*) sind. Schweigen die Quellen oder bleiben sie unklar, stützt sich Mālik auf das Konzept des öffentlichen Interesses (arab.: *al-maṣlaḥa al-mursala*). Die Methodologie der Iraker kritisierte er heftig und nutzte demgemäß sowohl den Analogieschluss (arab.: *qiyās*) als auch den Ansatz einer freien, allein auf dem eigenen juristischen Sachverstand fußenden Rechtsfindung (arab.: *raʾy*) nur vereinzelt. Mit der juristischen Methodenlehre im engeren Sinn oder gar mit rechtstheoretischen Fragestellungen nach Art der Iraker befasste er sich nicht; sein Anliegen blieb es stets, konkrete Rechtsfragen möglichst konkret zu beantworten. Deshalb begegnen Elemente eines Überbaues, anhand dessen die Ergebnisse seines Rechtsdenkens als dogmatisches System verstanden werden könnten, in Māliks eigenem Werk noch nicht. Dabei bleibt es sogar dort, wo es, wie etwa in einer Gesamtdarstellung wie al-Muwaṭṭāʾ, an sich nahegelegen hätte, theoretische und methodologische Grundlagen zu legen oder die im Recht der Sharīʿa angelegten Differenzierungen zu benennen, abzuleiten und systematisch zu verbinden. Lediglich die Auslegung des Ḥadīth folgt schon bei Mālik selbst einem einheitlichen Ansatz. Über diesen Sonderfall hinaus auch die weiteren Prinzipien herauszuarbeiten, derer es bedurfte, um das Erbe des Schulgründers anzutreten, blieb jedoch seinen Schülern vorbehalten. Zu den kennzeichnendsten Merkmalen des mālikitischen Rechtsdenkens zählt das bereits erwähnte Konzept des öffentlichen Interesses (arab.: *al-maṣlaḥa al-mursala*), das mit der ihm eigenen perspektivischen Ganzheitlichkeit die Flexibilität der mālikitischen Rechtsschule begründet. Dabei wird der Gedanke des öffentlichen bzw. nach einigen Interpreten allgemeinen Interesses allerdings schon innerhalb der Schule durchaus verschieden aufgefasst. Mit den Topoi des Fürgutbefindens (arab.: *istiḥsān*) bzw. des Gemeinwohlerfordernisses (arab.: *istiṣlāḥ*) verfügen zudem auch die ḥanafitische und die shāfiʿītische Rechtsschule über vergleichbare Billigkeitskonzepte. In ihrem jeweiligen rechtsgeschichtlichen Kontext führten diese Generalklauseln indessen zu Ergebnissen, die sehr verschieden waren.

Anwendungsbeispiel. Mālik vertrat die Auffassung, dass die Anwendung von Zwangsmitteln jedenfalls bei bestimmten Delikten erlaubt sei, wenn es darum gehe, von einer verdächtigen Person ein Geständnis zu erlangen. Dabei machte er geltend, dass die Anwendung von Zwangsmitteln bei diesen bestimmten Delikten im öffentlichen Interesse sei. Andere mālikitische Rechtsgelehrte traten dieser Auffassung allerdings entgegen, denn überwiegend im Rechtssinn sei ausnahmslos das Interesse des möglicherweise ja unschuldig Verdächtigten, und dieses erfordere es, kein Geständnis zu erzwingen. Richtschnur wurde schließlich, gestützt auf mehrere Aḥadīth, der Satz, dass es besser sei, einen Schuldigen straflos zu lassen als einen Unschuldigen zu bestrafen.

Schüler. Bekannteste Schüler, denen die systematische Ausarbeitung der mālikitischen Lehre zu verdanken ist, waren Yaḥyā b. Yaḥyā al-Laythī (gest. 234/848), Asad al-Furāt (gest. 213/828), Abū ʿAbdallāh b. Wahhāb b. Muslim Hurashī (gest. 197/812) sowie ʿAbd al-Raḥmān al-Qurṭubī (gest. 193/808). Als bedeutender Mentor des mālikitischen Rechtsdenkens wirkte Sahnūn ʿAbd al-Salām b. Ḥabīb (180/776 – 240/854). Er war Qāḍī in Qayrawān und holte zu entscheidungserheblichen Rechtsfragen die Stellungnahmen bekannter ägyptischer Mālik-Schüler ein. Seine darauf gestützte Rechtsprechung wird durch die Abhandlung *al-Asadiyya* (arab.; dt.: Die [Sammlung] des Asad) erschlossen, die der bereits erwähnte Asad al-Furāt verfasste. Außerdem gelang Sahnūn selbst mit seinen *al-Mudawwana* (arab.; dt.: Die Aufzeichnungen) ein Kompendium des mālikitischen Rechtsdenkens, das besonders im Maghreb kanonische Autorität erlangte.

c) al-Shāfiʿī und seine Schule

Leben. Abū ʿAbdallāh Muḥammad b. Idrīs b. ʿAbbās al-Shāfiʿī wurde 150/767 in Gaza geboren. Seiner Abstammung nach gehörte er, gleich dem Gesandten Gottes, zum Stamm der Quraysh. Nach dem plötzlichen Tod seines Vaters gab ihn die Mutter nach Mekka, wo ihm, wenngleich in ärmlichen Verhältnissen, ein Studium ermöglicht wurde. Er nahm an Vorlesungen zur Qurʾānexegese (arab.: *tafsīr*) und zur islamischen Rechtswissenschaft bzw. Einsicht (arab.:

fiqh), aber auch zur Poetik (arab.: *shiʿr*) teil und zählte zu den Hörern von Mālik. Den ʿabbāsidischen Statthalter im Jemen beeindruckte seine umfassende Bildung so sehr, dass er beabsichtigte, al-Shāfiʿī zum Qāḍī zu berufen. Indessen sollte die Anwartschaft auf das öffentliche Amt, die durch diesen Gunsterweis begründet wurde, im Leben von al-Shāfiʿī eine Episode bleiben, denn seine Gegner beschuldigten ihn, den Häresien eines zayditischen Imāms anzuhängen, der ihn in Bagdad unterrichtet hatte. Seine Verteidigung gegenüber Hārūn al-Rashīd als dem Kalifen übernahm der bereits erwähnte ḥanafitische Rechtsgelehrte Muḥammad b. Ḥasan al-Shaybānī. Die Freundschaft mit ihm beeinflusste auch die weitere juristische Entwicklung von al-Shāfiʿī, entwickelte sich aus der Begegnung mit dem irakisch-ḥanafitischen Rechtsdenken doch seine kritische Einstellung gegenüber dem mālikitischen Traditionalismus. 188/803 verließ er Bagdad, um seine juristischen Studien im Hedschas und in Syrien zu vervollständigen. Der ʿAbbāsidenkalif al-Maʾmūn sprach einen weiteren Ruf in das Richteramt aus, den er jedoch ablehnte, um sich 198/813 nach Ägypten zu begeben. Die Auseinandersetzung mit den gereiften, wissenschaftlich ausgearbeiteten Traditionen dieses Landes veranlassten al-Shāfiʿī, seine Auffassungen ein weiteres Mal in mancher Hinsicht zu überdenken. In Ägypten starb er auch, in seinem 58. Jahr.

Werk. Innerhalb des intellektuellen Werdeganges von al-Shāfiʿī lassen sich mit der irakischen Periode bzw. der alten Rede (arab.: *al-qawl al-qadīm*) und der ägyptischen Periode bzw. der neuen Rede (arab.: *al-qawl al-jadīd*) zwei Abschnitte unterscheiden. Damit gemeint sind allerdings nur unterschiedliche Antworten auf einzelne Fragen; ganz präzise Forscher haben achtzehn Rechtsprobleme (arab. Sg.: *masʾala*, Pl.: *masāʾil*) gezählt, die der Schulgründer später anders beantwortete als zuvor. Im Irak verfasste al-Shāfiʿī aufgrund einer Anregung von ʿAbd al-Raḥmān b. Mahdī (gest. 198/813) die Abhandlung *al-Risāla* (arab.; dt.: Das Sendschreiben), die der Grundlegung des islamischen Rechts gewidmet ist. Sie existierte in mehreren Fassungen, von denen die sog. ägyptische Fassung bis in unsere Tage überliefert ist. Angelegt in der Form eines Lehrgespräches, stellt dieses Werk das erste sowohl vollständige als auch durchgehend systematisch aufgebaute Kompendium der islamischen Rechtstheorie und juristischen Methodenlehre bzw. der Wurzeln der Einsicht (arab.: *uṣūl al-fiqh*) dar. Zweites Hauptwerk al-Shāfiʿīs ist die Monografie *al-Umm* (arab.; dt.: Das Mutterbuch), die aus seiner ägyptischen Periode stammt. Auch sie wurde mehrfach überarbeitet und gilt als die beste Einführung in sein Rechtsdenken. Von den weiteren Werken aus der Feder von al-Shāfiʿī sind hier zu nennen *Jamīl al-ʿilm* (arab.; dt.: Das Schöne am Wissen), *Ikhtilāf al-*

ḥadīth (arab.; dt.: Die Unterschiede im Ḥadīth), *Kitāb ikhtilāf Mālik wa-l-Shāfiʿī* (arab.; dt.: Das Buch über die Unterschiede zwischen Mālik und al-Shāfiʿī), *Kitāb Ikhtilāf al-ʿirāqiyyīn* (arab.; dt.: Das Buch über die Unterschiede [im Rechtsdenken] der Iraker), *Kitāb al-ikhtilāf maʿa Muḥammad ibn al-Ḥasan* (arab.; dt.: Das Buch über die Unterschiede [zwischen al-Shāfiʿī und] Muḥammad ibn al-Ḥasan) sowie *Kitāb siyar al-Awzāʿī* (arab.; dt.: Das Buch der Verhaltensweisen [i.S.d. Kriegsführungs- und Fremdenrechts] des al-Awzāʿī). Manche von ihnen schrieb al-Shāfiʿī eigenhändig nieder, manche diktierte er, manche wurden von Schülern verfasst, die sich auf ihn bezogen. Innerhalb des zuletzt genannten Korpus der Schülerarbeiten lassen sich Abhandlungen, die lediglich al-Shāfiʿīs eigenes Rechtsdenken wiedergeben, von solchen unterscheiden, die seine Dogmatik mit den Auffassungen anderer Rechtsgelehrter vergleichen.

Merkmale seines Rechtsdenkens. Al-Shāfiʿīs Rechtsdenken wird im Schrifttum vornehmlich als Versuch charakterisiert, das Gleichgewicht zwischen dem positivistischen Traditionalismus der mālikitischen und den aus seiner Sicht nicht selten spekulativen Konstruktionen der ḥanafitischen Rechtsschule wiederzugewinnen. Das Anliegen, diese zwei Tendenzen miteinander zu vereinen, hatte die Entstehung einer neuen Rechtsschule zur Folge, zu deren Begründung sich al-Shāfiʿī vornehmlich auf die traditionellen Rechtsquellen stützte. Seine Verdienste um die weitere Entwicklung der islamischen Rechtswissenschaft seien hier mit folgenden Stichworten umrissen:

Systematische Erörterung methodologischer Fragen. Was diesen Punkt betrifft, so genügt es, die Worte zu zitieren, die der Rechtsgelehrte und Universalgelehrte Fakhr al-Dīn al-Rāzī (543/1149 – 605/1209) vor fast tausend Jahren niederschrieb: "Vor Imām al-Shāfiʿī diskutierten die Leute über das Recht der Sharīʿa, indem sie einfach hin und her argumentierten. Jedoch fehlte es ihnen an jener Einsicht in die Grundlagen, die zum Verständnis der Rechtsquellen unerlässlich ist. Erst al-Shāfiʿī erarbeitete Standards der Rechtsanwendung und schenkte der Welt einen regelgeleiteten Zugang zu den Quellen. Sein Beitrag zur Grundlegung der islamischen Rechtswissenschaft ist, dies steht fest, nicht geringer einzuschätzen als der von Aristoteles zur Grundlegung der Logik."[15]

[15] ʿAlī Ḥasan ʿAbd al-Qādir, a.a.O., S. 268.

Fortentwicklung der Hermeneutik von Qur'ān und Sunna. Al-Shāfi'ī war der erste Rechtsgelehrte, der es unternahm, die Vorschriften des Qur'ān in allgemeine (arab.: *'āmm*) und besondere (arab.: *khāṣṣ*) einzuteilen. Dabei ging er zum einen von der Semantik der qur'ānischen Termini und zum anderen von der Anzahl der Fälle aus, auf die sie sich beziehen. Auf diesem Weg leistete er zugleich einen bedeutenden Beitrag zur Frage der Abrogation.

Beharren auf dem Ḥadīth als Erkenntnisquelle der Sunna. Vor al-Shāfi'ī verstand man unter der Sunna ganz allgemein die gefestigte Praxis der Muslime, die aufgrund ihrer Eigenart als Lebensregel aus der Tradition heraus vornehmlich durch die Prophetengefährten (arab.: *ṣaḥāba*) und ihre Nachfolger (arab.: *tābi'ūn*) verbürgt sei. Demgegenüber entwickelte al-Shāfi'ī die Lehre, dass Erkenntnisquelle der Sunna letztlich nur der Ḥadīth als Bericht von dem sein könne, was der Gesandte Gottes selbst gesagt, getan oder stillschweigend geduldet habe. Dabei vertrat er die These von der Normativität auch solcher Aḥadīth, die nur von einzelnen Tradenten überliefert (arab.: *al-khabar al-wāḥid*) sind, falls sie den Bedingungen einer verbindlichen Überlieferung genügen.

Hierarchie der Rechtsquellen. In seiner bereits erwähnten Abhandlung *al-Risāla* (arab.; dt.: Das Sendschreiben) unternimmt al-Shāfi'ī es, die als kanonisch angesehenen Rechtsquellen, also den Qur'ān, die Sunna, den Konsens (arab.: *ijmā'*) der Rechtsgelehrten sowie außerdem den Analogieschluss (arab.: *qiyās*) in einer für die Rechtsanwendung verbindlichen Reihenfolge anzuordnen. Hierzu schreibt er: "Gott ermächtigt seit dem Tode Seines Gesandten niemanden mehr, Rechtserkenntnis außerhalb des grundlegenden Wissens (arab.: *'ilm*) zu suchen, das bis zu diesem Zeitpunkt offenbart wurde und seither offen zutage liegt. Dieses Wissen ist zu finden im Qur'ān, in der Sunna, im Konsens (arab.: *ijmā'*) der Rechtsgelehrten, in der Gesamtheit (arab.: *athar*) der Worte und Taten der Ṣaḥāba sowie außerdem, wie ich bereits dargelegt habe, im Analogieschluss (arab.: *qiyās*), soweit er anhand der zuvor genannten Rechtsquellen abgeleitet wird. Freilich ist niemand zu einem Analogieschluss berechtigt, bevor er nicht die Sunna, den Konsens der Rechtsgelehrten einschließlich seiner etwaigen regionalen Besonderheiten sowie außerdem die arabische Sprache zu Rate gezogen hat."[16] Innerhalb der Rechtsquellen ordnete al-Shāfi'ī den Qur'ān und die Sunna ein und derselben, fundamentalen Kategorie des Wissens zu. Innerhalb ihrer verhält es sich nach seiner Lehre so,

[16] Zitiert nach der Ausgabe *Shafi'is Risala*, Baltimore 1961, S. 78 – 79.

dass der Qur'ān die Sunna nicht zu abrogieren vermag, während eine spätere Sunna eine frühere abrogieren kann. Für den Konsens der Rechtsgelehrten (arab.: *ijmā'*) entwickelte al-Shāfi'ī ein theoretisches Konzept, anhand dessen er die begriffliche Vermengung dieses Konsenses mit dem Konsens der frühen Medinenser bzw. der Ṣaḥāba zurückwies. Für seine Antwort auf die Frage, ob der Konsens der Rechtsgelehrten überhaupt zu den Rechtsquellen zähle, zog er den bekannten Ḥadīth heran, nach dem die Gemeinschaft der Gläubigen (arab.: *umma*) das Richtige und Rechte niemals insgesamt verfehlen werde. Jedenfalls dem willkürlichen und unsachgemäßen Gebrauch einer freien, allein auf dem eigenen juristischen Sachverstand (arab.: *ra'y*) fußenden Rechtserkenntnis erteilte al-Shāfi'ī eine Absage, indem er den Analogieschluss (arab.: *qiyās*) als regelgeleitete Schlussfolgerung bevorzugte. Die unterschiedlichen Fundamente der Rechtserkenntnis thematisiert al-Shāfi'ī, indem er zwei Kategorien des Wissens konzipiert; nämlich des einen Wissens, das bereits vorliegt (arab.: *ittibā'*) und dem Rechtsdenken damit sowohl vorgegeben als auch aufgegeben ist, sowie des kategorial anderen Wissens, das erst im Wege des juristischen Durchdenkens und damit der dogmatischen Konstruktion (arab.: *istinbāṭ*) entsteht. Der erstgenannten Kategorie gehören der Qur'ān, die Sunna und das Rechtsdenken der frühesten Generationen der Muslime (arab.: *'āmmat salafinā*) an, während zur zweitgenannten diejenige Rechtserkenntnis zählt, die sich anhand eines Analogieschlusses (arab.: *qiyās*) eröffnet.

Würdigung. Auf das Ganze gesehen, wird al-Shāfi'ī im Schrifttum als maßgebende Gestalt und Präzeptor der islamischen Rechtswissenschaft angesehen. Freilich sind eklektische und innovative Züge in seiner Person vereint: Als Sachwalter sowohl der Leute des Ḥadīth (arab.: *ahl al-ḥadīth*) wie – im Ergebnis – auch der Anhänger eines freien, auf juristischem Sachverstand fußenden Rechtsdenkens (arab.: *ahl al-ra'y*) war er in der Lage, die bedeutsamsten Aspekte beider Strömungen zu rezipieren. Die ihm eigene und ihn kennzeichnende Neigung zur Methode zeigt sich namentlich im Bereich der systematischen Auslegung, bei der es darum geht, einzelne Vorschriften von ihrem Kontext innerhalb des Korpus aller Rechtsnormen sowie von der Normenhierarchie her zu verstehen. Die Ära al-Shāfi'īs war durch eine rasche Vermehrung des juristischen Wissens innerhalb der einzelnen Rechtsschulen bestimmt. Seine umfassende Bildung auf den Gebieten der traditionellen islamischen Disziplinen sowie der Logik und der Dialektik, aber auch der Rhetorik beriefen ihn in seiner Zeit zum Integrator und zum großen Systembildner der islamischen Rechtswissenschaft, dessen eigenes Rechtsdenken zudem dynamisch war und als das Rechtsdenken eines lebenslang Studierenden auch dynamisch blieb – wobei er den prüfenden Blick auf die Rechtswirklichkeit geradezu als Schlüssel zur Rechtswissenschaft ansah. Al-Shāfiʿīs Denken hatte allerdings auch eine theologische Seite, und auf sie verweist der antirationalistische Affekt, der in seiner Ablehnung der dialektischen Theologen (arab.: *mutakallimūn*) wie z. B. der Muʿtaziliten zutage tritt. In der für die juristische Systembildung so bedeutsamen Frage nach den Quellen der Rechtserkenntnis vertrat Al-Shāfiʿī, wie wir sahen, den Vorrang der göttlichen Offenbarung vor der menschlichen Vernunft. Nach seinem Verständnis sind Rechtspflichten deshalb nicht aus der Natur der Sache zu entnehmen, sondern sie gründen eben deshalb, weil sie Rechtspflichten sind, in dem von Gott geoffenbarten Recht. Im Unterschied zur dialektischen Theologie, die über Gott als Urheber dieses Rechts spekulieren und so die Offenbarung gleichsam transzendieren möchte, hält al-Shāfiʿī daran fest, dass zur Rechtleitung das geoffenbarte Wort genügt: Qurʾān und Sunna sind Ausdruck der göttlichen Offenbarung; die Wurzeln der Rechtserkenntnis (arab.: *uṣūl al-fiqh*) und die Wurzeln der Glaubenspraxis (arab.: *uṣūl al-dīn*) sind die Disziplinen, die sich theoretisch mit ihr befassen; das selbständige Urteil der Rechtsgelehrten (arab.: *ijtihād*) ist die Methode, das so gewonnene Wissen praktisch anzuwenden und dadurch im Einzelfall normativ zu machen.

Anwendungsbeispiel. Al-Shāfiʿī bietet in seinen Werken oft für ein und denselben Fall mehrere Lösungen an, die gleichermaßen vertretbar sind, und illustriert auf diese Weise sein Konzept einer flexiblen Rechtsanwendung. Das folgende Beispiel ist der bereits erwähnten Abhandlung *al-Umm* (arab.; dt.: Das Mutterbuch) entnommen: Ein Bräutigam erreicht die Eheschließung, indem er falsche Angaben über seine Abstammung macht. Später erfährt die Braut die Wahrheit. Was sind die Rechtsfolgen? Al-Shāfiʿīs Antwort lautet: Unabhängig davon, ob die Abstammung des Mannes hoch oder niedrig ist, hat er aufgrund seines betrügerischen Vorgehens auf jeden Fall eine Strafe verwirkt, deren Strafmaß nach herrscherlichem Gutdünken (arab.: *taʿzīr*) zu bemessen ist. Hinsichtlich der Wirksamkeit der Ehe selbst bietet al-Shāfiʿī hingegen zwei Lösungen an, die gleichermaßen vertretbar seien: 1. Der Braut kann die Wahl gelassen werden, an der Ehe festzuhalten oder sich scheiden zu lassen. 2. Die Eheschließung ist auf jeden Fall unwirksam.[17]

[17] A. A. Qādrī: Islamic Jurisprudence in the Modern World, Lahore 1981, S. 130.

Schüler. Zu al-Shāfiʿīs Schülern zählten Juristen von unterschiedlichem Rang. Unter ihnen befinden sich einerseits die zu selbständiger Urteilsfindung befähigten Rechtsgelehrten (arab.: *mujtahid*), die nicht der shāfiʿītischen Rechtsschule, sondern anderen Schulen angehörten; seien es die bis heute bestehenden Rechtsschulen oder auch andere Schulen, die nicht mehr existieren. Zu dieser ersten Gruppe zählen Aḥmad b. Ḥanbal, Dāwūd al-Ẓāhirī, Abū Thawr al-Baghdādi, Abū Jaʿfar b. Jarīr al-Ṭabarī und weitere. Andererseits gab es natürlich auch Schüler, die durch al-Shāfiʿīs Vorlesungen bewegt wurden, sich seiner eigenen Rechtsschule anzuschließen und zu ihrer Ausarbeitung beizutragen. Zu den Juristen dieser Gruppe, die von al-Shāfiʿīs Rechtsdenken ausgingen und seine Ansätze weiter entfalteten, zählen Abū Ibrāhīm Ismāʿīl b. Yaḥyā al-Muzanī (gest. 264/878), Verfasser des Werkes *al-Mukhtaṣar* (arab.; dt.: Das Zusammengefasste), das die Lehren al-Shāfiʿīs in Ägypten verbreitete und dessen Erscheinen die Geburtsstunde der shāfiʿītischen Rechtsschule markiert. Außerdem sind hier zu erwähnen Abū Bakr Muḥammad b. Ibrāhīm b. Munẓir al-Nayshābūrī (gest. 310/922) als Verfasser der *Ikhtilāf al-fuqahāʾ* (arab.; dt.: Die Meinungsverschiedenheiten der Rechtsgelehrten) sowie Abū al-ʿAbbās Aḥmad b. ʿUmar b. Sarīj (gest. 306/918), dem ein Kompendium über die einzelnen Zweige (arab.: *furūʿ*) des positiven Rechts zu verdanken ist.

d) Ibn Ḥanbal und seine Schule

Leben. Abū ʿAbdallāh Aḥmad b. Ḥanbal wurde 164/780 in Bagdad geboren. Viele Anregungen empfing er aus seiner Familie. Sie hatte eine ganze Reihe von Staatsdienern – Beamten und Soldaten – hervorgebracht, sodass schon das soziale Umfeld den Heranwachsenden zum Studium der islamischen Disziplinen einlud. Die Schule durchlief er in Bagdad, dem damaligen Zentrum der Wissenschaft und der Kultur. Während des Studiums hörte er Vorlesungen von Abū Ḥanīfa und anderen bedeutenden Gelehrten. Danach führte ihn sein Bildungsgang u. a. nach Syrien sowie in den Hedschas und den Jemen. Seine besondere Aufmerksamkeit galt von Anfang an der Sunna und der Sammlung von Aḥadīth. Ibn Ḥanbals Biografen berichten, dass er mit der Ausarbeitung seines eigenen Rechtsdenkens im 40. Lebensjahr begann. Ibn Ḥanbal war in ein Zeitalter hineingestellt, in dem das ʿAbbāsidenreich eine Phase tiefgreifender religiöser und politischer Irrungen und Wirrungen durchlief. So trat er, anders als sein Vater, nicht in den Staatsdienst ein. Allerdings wandte er sich auch nicht gegen Staat und Dynastie, sondern verharrte als reservierter Beobachter abseits der tragischen Ereignisse, die die Diadochenkämpfe seiner Zeit begleiteten. Ungeachtet dieser Position am Rand führte der puritanische Idealismus, der sein Rechtsdenken grundierte, jedoch dazu, dass er sich die Ungnade der ʿAbbāsidenherrscher zuzog. Dass er sich gegen die Lehre der Muʿtaziliten vom "geschaffenen" Qurʾān verwahrte, brachte ihm mehrere Jahre im Kerker ein. Sein persönliches Leben war durchdrungen von tiefer Frömmigkeit und Lauterkeit. Gestorben ist er 241/855 in Bagdad. Sein Grab war ein Ort des Gedenkens, bis eine Überschwemmung es im 7./13. Jahrhundert zerstörte.

Werk. Da sich Ibn Ḥanbal überwiegend mit dem Ḥadīth befasste, sehen ihn einige Autoren mehr als Ḥadīthgelehrten (arab.: *muḥaddith*) denn als Rechtsgelehrten (arab.: *faqīh*) an. Bedeutendste Abhandlung Ibn Ḥanbals ist *al-Musnad* (arab.; dt.: Das Überlieferte), eine monumentale Sammlung von Aḥadīth, die erstmals nach 180/796 erschien. Bei diesem Werk, zu dessen Niederschrift namentlich Ibn Ḥanbals Sohn ʿAbdallāh (gest. 290/292) beitrug, handelt es sich um ein vielfach gewürdigtes Kompendium sowohl zur Lehre vom Ḥadīth an sich als auch zur Bedeutung ungezählter einzelner Aḥadīth für die Rechtserkenntnis. Außerdem verfasste Ibn Ḥanbal u. a. die Abhandlungen *Nāsikh al-mansūkh* (arab.; dt.: Das abrogierende [spätere Recht], das [früheres Recht] abrogiert), *Faḍāʾil al-ṣaḥāba* (arab.; dt.: Die Vorzüge der Prophetengefährten), *al-Manāsik al-kabīr* (arab.; dt.: Das große [Buch] von den Zeremonien), *al-Manāsik al-ṣaghīr* (arab.; dt.: Das kleine [Buch] von den Zeremonien) sowie *al-Zuhd* (arab.; dt.: Das [Buch] von der Enthaltsamkeit).

Merkmale seines Rechtsdenkens. Im Schrifttum wird die Auffassung vertreten, dass das gläubige Festhalten an der Tradition die genuin juristischen Elemente in Ibn Ḥanbals Denken auf das Ganze gesehen überwiege, und in der Tat scheint hier die innere Begründung für seine Vernachlässigung der Rechtstechnik und des dogmatischen Systems auf: Das Rechtsdenken Ibn Ḥanbals ist ein in sich geschlossenes Ganzes, das auf dem Ḥadīth und den Lehren der Ṣaḥāba aufbaut. Dabei gilt für die Hierarchie der Rechtsquellen die Reihenfolge 1. Qurʾān, 2. Sunna, 3. deren Auslegung durch die Ṣaḥāba, 4. Auslegung durch sonstige Überlieferungen, 5. Analogieschluss (arab.: *qiyās*). Bei der Lösung von Rechtsproblemen auf dem Gebiet der zwischenmenschlichen Handlungen und Beziehungen (arab.: *muʿāmalāt*) stützt sich Ibn Ḥanbal auf den Grundsatz der Anheimstellung (arab.: *ibāḥāt*), soweit weder der Qurʾān und die Sunna noch deren Auslegung durch die Ṣaḥāba etwas Gegenteiliges besagen. Bei der Rechtsanwendung im Einzelfall bestand seine Methode darin, zunächst nach einer Entscheidung zu suchen, die vom Gesandten Gottes in einem gleich oder ähnlich gelagerten Fall überliefert ist. Nur dann, wenn es an einer solchen Überlieferung fehlte, fragte Ibn Ḥanbal anschließend danach, ob dem Qurʾān oder der Sunna eine bestimmte Tendenz zu entnehmen sei, oder ob es bei dem zu lösenden Fall um eine Neuerung (arab.: *bidʿa*) gehe, die der Tradition widerspreche und deshalb zu verwerfen sei. Den zuletzt genannten Standpunkt modifizierte er später allerdings, soweit der Sachverhalt gänzlich neuartige Fragen und Probleme aufwarf, für die es weder in der Sunna des Gesandten Gottes noch in der Praxis der Ṣaḥāba ein Vorbild gab. Bei alldem hatte der auf die Ganzheit aller Überlieferungen fokussierte Ansatz Ibn Ḥanbals zur Folge, dass er entgegen der herrschenden Lehre auch eine Beweisführung mit Aḥadīth zuließ, deren Tradentenkette (arab.: *isnād* oder auch *sanad*) zwar den tradierenden Tābi namentlich bezeichnet, dieser den überliefernden Aṣḥāb jedoch ausgelassen hat und der Ḥadīth so als unmittelbar gesandt (arab.: *mursal*) erscheint. Daneben billigte Ibn Ḥanbal die Heranziehung zweifelhafter Aḥadīth auch in sonstigen Fällen der Schwäche (arab.: *ḍaʿīf*), während er den Gebrauch des Analogieschlusses (arab.: *qiyās*) auf besondere Fälle einschränkte, in denen ein unabweisbares Bedürfnis vorlag. Diese Ansätze ausbauend, gingen seine Schüler dazu über, weitere Rechtsquellen anzuerkennen. Dies bezieht sich namentlich auf die mit dem Namen Ibn Ḥanbals verbundene Lehre vom allgemeinen Interesse (arab.: *maṣlaḥa*). Theoretisch fundiert durch die Aussage, dass jede Rechtsnorm dazu diene, ein bestimmtes, für die Allgemeinheit relevantes Rechtsgut zu bewahren, wurde sie praktisch insbesondere auf dem Gebiet des öffentlichen Rechts (arab.: *al-siyāsa al-sharʿyya*) entfaltet. Die besondere Wertschätzung der Lehre vom allgemeinen Interesse brachte es mit sich, dass man auch die subjektive Motivation heranzog, die den Handlungen und Erklärungen des Individuums zugrundelag – was wiederum dazu führte, dass sich das ḥanbalitische Rechtsdenken auf das Engste mit dem täglichen Leben verband. So wurde die Bereitschaft, sich abseits aller Theorie mit den Fragen und Problemen des Alltags zu befassen, zum Kennzeichen der Rechtsschule, die sich dem Namen Ibn Ḥanbals verbunden weiß.

Anwendungsbeispiel. Ihre besondere Wertschätzung der Lehre vom allgemeinen Interesse führte die ḥanbalitischen Juristen zu bedenkenswerten Ansätzen wie z. B. der erzieherischen Maßnahmen gegen Trinker, die die öffentliche Ordnung stören, der Einziehung unrechtmäßig erworbenen Vermögens, des

Verbotes, eine einmal erworbene Sklavin weiterzuveräußern sowie der Beschlagnahme nicht benötigten Wohnraumes vermögender Personen zugunsten Wohnungsloser.[18]

Schüler. Bekannteste Schüler Ibn Ḥanbals sind seine Söhne Ṣāliḥ (gest. 266/879) und ʿAbdallāh (gest. 290/902). Außerdem sind hier zu nennen Abū Bakr Aḥmad b. Muḥammad al-Asram (gest. 273/886), Verfasser der Abhandlung *al-Minhaj* (arab.; dt.: Das [Buch] von der Methode), Ibrāhīm b. Iṣḥāq al-Ḥarbī (gest. 285/898), Verfasser der *Gharīb al-ḥadīth* (arab.; dt.: Die seltsamen Aḥadīth), der *Dalāʾil al-nubuwwa* (arab.; dt.: Beweise für das Prophetentum) sowie des *al-Manāsik* (arab.; dt.: Das [Buch] von den Zeremonien); ferner Aḥmad b. Muḥammad b. Hārūn al-Khallāl (gest. 311/923), Verfasser der *al-Jāmiʿ al-kabīr* (arab.; dt.: Die große Sammlung) und ʿUmar b. al-Ḥusayn al-Khiraqī (gest. 334/945), Verfasser von *al-Mukhtaṣar* (arab.; dt.: Das Zusammengefasste).

e) Sonstige sunnitische Rechtsschulen

Während der formativen Periode der vier großen sunnitischen Rechtsschulen traten innerhalb des sunnitischen Islam außer deren Schulgründern noch weitere zu selbständiger Entscheidungsfindung befähigte Rechtsgelehrte (arab. Sg.: *mujtahid*, Pl.: *mujtahidūn*) auf, die besondere theoretische und methodologische Ansätze verfolgten und dadurch ein ihnen eigentümliches Rechtsdenken ausprägten. Anhänger gewannen diese Gelehrten sowohl unter ihresgleichen als, in gewissem Umfang, auch unter den Gläubigen. Dennoch gerieten die so begründeten Rechtsschulen (arab. Sg.: *madhhab*, Pl.: *madhahib*) mit der Zeit in Vergessenheit und existieren heute nicht mehr. Zu diesen sonstigen sunnitischen Rechtsschulen zählen insbesondere die Ẓāhiriten, die Awzāʿiten, die Thawriten und die Ṭabariten. Ein gedrängter Überblick über diese Schulen sei nachstehend anhand der Lebensläufe ihrer Namensgeber sowie der grundlegendsten Merkmale ihres Rechtsdenkens versucht.

Dāwūd b. ʿAlī al-Iṣfahānī. Besser bekannt unter dem Namen Abū Sulaymān al-Ẓāhirī, wurde er 202/817 in Kūfa geboren. Seine Studien betrieb er in Bagdad, wo er die Vorlesungen namhafter Rechtsgelehrter und Ḥadīthgelehrter

[18] Fatāwā von Ibn al-Qayyim, al-Shāṭibī u. a., vgl. A. A. Qādrī, a.a.O., S. 145.

wie z. B. Abū Thawr und Iṣḥāq b. Rahuwayh hörte. Letzterer übte durch seine starke Neigung zum Ḥadīth einen bedeutenden Einfluss auf Dāwūds spätere Entwicklung aus. Dāwūd studierte auch das Rechtsdenken al-Shāfiʿīs und seiner Schüler, entwickelte die shāfiʿītische Lehre vom Ḥadīth als einer Rechtsquelle jedoch eigenständig fort. Gestorben ist er in Bagdad 270/883. Mit dem Namen Dāwūds verbindet sich eine Vielzahl von Abhandlungen auf dem Gebiet der Rechtstheorie und juristischen Methodenlehre bzw. der Wurzeln der Einsicht (arab.: *uṣūl al-fiqh*). Von diesem Schrifttum seien hier genannt: *Kitāb ibṭāl al-taqlīd* (arab.; dt.: Das Buch, das die Nachahmung [eines Rechtsgelehrten bzw. einer Rechtsschule] hinfällig macht), *Kitāb ibṭāl al-qiyās* (arab.; dt.: Das Buch, das den Analogieschluss hinfällig macht), *Kitāb al-khabar al-wāḥid* (arab.; dt.: Das Buch des [nur] von einem Aṣḥāb [und damit in der Regel unsicher] überlieferten Berichtes). Hervorstechendste Merkmale von Dāwūds Rechtsdenken sind die methodologische Verknüpfung der Rechtserkenntnis anhand der kanonischen Texte (arab.: *naṣṣ*) einerseits mit dem Konsens der Rechtsgelehrten (arab.: *ijmāʿ*) andererseits sowie eine große Zurückhaltung hinsichtlich des Analogieschlusses (arab.: *qiyās*) und der Nachahmung (arab.: *taqlīd*). Leitender Gesichtspunkt hinsichtlich des Konsenses der Rechtsgelehrten ist bei Dāwūd die These, dass er als Rechtsquelle, d. h. mit dem Anspruch auf Normativität, nur die Übereinstimmung der Ṣaḥāba selbst umfassen kann. Dadurch wird der Konsens der Rechtsgelehrten zu einer Rechtsquelle, die ausschließlich auf die Anfänge des Islam verweist und somit entstehungszeitlich limitiert ist. Angesichts der Komplexität des Richteramtes und des richterlichen Zwanges zur Entscheidungsfindung auf den verschiedensten Gebieten des Rechts und des Lebens gestand Dāwūd der Rechtsprechung den Analogieschluss (arab.: *qiyās*) freilich noch zu, während sein Schüler Ibn Ḥazm ihn später auch dort ablehnte. Die Erforschung von Dāwūds Lehren wird dadurch erschwert, dass nur wenige seiner Fatāwā überliefert sind. Bedeutend mehr weiß man über das Rechtsdenken der ẓāhiritischen Schule insgesamt, wobei allerdings nur schwer zu entscheiden ist, was davon auf den Schulgründer selbst und was auf seine Schüler zurückgeht. Bekannte ẓāhiritische Fatāwā sind: 1. Die Ehescheidung (arab.: *ṭalāq*) muss objektiv unter Verwendung eines der drei anerkannten Rechtsbegriffe *ṭalāq, taṣrīḥ, firāq* (jeweils arab.; dt. sinngemäß: Verstoßung, Trennung, Auflösung) und subjektiv mit der Absicht erklärt werden, die zunächst nur verbal ausgesprochene Scheidung anschließend auch tatsächlich zu vollziehen. Der Gebrauch anderer Wörter oder das Fehlen des subjektiven Tatbestandes führen die Rechtsfolge nicht herbei, falls der Ehemann anschließend zu seiner Frau gewandt die Formel *Wahabtuki li-*

ahliki! (arab.; dt.: Ich habe Dich Deiner Familie zurückgeschenkt!) ausspricht. 2. Die Ehescheidung kann weder durch einen bevollmächtigten Stellvertreter ausgesprochen noch bedingt oder befristet erklärt werden; der Mann kann sein Scheidungsrecht auch nicht auf die Frau delegieren. 3. Der bekannte Ḥadīth über das Zinsverbot bei Tauschgeschäften mit sechs bestimmten Waren (Weizen, Gerste, Datteln, Gold, Münzgeld und Salz), dessen legislativer Zweck nur anhand der Prinzipien "gleiche Menge gegen gleiche Menge" und "von einer Hand unmittelbar [ohne Zwischenhändler] in die andere Hand" erschlossen werden kann, kann so verstanden werden, dass das Zinsverbot auch für Geschäfte über den Austausch anderer Lebensmittel gilt, falls diese mit den genannten Lebensmitteln vergleichbar sind. Diese Auffassung kann sich freilich nur auf einen Analogieschluss (arab.: *qiyās*) stützen, welcher sinngemäß lauten muss, dass das Zinsverbot auch für Tauschgeschäfte über Rosinen, Fladenbrote, Reis, Bohnen und alle anderen Waren gilt, deren Menge man wiegen kann, die essbar sind, die längere Zeit eingelagert werden können und die Grundbedürfnisse decken; denn der legislative Zweck des Verbotes ist ja gerade so wie auf Weizen, Gerste, Datteln und Salz auch auf andere Lebensmittel anwendbar, die langfristig bevorratet werden können und Grundbedürfnisse decken. Demgegenüber beharrten die Ẓāhiriten darauf, dass der Gesandte Gottes keine besonderen Arten, sondern von vornherein die allgemeine Gattung bezeichnet haben würde, wenn es ihm darauf angekommen wäre, das Zinsverbot auf sämtliche Tauschgeschäfte über Lebensmittel und vergleichbare Güter zu erstrecken. Die ẓāhiritische Schule breitete sich auch in dem Teil Spaniens aus, der seinerzeit islamisch war. Hier wurde der Rechtsgelehrte und Universalgelehrte Abū Muḥammad ʿAlī b. Aḥmad b. Ḥazm al-Andalusī (gest. 456/163) zu ihrem bekanntesten Vertreter. Mit seinem Namen verbindet sich eine Vielzahl von Abhandlungen auf den verschiedensten Gebieten. Von seinem juristischen Schrifttum sind hier zu nennen *al-Iḥkām fī uṣūl al-aḥkām* (arab.; dt.: Die Vollkommenheit in den Grundlagen der Rechtsbestimmungen) sowie *al-Muḥallā* (arab.: Das Verzierte). Zu Beginn des 5./11. Jahrhunderts verlor die ẓāhiritische Schule ihren Rückhalt unter den Gläubigen, im 8./14. Jahrhundert existierte sie nicht mehr.

ʿAbd al-Raḥmān b. ʿAmr Abū ʿAmr al-Awzāʿī. Er wurde 88/706 in Baalbek im Libanon geboren, führte das Leben eines Frommen, genoss Ansehen nicht nur als Faqīh, sondern auch als Muḥaddith und trug den Ehrentitel eines Imām von Syrien, dem Land, in dem er auch Qāḍī war. Gestorben ist er 157/774 nahe Beirut, wo sein Grab bis heute eine Stätte des Gedenkens ist. Al-Awzāʿī repräsentiert die alte syrische Schule. Charakteristisch für sein Rechtsdenken ist die vielfältige Bezugnahme auf die sog. lebendige Überlieferung, unter der er die seit den Zeiten Muḥammads صلى الله عليه وسلم und der ersten muslimischen Generationen ununterbrochene Praxis der Muslime verstand. Alles, was darunter subsumiert werden konnte, zählte für ihn zum Inbegriff der Sunna des Gesandten Gottes, und zwar auch dann, wenn im Einzelfall keine sichere Überlieferung in Form einer personifizierten Tradentenkette (arab.: *isnād* oder auch *sanad*) nachzuweisen war. Mit dem Namen Al-Awzāʿīs verbinden sich Abhandlungen sowohl zur Rechtswissenschaft als auch zur Ḥadīthwissenschaft, die allerdings, wie etwa das *Kitāb al-sunan* (arab.; dt.: Das Buch der Sunna) und das *Kitāb al-masāʾil fī al-fiqh* (arab.; dt.: Das Buch der Problemstellungen in der Rechtswissenschaft) fast ganz verloren sind. Erschlossen wird das Rechtsdenken al-Awzāʿīs heute vor allem durch die Schriften von Abū Yūsuf, der sich ausführlich mit ihm befasste. Von den Schülern Al-Awzāʿīs übte besonders al-Walīd b. Mazyad (gest. 203/818) maßgebenden Einfluss aus. Die awzāʿitische Schule überwog in Spanien und im Maghreb, bis in diesen Regionen nach der Mitte des 3./9. Jahrhunderts die mālikitische Schule führend wurde. Gegen Ende des 4./10. Jahrhunderts verlor sich die awzāʿitische Schule auch in Syrien in die Bedeutungslosigkeit.

Abū ʿAbdallāh Sufyān b. Saʿīd al-Thawrī. Er wurde 97/715 in Kūfa geboren, wo er lebte und 161/777 auch starb. Seiner grundsätzlichen Orientierung nach zählte er zu den Leuten des Ḥadīth (arab.: *ahl al-ḥadīth*). Auf ihn bezogen sich in ihren eigenen Arbeiten u. a. Mālik, Ibn Ḥanbal und al-Awzāʿī. Al-Thawrī vertrat ähnliche Standpunkte wie Abū Ḥanīfa, unterschied sich von ihm jedoch hinsichtlich der Billigung des Analogieschlusses (arab.: *qiyās*) und des Fürgutbefindens (arab.: *istiḥsān*). Die von ihm begründete Schule ging unter, als sich gegen Ende des 2./8. bzw. zu Beginn des 3./9. Jahrhunderts im Irak die ḥanafitische Rechtsschule verbreitete.

Abū Jaʿfar Muḥammad b. Jarīr al-Ṭabarī. Er wurde 224/838 in Ṭabaristān geboren. Den damaligen Gepflogenheiten entsprechend, durchlief er seinen wissenschaftlichen Bildungsgang in mehreren Regionen des ʿAbbāsidenreiches. Seine profunde Bildung erstreckte sich von den verschiedenen islamischen Wissenschaften bis hin zu den Gebieten der Geschichte, der Verwaltungslehre und dergleichen mehr. Nach umfassenden Studien der verschiedenen Rechtsschulen prägte er sein eigenes System aus und entfaltete es in *al-Laṭīf* (arab.; dt.: Die elegante Abhandlung), *al-Khafīf* (arab.; dt.: Die leichte Abhandlung), *al-Basīṭ* (arab.; dt.: Die einfache Abhandlung) und *al-Āthār* (arab.; dt.: Die Überlieferungen). Sein bekanntestes Werk ist das *Kitāb al-dīn wa-l-dawla* (arab.; dt.: Das Buch der Religion und des Staates), das bis heute in mehreren Ausgaben wie etwa der Manchester-Edition von 1342/1923 verfügbar ist. Zu ihrer Zeit zählte die ṭabaritische Schule zu den einflussreichsten Rechtsschulen im ganzen ʿAbbāsidenreich. Erloschen ist sie in der Mitte des 5./11. Jahrhunderts.

f) Grundzüge des khārijitischen Rechtsdenkens

Die Khārijiten waren bekanntlich die früheste Gruppierung, die sich innerhalb der islamischen Gemeinschaft absonderte und religiöse und politische Eigenlehren geltend machte. Sie formierten sich 37/657 aus dem Zorn heraus, der manche Gefährten Hz. ʿAlīs erfasste, als dieser während der Schlacht von Ṣiffīn den Versuch einer Vermittlung zwischen ihm selbst und Muʿāwiya billigte. Diejenigen seiner Gefährten, die kompromisslos und prinzipienfest den Standpunkt vertraten, dass über Gottes Wort (arab.: *lā ḥukm illā li-ʾllāh*) weder geschlichtet noch gerichtet werden könne, sonderten sich nun ab, empörten sich gegen das Kalifat und widerstanden künftig sowohl dem Kalifen, den sie bisher unterstützt hatten, als auch seinen Gegnern. So machten "die, die sich absondern" oder auch „die, die rebellieren" (arab.: *kharaja*) sich gleichsam von der Stunde ihrer Geburt an eine Perspektive zu eigen, die gleichermaßen unbedingt radikal wie auch unbedingt idealistisch war. ʿAlī sah sich zu einem Feldzug gegen sie gezwungen und versetzte ihnen im Ṣafar 38 / Juli 658 in der Schlacht von Nahrawān einen tödlichen Stoß, der ihm später freilich selbst zum Verhängnis wurde; starb er doch als Opfer khārijitischer Rächerhand. Während der Umayyadenherrschaft zettelten die Khārijiten zahlreiche Aufstände in den östlichen Provinzen Kirmān und Fārs sowie auf der arabischen Halbinsel an. Obwohl die energischen Maßnahmen des umayyadischen Statthalters al-Ḥajjāj viel zu ihrer endgültigen Niederlage beitrugen, hatten sie sich diese, aufgrund ihres Fanatismus und ihrer Intoleranz, doch überwiegend selbst zuzuschreiben. Schon zur Zeit der ʿAbbāsidenherrschaft existierten sie als politische Größe nicht mehr, überlebten jedoch als religiöse Gruppierung im östlichen Arabien sowie in Nord- und Ostafrika. Da ihre Bewegung nur kurze Zeit überdauerte, waren die Khārijiten nicht imstande, ihre Lehren zu einer allgemein akzeptierten Glaubenssequenz zusammenzufassen. Vielmehr unterschieden sich ihre diversen Fraktionen merklich voneinander. Sagen lässt sich allerdings, dass die Khārijiten ihr religiöses, moralisches und rechtliches

Sondergut aus den bereits angedeuteten Spezifika ihrer praktisch-politischen Positionen heraus formulierten. In politischer Hinsicht vertraten sie einen radikal demokratischen Standpunkt, indem sie lehrten, dass das Amt des Kalifen jedem Muslim offenstehe, selbst wenn er ein schwarzer Sklave sei, und dass es jedem Gläubigen geboten sei, jeden Kalifen anzuprangern, der vom rechten Weg abweiche, und ihn ggf. mit Gewalt vom Thron zu jagen. Darüber, wann jemand vom rechten Weg abwich, entschied selbstverständlich die khārijitische Lehre – der Sache nach nur so und nicht anders hatten sie ja schon ihren Aufstand gegen Hz. ʿAlī begründet. In religiöser Hinsicht gründete die khārijitische Lehre insbesondere auf dem Prinzip der Übereinstimmung von Glauben und Glaubensvollzug. Folglich wurden alle Muslime, denen ein objektiv schwerwiegendes Fehlverhalten zur Last fiel, in subjektiver Hinsicht als Apostaten (arab.: *murtadd*) angesehen, die der Todesstrafe unterlagen. Damit nicht genug, wurden auch sämtliche nicht khārijitischen Muslime unter die Kategorie der Apostaten subsumiert. Vor allem dieser Gedanke war es, der die Khārijiten praktisch-politisch zu jenem extremen Fanatismus verleitete, der sie weder vor massenhaften Tötungen ihrer Gegner noch davor zurückschrecken ließ, deren Familien mit zu ermorden. Zur gleichen Zeit erwiesen sie den nicht islamischen Schriftbesitzern freilich eine ganz eigentümliche Toleranz, denn den Juden und den Christen verlangten sie nur ein modifiziertes Glaubensbekenntnis (arab.: *shahāda*) mit den Worten ab: "Muḥammad صلى الله عليه وسلم ist der Gesandte Gottes für die Araber, doch nicht für uns." Im khārijitischen Recht führten die Radikalität und der Idealismus der Khārijiten zur Forderung nach einer unbedingten Reinheit allen Tuns und Handelns. Die Verurteilung sämtlicher Muslime, die diesem Anspruch aus ihrer Sicht nicht genügten, führte sie dazu, die meisten Aḥadīth zu verwerfen. Gleiches galt auch für den Konsens der Gläubigen (arab.: *ijmāʿ al-umma*), denn unter der Gemeinschaft der Gläubigen (arab.: *umma*) verstanden sie eben allein sich, die Khārijiten, selbst. So blieb als Rechtsquelle für das khārijitische Recht letztlich nur der Qurʾān übrig, was positiv-rechtlich zu spezifischen Lehren führte:

Unzucht und Ehebruch. Den Ehebruch eines verheirateten Mannes oder einer verheirateten Frau sanktionierten die Khārijiten im Hinblick auf den Qurʾān (24:2) nicht anders als die außereheliche Unzucht zwischen ledigen Personen mit der [öffentlichen] Auspeitschung beider Beteiligten. Die Aḥadīth, nach denen Muḥammad صلى الله عليه وسلم für den Ehebruch verheirateter Personen die Strafe der Steinigung vorgesehen habe, erkannten sie nicht an.

Eltern- und Verwandtenerbrecht. Das obligatorische Eltern- und Verwandtenerbrecht lehnten sie ab, weil sie den Ḥadīth *Lā waṣiyya li-wārithīn* (arab.; dt.: Erbschaft [aufgrund gesetzlicher Erbfolge und] nicht durch Erbeinsetzung) verwarfen. Als allein maßgeblich sahen sie vielmehr Vers 2:180 des Qurʾān an, der ihnen somit, anders als den Sunniten, nicht als ein später abrogiertes Zeugnis der frühesten Phase der erbrechtlichen Gesetzgebung im Worte Gottes galt.

Milchbruderschaft. Die Milchbruderschaft betrachteten sie im Hinblick auf den Qurʾān (4:24) nur im Verhältnis zur Nährmutter sowie zu etwaigen Milchschwestern als Ehehindernis, weil sie den Ḥadīth *Al-riḍāʿa tuḥarrimu mā tuḥarrimu al-wilāda* (arab.; dt.: Das Stillen führt zu den gleichen [Ehe-] Verboten wie die [Blutsverwandtschaft durch] Geburt) nicht anerkannten.

Der bereits hervorgehobene Idealismus, der all ihre Vorverständnisse durchzog, führte außerdem zu der Auffassung, dass die Reinigung (arab.: *ṭahāra*) als Vorbedingung für das rituelle Gebet (arab.: *ṣalāt*) nicht nur den Körper, sondern auch den Geist umfassen müsse. Die rituelle Waschung (arab.: *wuḍūʾ*) tilgte deshalb nach khārijitischer Lehre auch den Groll, die Bosheit, die Frivolität und dergleichen Geistessünden mehr. Freilich hinterließ das khārijitische Rechtsdenken in der islamischen Jurisprudenz kaum nennenswerte Spuren, galt es doch als extremistisch und verharrte deshalb an den Rändern sowohl der Rechtslehre wie auch der Rechtspraxis. Bis heute erhalten haben sich allerdings einige gemäßigte Gruppierungen; in erster Linie die Ibāḍiten in Oman, außerdem kleine Gemeinden in Ostafrika sowie in Teilen Algeriens und Libyens. Die Lehren dieser Gemeinschaften stehen dem sunnitischen Standpunkt sehr nahe, akzeptieren sie doch als Rechtsquellen sowohl den Qurʾān und die Sunna als auch den Konsens der Rechtsgelehrten (arab.: *ijmāʿ*). Was ihr heutiges Rechtsdenken angeht, stehen sie deshalb de facto in nächster Nähe zu den Auffassungen, die innerhalb des heutigen sunnitischen Islam überwiegen.

g) Grundzüge des shīʿitischen Rechtsdenkens

Die Partei (arab.: *shīʿat*) ʿAlīs trat als selbständige Gruppierung zur Zeit des Bürgerkrieges zwischen dem vierten Kalifen ʿAlī und seinem syrischen Statthalter Muʿāwiya auf den Plan. In dieser Auseinandersetzung zog ʿAlī die Bevölkerung des Irak auf seine Seite, während die Bevölkerung von Syrien für Muʿāwiya votierte. ʿAlī nahm seinen Sitz in Kūfa, wo die nun folgende, wenngleich bemessene Zeitspanne in der Erinnerung der dortigen Muslime als goldenes Zeitalter und als Erinnerung an eine zu früh verblichene, ruhmreiche Ära weiterlebte. Nach dem Tode ʿAlīs scharten sich seine Anhänger um seine Söhne, besonders um Ḥusayn, und wirkten von nun an, einen eigentümlichen Denkraum durchmessend, als Faktor sui generis, der sich von den Sunniten mehr und mehr unterschied. Fluchtpunkt ihrer Dogmatik war die Frage des Kalifates bzw. in ihrer eigenen Terminologie des Imāmates. Hinsichtlich seiner vertraten die Shīʿiten ein Gottesgnadentum, und zwar verbunden mit der These, dass jeder Imām von Gott selbst inspiriert und die Nachfolge des Gesandten Gottes einzig den Abkömmlingen ʿAlīs und Fāṭimas als sog. Leuten des Hauses [der Familie des Propheten] (arab.: *ahl al-bayt*) vorbehalten sei. Dass dieses religiös inspirierte Verständnis den Machtansprüchen sowohl der Umayyaden als auch der ʿAbbāsiden in die Quere kam, liegt auf der Hand, denn letztlich führten ja beide, auch die ʿAbbāsiden, ihre Regentschaft auf die Akklamation der Gemeinschaft und damit auf eine von Menschen gemachte politische Satzung zurück. Immer im Zusammenhang mit dem fundamentalen Konzept des Imāmates entwickelte sich die gesamte religiöse, moralische und rechtliche Ideenwelt der Shīʿiten, deren Genese überdies auch ihre lebensweltliche Erfahrung, geprägt von lang anhaltender Verfolgung und Bedrängnis, reflektierte. Insofern ist etwa auf die Praxis der Glaubensverheimlichung (arab.: *taqiyya*) zu verweisen, die jedenfalls dann erlaubt war, wenn offenes Bekennertum riskant gewesen wäre. Bekanntlich blieben die Shīʿiten im weiteren Verlauf ihrer Geschichte keine in sich geschlossene Gruppierung, sondern bildeten mehrere Denominationen aus, die der sunnitischen Mehrheit teils näher und teils ferner standen bzw. noch bis heute stehen. Grundlegendes Unterscheidungsmerkmal all dieser Fraktionen blieb stets die jeweilige Antwort auf die Frage nach dem Imāmat. Bekannteste shīʿitische Gemeinschaft sind die im westlichen orientalistischen Schrifttum sog. Zwölfershīʿiten (arab.: *al-ithnā ʿashariyya*), die zwölf Imāme als rechtgeleitet anerkennen. Sie selbst bezeichnen sich als Imāmiten und erkennen ʿAlī, al-Ḥasan, al-Ḥusayn, ʿAlī Zayn al-ʿĀbidīn, Muḥammad al-Bāqir, Jaʿfar al-Ṣādiq, Mūsā al-Kāẓim, ʿAlī al-Riḍā, Muḥammad al-Taqī, ʿAlī al-Naqī, al-Ḥasan al-ʿAskarī und Muḥammad al-Mahdī als rechtgeleitet an. All diese Imāme lebten zwischen 35/260 und 658/874. Eine weitere Denomination rekrutierte sich aus der Untergruppe, die nach dem Tod des vierten Imāms ʿAlī Zayn al-ʿĀbidīns dessen Sohn Zayd und nicht, wie die Zwölfershīʿiten, Muḥammad al-Bāqir als fünften rechtgeleiteten Imām anerkannte. Ihre Anhänger bezeichneten sich als Zayditen und bildeten eine eigenständige Glaubenslehre aus. Das Rechtsdenken beider Gemeinschaften, erstens der Zwölfershīʿiten bzw. Imāmiten und zweitens der Fünfershīʿiten bzw. Zayditen, sei nachstehend kurz skizziert.

Zwölfershīʿiten bzw. Imāmiten. Die Zwölfershīʿiten bzw. Imāmiten erkennen als Rechtsquellen den Qurʾān, die Sunna, den Konsens (arab.: *ijmāʿ*) der Rechtsgelehrten sowie die Vernunft (arab.: *ʿaql*) an. Terminologisch besteht somit eine gewisse Ähnlichkeit mit der sunnitischen Rechtsquellenlehre. Dieser vordergründigen Ähnlichkeit stehen im Hinblick auf die Konzeption der einzelnen Rechtsquellen allerdings merkliche Unterschiede gegenüber. Schon bei der ersten Rechtsquelle, dem Qurʾān, wenden alle shīʿitischen Gruppen spezifische Auslegungsmethoden an. Unter der Sunna verstehen sie nicht nur das, was Muḥammad صلى الله عليه وسلم gesagt, getan oder stillschweigend geduldet hat, sondern ebenso das, was die von der jeweiligen Denomination als rechtgeleitet anerkannten Imāme gesagt, getan oder stillschweigend geduldet haben. Für das Studium des Ḥadīth verwenden sie eigene Sammlungen, und Aḥadīth sind für sie dann glaubwürdig, wenn einer ihrer Imāme sie überliefert hat. Der Konsens (arab.: *ijmāʿ*) der Rechtsgelehrten wird nicht als Rechtsquelle im engeren Sinn, sondern lediglich als Methode aufgefasst, das Rechtsdenken ihrer Imāme zu erschließen. Folglich kommt als Gegenstand dieser Erschließung nicht etwa der Konsens der Rechtsgelehrten überhaupt (arab.: *ijmāʿ al-aʾimma*), sondern nur die eigene shīʿitische Tradition in Betracht. Unter der Vernunft (arab.: *ʿaql*) versteht die shīʿitische Lehre ein forum internum, das dem Menschen durch sein Denkvermögen gegeben, aber auch verpflichtend aufgegeben ist. Theoretisch und methodologisch entfaltet wurden die Bedeutung und der Stellenwert des so verstandenen Konsenses der Rechtsgelehrten und der so verstandenen Vernunft seit der sog. Entrückung des 12. Imāms Muḥammad al-Mahdī. Mit anderen Worten kam das Bedürfnis nach Rationalität im Sinne eines dogmatischen Systems auf, nachdem er, gemäß dem zwölfershīʿitischen Glauben ja der letzte Imām, durch dessen Mund Gott sein Recht verlautbart hatte, in die Verborgenheit entwichen war. Im Verlauf ihrer späteren Entwicklung wurde die shīʿitische Rechtswissenschaft auch vom Rationalismus der Muʿtaziliten beeinflusst, sodass eines ihrer Prinzipien geradewegs *Kull mā ḥakama bihī al-ʿaql ḥakama bihī al-*sharʿ (arab.; dt.: Was die Vernunft anordnet, entspricht auch dem Recht der Sharīʿa) lautet. Sich weitgehend auf das gleiche Gesetz stützend, kamen die Shīʿiten so, ihre eigenen Konzepte und ihre eigene Methodologie auf sie anwendend, zu grundlegend anderen positiv-rechtlichen Lösungen als die Sunniten. Auf dem Gebiet der gottesdienstlichen Handlungen (arab.: *ʿibādāt*) gibt es im Verhältnis zur sunnitischen Lehre gewisse Unterschiede, die die Verrichtung des rituellen Gebetes (arab.: *ṣalāt*) und andere Vollzüge betreffen. Eine der augenscheinlichsten und zugleich kennzeichnendsten Abweichungen ist die Hinzufügung der Worte *Ashadu anna ʿAliyy^{an} walī Allāh* (arab.; dt.: Ich bezeuge, dass [seit dem Tode des Gesandten Gottes] ʿAlī der [einzig rechtmäßige] Statthalter Gottes ist) zum Gebetsruf (arab.: *adhān*). Auf den Gebieten des Familienrechts und des Erbrechts sind einige Rechtsinstitute und positiv-rechtliche Lösungen erwähnenswert, die spezifisch shīʿitisch sind. So wird z. B. die Zeitehe (arab.: *mutʿa*) für zulässig gehalten. Bei dieser handelt es sich um eine Verbindung zwischen einem Mann und einer Frau, die von vornherein nur für eine bestimmte Zeitspanne vereinbart wird. Der Mann ist verpflichtet, der Frau einen Vermögenswert zu gewähren, den man als Lohn bzw. Preis bezeichnet, und zwar mit einem Wort (arab.: *ujra*), das in anderem Zusammenhang etwa Pachtzins bedeuten würde. Demgegenüber ist die Frau verpflichtet, mit dem Mann in eine Geschlechtsgemeinschaft einzutreten. Das Sorgerecht für die aus dieser Beziehung etwa hervorgegangenen Kinder gebührt ihr. Die Frau hat weder einen Anspruch auf eine Versorgung nach dem Ende der Zeitehe, noch hat sie ein Erbrecht, wenn der Mann während der Ehe stirbt. Andererseits ist sie dem Mann auch während der Dauer der Zeitehe nicht zum Gehorsam verpflichtet. Die Zeitehe ist auch nach shīʿitischer Auffassung von der Pacht oder ähnlichen Schuldverhältnissen kategorial unterschieden. In Arabien gab es sie schon vor dem Islam; zu Lebzeiten Muḥammads صلى الله عليه وسلم wurde sie noch eine gewisse Zeit geduldet, später jedoch untersagt. Auf dem Verbot bestand insbesondere Hz. ʿUmar, und es wurde sogar die These aufgestellt, dass die shīʿitischen Imāme die Zeitehe nur deshalb verteidigten, weil ihr Verhältnis zu ihm als dem zweiten Kalifen so zerrüttet war. Während die shīʿitische Lehre es unternimmt, die Zeitehe sogar anhand des Qurʾān zu rechtfertigen, gilt sie der sunnitischen Lehre als Unzucht oder gar als Variante der Prostitution. Abseits dieser besonderen Eheform unterliegt die Scheidung der Ehe im allgemeinen Eherecht nach shīʿitischer Lehre freilich größeren Restriktionen als nach sunnitischem Verständnis, hat sie doch vor zwei Zeugen und mündlich unmittelbar, also Auge in Auge mit der Ehefrau zu erfolgen, wobei der Ehemann seine Erklärung wortwörtlich als Scheidung (arab.: *ṭalāq*) zu bezeichnen hat. Voraussetzung für die Wirksamkeit der Erklärung ist überdies der feste Vorsatz, die Ehe endgültig aufzusagen, wobei ein lediglich situativer Augenblicksvorsatz (arab.: *ṭalāq al-bidʿa*) nicht anerkannt wird. Auch im Erbrecht haben die Shīʿiten eigene Lehren entwickelt. Nach sunnitischem Verständnis sind gesetzliche Erben erster Ordnung nur die Personen, die in Qurʾān und Sunna erwähnt werden (arab.: *aṣḥāb al-farāʾiḍ*). Danach folgen als gesetzliche Erben zweiter Ordnung die Hinterbliebenen der männlichen Linie (arab.: *dhawū al-arḥām*) sowie als gesetzliche Erben dritter Ordnung die Hinterbliebenen der weiblichen Linie (arab.: *dhawū al-qarāba*). Jede vorhergehende Ordnung schließt die nachfolgenden Ordnungen aus. Demgegenüber sind nach shīʿitischem Verständnis in erster Ordnung zwar ebenfalls die Personen berufen, die in Qurʾān und Sunna erwähnt werden (arab.: *dhawū al-furūḍ)*. Danach folgen jedoch alle Blutsverwandten (arab.: *dhawū al-qarāba*), und zwar unabhängig davon, ob sie der männlichen oder weiblichen Linie angehören, d. h. die männliche Linie bildet nach shīʿitischem Erbrecht keine eigene Kategorie. Für die Rechtsanwendung im Einzelfall sind diese Differenzen sehr bedeutsam. Existiert ein Testament (arab.: *waṣiyya*) zugunsten eines gewillkürten Erben, fordert die shīʿitische Lehre zwar die Zustimmung der gesetzlichen Erben, lässt diese jedoch schon vor Eintritt des Erbfalles zu. Nach sunnitischer Lehre genügt die Zustimmung der gesetzlichen Erben hingegen – jedenfalls nach der ḥanafitischen Rechtsschule – nur, wenn sie zeitlich nach Eintritt des Erbfalles und damit gleichsam im Angesicht des Erbteils erfolgt, auf den verzichtet werden soll. Die Shīʿiten erlauben Testamente auch zugunsten gesetzlicher Erben, die Sunniten erlauben solche Testamente nicht. Den bedeutendsten Anteil an der Formierung einer originär shīʿitischen Rechtswissenschaft hatte der 6. Imām Jaʿfar al-Ṣādiq, der 80/699-700 in Medina geboren wurde und dort auch 148/765 starb. Als Muḥaddith genoss er eine Autorität, die sogar von der sunnitischen Tradition anerkannt wurde. Eine weitere Entfaltung erfuhr die shīʿitische Rechtslehre durch die Werke Mūsā al-Kāẓims (127/745 – 184/799) und seines Sohnes ʿAlī al-Riḍā (151/768 – 202/818). Von letzterem stammt das Kompendium, das unter dem Titel *Fiqh al-Riḍā* (arab.; dt.: Die Einsicht des Imāms al-Riḍā) bekanntgeworden ist. Nach dem Zeitalter der rechtgeleiteten Imāme fiel die Rolle der Systembildner des shīʿitischen Rechts den zu selbständiger Entscheidungsfindung befähigten Mujtahidūn zu, als deren einflussreichster hier Abū Jaʿfar Muḥammad b. al-Ḥasan al-Qummī (305/918 – 381/991) zu nennen ist. Seine grundlegende Dogmatik war im 4./10. Jahrhundert unter dem Titel *al-Kāfī* (arab.; dt.: Das, was genügt) in Gebrauch. Im weiteren Verlauf der Geschichte erfuhr die shīʿitische Jurisprudenz ihre eigenen Schicksale, deren Abfolge mit den Perioden der sunnitischen Rechtsgeschichte nicht mehr übereinstimmt.

Fünfershīʿiten bzw. Zayditen. Diese weitere shīʿitische Denomination formierte sich im Verlauf der Streitigkeiten über die Nachfolge des 4. Imāms ʿAlī Zaynu-l-ʿĀbidīn. Dabei bekannte sich die Mehrheit der Shīʿiten zu Muḥammad al-Bāqir als neuem Imām, während eine kleinere Gruppe sich Zayn al-ʿĀbidīns Sohn Zayd zuwandte, nach dessen Namen man sie von nun an Zayditen nannte. Zayd b. ʿAlī genoss den Ruf eines bedeutenden Gelehrten, dem in Fragen der Religion und des Rechts eine profunde Bildung zu Gebote stand. Gegen die Umayyadenherrscher, die er als Usurpatoren des Reiches ansah, zog er in den Krieg, blieb aber erfolglos, bis er 122/739 fiel. Als Rechtsgelehrter trat Zayd b. ʿAlī durch mehrere Werke zu unterschiedlichen Zweigen (arab.: *furūʿ*) des Rechts hervor. Als bedeutendste dieser Arbeiten gilt das Kompendium *al-Majmūʿ fī al-fiqh* (arab.; dt.: Die Sammlung zur Einsicht), das Stellungnahmen zu einer Vielzahl von Rechtsfragen enthält. Freilich zweifeln einige Historiker die Authentizität des Werkes insofern an, als sie meinen, sein Verfasser sei wohl nicht Zayd b. ʿAlī selbst. Sollte das der Fall sein, wäre es aber trotzdem zu den frühesten Zeugnissen der islamischen Rechtswissenschaft zu zählen. Inhaltlich fällt die grundlegende Übereinstimmung mit den Positionen Abū Ḥanīfas auf. Diese Kongruenz mag darauf zurückzuführen sein, dass er ebenso wie Zayd b. ʿAlī im Irak wirkte, sodass beide Gelehrte durch das irakische Rechtsdenken beeinflusst wurden. Einflüsse spezifisch shīʿitischer Konzeptionen sind in dem Werk schon deshalb nicht aufzuweisen, weil es vom ersten Jahrzehnt des 2./8. Jahrhunderts datiert; doch wurde das originär shīʿitische Rechtsdenken auch von den späteren Zayditen weitgehend zurückgewiesen. Ihre eigene Konzeption wurde theoretisch vervollkommnet und praktisch in die Tat umgesetzt, nachdem al-Ḥasan b. Zayd b. Muḥammad um 250/864 im damaligen Ṭabaristān, also auf dem Gebiet der heutigen iranischen Provinzen Māzandarān und Gulistān, einen eigenständigen Staat gegründet hatte, der bis 520/1126 bestand und in dem das Recht der Zayditen galt. Von den Rechtsgelehrten, die dieses Recht systematisch bearbeiteten, ist als Einflussreichster al-Qāsim al-Rassī (gest. 246/860) zu nennen. Sein Enkel Yaḥyā b. al-Ḥusayn stellte 288/900 die zayditische Herrschaft im Jemen wieder her, wo seinem Großvater in den folgenden Jahrhunderten stets eine gewisse Anhängerschaft verblieb. In ihrer Theologie waren die Zayditen vom Rationalismus der Muʿtaziliten beeinflusst, weshalb sie spirituelle Frömmigkeitskonzeptionen (arab.: *taṣawwuf*) zurückwiesen; ṣūfische Aktivitäten waren bei ihnen explizit untersagt. Das zayditische Rechtsdenken stand dem sunnitischen weitaus näher als dem shīʿitischen. Dass dies schon zu ihrer Zeit so gesehen wurde, zeigt sich daran, dass die Zayditen im rechtsvergleichenden

Schrifttum über die Unterschiede (arab.: *khilāfiyyāt*) zwischen den Schulen gemeinhin zusammen mit den Sunniten abgehandelt wurden, ohne sie jedoch als fünfte Rechtsschule etc. zu bezeichnen. Beispielhaft seien noch einige Besonderheiten des zayditischen Rechts erwähnt: 1. Dem Gebetsruf (arab.: *adhān*) ist die Formel *Ḥayya ʿalā khayr al-ʿamal!* (arab.; dt.: Auf zur besten Handlung!) hinzuzufügen. 2. Teil des rituellen Gebetes (arab.: *ṣalāt*) ist der fünfmalige formelle Gebrauch (arab.: *takbīr*) des Lobpreises *Allāhu akbar!* (arab.; dt.: Gott ist [unvergleichlich] groß!). 3. Die Sunna, nach welcher es für die rituelle Waschung vor dem Gebet (arab.: *wuḍūʾ*) genüge, nur die zum Tragen während des Gebetes bestimmten [ledernen] Socken bzw. Hausschuhe (arab.: *khuff*) feucht abzuwischen, wird zurückgewiesen. 4. Toleranz gegenüber sittlichen Verfehlungen lehnten die Zayditen ab, verteidigten aber die Zeitehe (arab.: *mutʿa*). Demgegenüber schlossen sie innerislamische "Mischehen" später aus und sahen als rechtmäßig nur noch Ehen innerhalb ihrer eigenen Denomination an.

4. Die Rechtspraxis

Während der Periode der klassischen Rechtsschulen kam auch die Herausbildung einer von den Verwaltungsbehörden organisatorisch getrennten Gerichtsbarkeit (arab.: *qaḍāʾ*) zum Abschluss. Theoretisch wurde die Jurisdiktion als Ausschnitt aus der herrscherlichen Gewalt aufgefasst, den der Kalif an jeden einzelnen Qāḍī delegierte. Ungeachtet dieser Konstruktion wuchs der Richterschaft jedoch seit dem 2./8. Jahrhundert eine gewisse Eigenständigkeit zu: Der Kalif bzw. später der Sultan setzte die Quḍāt zwar ein, doch hatten sie in der Ausübung ihres Amtes einzig und allein gemäß dem Recht der Sharīʿa zu entscheiden. In der Praxis war die Spruchtätigkeit meist dem Qāḍī als Einzelrichter übertragen, dem außer seinem Richteramt auch noch religiöse sowie gewisse verwaltungsbehördliche Funktionen oblagen. Die Quḍāt entschieden Rechtsstreitigkeiten, fungierten als Vormünder bzw. Pfleger für Minderjährige sowie für Witwen, waren für die Sicherheit und Ordnung in den Moscheen zuständig, übten die Aufsicht über die Stiftungen aus und versahen außerdem gewisse Funktionen genuin religiösen Charakters; so beurkundeten sie z. B. die Annahme des Islam, verkündeten den Beginn des Fastenmonates, standen dem Freitagsgebet (arab.: *ṣalāt al-jumʿa*) vor und hielten in ihm die Predigt (arab.: *khuṭba*). In den damals islamischen Gegenden des heutigen Spanien judizierten hingegen auch Kollegialgerichte, die auf mālikitischer Grundlage durch Juristen aus Andalusien und dem Maghreb ins Leben gerufen wurden. Während des 2./8. und 3./9. Jahrhunderts setzte sich allgemein das Kammerprinzip (arab.: *qaḍāʾ al-jamāʿa*) mit zwei oder drei Quḍāt durch. In den letzten Jahrzehnten des 2./8. Jahrhunderts wurde im ʿAbbāsidenreich außerdem das Amt des Kassationsrichters bzw. Richters der Richter (arab.: *qāḍī al-quḍāt*) geschaffen, dessen Inhaber als oberster Qāḍī zugleich zur Dienstaufsicht ermächtigt war. Von dieser Zeit an beginnt in den Quellen auch die regelmäßige Erwähnung des Militärrichters (arab.: *qāḍī al-ʿaskar*), der zur Entscheidung von Rechtsstreitigkeiten zwischen Soldaten während eines Feldzuges sowie während der dauernden Stationierung in annektierten Territorien berufen war. Wenngleich vorerst auf die eroberten Gebiete des ʿAbbāsidenreiches sowie auf die umayyadisch beherrschten Teile Spaniens beschränkt, zählte der Militärrichter doch zur ordentlichen Gerichtsbarkeit. Schließlich breitete sich während der Periode der klassischen Rechtsschulen auch das Petitionswesen aus, das freilich in gewisser Weise neben der Rechtsordnung stand und deshalb auch als Ausdruck herrscherlicher Souveränität gelesen werden kann. Aus der Zeit der Irrungen und Wirrungen berichten die Quellen, dass zu den ersten Akten eines jeden neuen Herrschers, auf Reichsebene also des Sultans bzw. in den Emiraten auch des Emirs, die Anordnung eines Zeitraumes zählte, während dessen er unzufriedene Untertanen empfing, um ihre Klagen auch gegen bereits rechtskräftige Urteile entgegenzunehmen und anschließend außerordentlich zu bescheiden. Es dauerte nicht lange, bis diese "Judikatur der Legislative" sogar von den Wesiren als bloßen Provinzstatthaltern aufgegriffen wurde. Freilich war in materieller Hinsicht auch sie an das Recht der Sharīʿa gebunden und kam an deren Regelungen nicht vorbei. Dagegen waren ihr in formeller Hinsicht keine Beschränkungen auferlegt. Letztlich bildete sich bis zum 3./9. Jahrhundert ein sowohl organisatorisch wie auch funktionell vollendetes System der Gerichtsbarkeit aus. In seinem Rahmen wurde den Quḍāt eine Reihe von Hilfsorganen zugeordnet, derer sie zur schnellen und wirksamen Erledigung ihrer Geschäfte bedurften. Im einzelnen waren dies u. a. der Urkundsbeamte (arab.: *kātib*), dem es oblag, die Einlassungen der Parteien, die Aussagen der Zeugen, die gerichtlichen Entscheidungen sowie andere richterliche Verfügungen etc. aufzunehmen und niederzuschreiben, der Gerichtsvollzieher (arab.: *qassām*), dem die Zwangsvollstreckung übertragen war, der Ermittlungsbeamte (arab.: *muzakkī*), dem die Nachforschungen hinsichtlich des Lebenswandels und der Glaubwürdigkeit der Parteien und der Zeugen übertragen waren, der Büttel (arab.: *bawwāb*) als ausführendes Organ der Sitzungspolizei sowie der Sprachmittler (arab.: *mutarjim*) für Parteien und Zeugen, die des Arabischen nicht mächtig waren. Eine herausgehobene Rolle unter den Hilfsorganen spielten die Vertreter des öffentlichen Interesses (arab.: *shuhūd al-ḥāl* oder *al-shuhūdu al-ʿudūl*). Bei ihnen handelte es sich um herrscherlich akkreditierte Sachwalter, deren Aufgabe darin bestand, die Gesetzmäßigkeit der richterlichen Arbeit zu beaufsichtigen, und die als Rechtskundige sowie aufgrund ihrer persönlichen Integrität die Gewähr dafür boten, den Gerichten keine Übergriffe durchgehen zu lassen. Erstmals eingerichtet wurde dieses Amt durch den ägyptischen Qāḍī al-Mufaḍḍal b. Fuḍalāʾ (gest. 174/790). Besonders betont wird sein Stellenwert in der mālikitischen Rechtsschule, aber auch die anderen Rechtsschulen griffen den Gedanken auf und prägten für ihn den Satz, dass kein Qāḍī ohne Aufsicht bleiben dürfe. Berichtet wird, dass gegen Ende des 4./10. Jahrhunderts allein in Kairo ca. 1.500 Vertreter des öffentlichen Interesses amtierten. Allerdings bediente sich die herrscherliche Aufsicht nicht nur dieses Amtes. Vielmehr griff sie außerdem auf zwei weiteren Wegen lenkend ein, indem sie nämlich die Muftiyyūn, also die gutachterlich tätigen Rechtsgelehrten, die zur Erstattung von Fatāwā berufen waren, teils öffentlich bestellte, sie im Übrigen aber, sofern sie auf privater Basis tätig waren, einer öffentlichen Aufsicht unterwarf. Dabei konnten die Fatāwā in beiden Fällen sowohl öffentliche als auch private Dinge betreffen. Einige Herrscher bestanden sogar darauf, dass der Qāḍī zur Vorbereitung seiner Entscheidungen regelmäßig die Fatwa eines Muftī einzuholen habe. Eine solche Anordnung erließ z. B. der ʿAbbāsidenkalif al-Muṭīʿ, als er 363/973 einen neuen Kassationsrichter (arab.: *qāḍī al-quḍāt*) berief. In Andalusien gab es einen besonderen Muftī (arab.: *muftī mushāwir*), der speziell zur Erstattung von Fatāwā für die Gerichtsbarkeit bestellt war.

Literatur: Anwār Aḥmad Qādrī: *Islamic Jurisprudence in the Modern World*, Lahore 1981, S. 80 – 173; ʿAlī Ḥasan ʿAbd al-Qādir: *Naẓra ʿāmma fī tārīkh al-fiqh al-islāmī*, Kairo 1965, S. 191 – 292; Muḥammad al-Khuḍrī: *Tārīkh al-tashrīʿ al-islāmī*, Kairo 1920, S. 164 – 327; Asaf A. Fayzee: *Shi'i Legal Theories*, in: M. Khadduri und H. Lebesny (Hrsg.): *Law in the Middle East*, Washington D. C. 1950, S. 113 – 131; Émile Tyan: *Judicial Organization*, ebd. S. 237 – 278; Artikel *Abū Ḥanīfa*, *Abū Yūsuf* und *Zaydiyya*, in: *Dāʾirat al-maʿārif al-islāmiyya*, o. O. und o. J.; Artikel *Aḥmad b. Ḥanbal* und *Ḳāḍī*, in: *Encyclopedia of Islam*, Leiden: 2. Auflage 1960 ff.; Aḥmad Ḥasan: *Early Development of Islamic Jurisprudence*, Islamabad 1982, S. 178 – 221.

V. Die Periode der Vollendung des Rechtsdenkens

1. Der geschichtliche und gesellschaftliche Rahmen

Diese Periode dauerte von der Mitte des 4./10. Jahrhunderts bis zur Mitte des 7./13. Jahrhunderts; an ihrem Ende stand die Zerstörung Bagdads durch die Mongolen 656/1258. Sie ist die Ära, in der das islamische Rechtsdenken seine vollendete Gestalt erhielt – der Ertrag der selbständigen Urteilsfindung der Rechtsgelehrten (arab.: *ijtihād*) wurde kanonisiert, die Unterschiede zwischen den Rechtsschulen wurden dogmatisch ausgearbeitet. All diese Vorgänge vollzogen sich unter Verhältnissen, die sowohl gesellschaftlich als auch politisch instabil waren: Die Einheit des ʿAbbāsidenreiches zerbrach, in Andalusien festigten die Umayyaden ihre Herrschaft, in Nordafrika kamen ismāʿīlitische Shīʿiten, im Jemen Zayditen an die Macht. Das verbleibende ʿAbbāsidenreich beschränkte sich auf den Irak, die arabische Halbinsel und einzelne ostwärtige Provinzen. Freilich war die Souveränität der ʿAbbāsidenherrscher auch in diesen Gebieten bald nur noch nominell, denn einzelne ihrer Gouverneure und Militärstatthalter sagten sich teils vom Kalifat los und bekämpften sich teils zusätzlich auch untereinander. Letztlich sahen sich die Kalifen gezwungen, die aus diesen Kämpfen entstandenen, regionalen Machtzentren anzuerkennen und die örtlichen Machthaber mit den Titeln *amīr al-umarāʾ* (arab.; dt.: Befehlshaber der Befehlshaber) in den Großprovinzen bzw. *amīr* (arab.; dt.: Befehlshaber) oder auch *sulṭān* (arab.; dt.: Herrscher) in den Provinzen zu beleihen. Außerdem entstanden lokale Dynastien wie z. B. die der Būyiden und der Sāsāniden, deren von Misstrauen und Geltungssucht gespeiste Machtkämpfe während der gesamten Periode ständig schwelten, auch wenn sie nicht jederzeit offen ausgetragen wurden. Vom 5./11. Jahrhundert an wurden die ʿAbbāsidenherrscher der Sache nach zu Gefangenen ihrer Militärstatthalter. Ihr Einfluss gründete nur noch auf dem Ruhm ihrer Dynastie sowie auf ihren Namen, die bei der Freitagspredigt (arab.: *khuṭba*) weiterhin gepriesen und auch dem Münzgeld (arab.: *sikka*) noch eingeprägt wurden. In dieses unsicher gewordene Haus des Islam (arab.: *dār al-islām*) drangen von Osten her in der Mitte des 5./11. Jahrhunderts die seldschukischen Türken vor und errangen die Herrschaft über Mittelasien, Mesopotamien und weitere Regionen bis zur Grenze nach Ägypten hin zunächst de facto sowie bis zur Mitte des 6./12. Jahrhunderts auch de iure. Gegen Ende des 5./11. Jahrhunderts setzten die christlichen Kreuzzüge ein, die jahrhundertelang eine bedrückende Quelle äußerer Bedrohung blieben und ein Bewusstsein der Bedrohung schufen, das sich innerhalb der islamischen Welt freilich, wenngleich mit wechselnder Intensität, auch als Integrationsfaktor auswirkte. In der zweiten Hälfte des 6./12. Jahrhunderts trat in Ägypten, nach der etwa zweihundertjährigen Herrschaft der shīʿitischen Fāṭimiden, die Dynastie der sunnitischen Ayyūbiden auf den Plan. In der ersten Hälfte des 7./13. Jahrhunderts drangen von Osten her die Mongolen vor, die 656/1258 unter der Führung Hülagü-Khāns Bagdad einnahmen, den letzten ʿAbbāsidenherrscher al-Mustaʿṣim töteten und die Hauptstadt seines Reiches vollständig zerstörten. Verwaltet wurde das von Hülagü-Khān zusammengebrachte Großreich, das sich vom Oxus bis zum Mittelmeer, vom Kaukasus bis zum Indik erstreckte, von den Mongolen selbst sowie von denjenigen autochthonen Schichten, die ihnen genehm waren. Freilich standen Hülagü-Khān und seine unmittelbaren Nachfolger dem sunnitischen Islam nicht sehr freundlich gegenüber. Auch deshalb schrieben ihre Regentschaften eine tiefgreifende Bruchlinie in die islamische Rechtsgeschichte ein. Denn in den eroberten Gebieten galt, namentlich auf dem Gebiet des öffentlichen Rechts, zunächst das Gewohnheitsrecht der Mongolen in der Form, die es durch den *Yāsā* (turko-tatar.; dt.: das Gesetz), einen Rechtsspiegel, der schon unter Dschingis Khan zusammengestellt worden war, gefunden hatte. Allerdings nahm die neue, von Hülagüs Nachfolgern so genannte Dynastie der Ilkhaniden schließlich, etwa fünfzig Jahre nach der Zerstörung Bagdads, doch noch den sunnitischen Islam an. In Ägypten, wo den Ayyūbiden die Mamlūken folgten, regierte nominell ein von dem Mamlūkenherrscher al-Ẓāhir Baybars als Kalif anerkannter ʿAbbāside, der ab 659/1261 in Kairo residierte. Die tatsächliche Gewalt hatten freilich die Mamlūken inne, sodass die ʿAbbāsidenherrscher allgemein Schattenkalifen genannt wurden; und Schattenkalifen blieben sie, bis die Osmanen ihnen das Kalifat aberkannten.

Die geschilderten gesellschaftlichen und politischen Tendenzen führten im ʿAbbāsidenreich, wenn auch zunächst nur in einzelnen Regionen, zum Aufkommen einer neuen Rechtsquelle. Als bedeutsamster Motor dieses Prozesses erwies sich die Verselbständigung der Militärstatthalter, die in ihren Provinzen zusehends als souveräne Machthaber auftraten. Ihre neu begründete Herrschaft, das Sultanat, zeichnete sich namentlich auf dem Gebiet des öffentlichen Rechts durch eine Gesetzgebung aus, die vom Recht der Sharīʿa weitgehend unabhängig war. Die Produkte dieser Gesetzgebung wurden *al-qawānīn al-siyāsiyya* (arab.; dt.: die politischen Gesetze) genannt oder auch als *qānūn* (arab.; dt.: der Kanon) bezeichnet. Der zuletzt genannte, ursprünglich dem Griechischen entstammende Begriff zog als hellenistisches Lehnwort in die arabische Sprache ein und stand in der Rechtssprache des Nahen Ostens schon zur Zeit der ersten muslimischen Eroberungen in Ägypten und in Syrien in Gebrauch. Gegenstand der frühesten Qānūne waren in erster Linie das Steuer- und das Haushaltsrecht, d. h. diese Qānūne waren inhaltlich mit den persischen *dastūr* bzw. *āwaraj* (pers.; dt.: die Autorität bzw. die Verfassung) vergleichbar. Seit der Spätzeit des ʿAbbāsidenkalifates wurden als Qānūne hingegen ohne Rücksicht auf den Inhalt sämtliche Rechtsnormen bezeichnet, die ein weltlicher Herrscher verkündet hatte. Die so definierten Qānūne, der Sache nach also das gesamte vom Staat gesetzte Recht, wurden alsbald auch von den muslimischen Rechtsgelehrten anerkannt. Die Theoretiker, die sich, wie z. B. al-Māwardī (gest. 449/1057), mit diesem Rechtsgebiet befassten, gingen von dem Recht und der Pflicht des Sultans aus, das Recht der Sharīʿa zu gewährleisten und das Wohl der islamischen Gemeinschaft zu fördern, und zwar unter den jeweils aktuellen Bedingungen seiner Regentschaft. Dabei zogen sie zur Begründung sowohl seiner Souveränität als auch seiner Rechtsetzungsbefugnis das Konzept des allgemeinen Wohls (arab.: *maṣlaḥa*) heran. Voraussetzung für die rechtliche Wirksamkeit des einzelnen Qānūn war freilich auch nach dieser Auffassung, dass sein Inhalt dem Recht der Sharīʿa nicht widersprach. Vor diesem theoretischen Hintergrund regulierten die Qānūne praktisch vor allem öffentlich-rechtliche Fragen auf den Gebieten des Staatsrechts, des Steuerrechts, des Haushaltsrechts sowie des Grundstücksrechts oder auch des Strafvollzuges etc. Dabei erkannten die muslimischen Rechtsgelehrten die Rechtsetzungsbefugnis des Sultans in allen Fragen an, für die Qurʾān und Sunna keine Regelung enthalten. Unter dieser Voraussetzung verkündeten sie es als religiöse Pflicht der Untertanen, das mit den Qānūnen gesetzte Recht zu befolgen. Außerdem erkannten sie eine Befugnis des Sultans an, die Anwendung des Rechts der Sharīʿa zu ordnen. So wurde es etwa als ein Recht des Herrschers angesehen, aus Gründen des allgemeinen Wohls die Rechtsschule vorzuschreiben; z. B. verpflichteten die ʿAbbāsiden, die Seldschuken und die Osmanen ihre Untertanen darauf, die ḥanafitische Schule zu befolgen. Ebenso war der Herrscher berechtigt, von mehreren gemäß dem Recht der Sharīʿa vertretbaren Lösungen eines Rechtsproblemes eine bestimmte Lösung verbindlich zu machen. Freilich setzten die weltlichen Machthaber mit ihren Qānūnen gelegentlich auch säkulares Recht, das neben dem Recht der Sharīʿa stand bzw. ihm manches Mal sogar zuwiderlief. In solchen Fällen spiegelte die Unvereinbarkeit von Sharīʿa und Qānūn den fortwährenden Konflikt zwischen Kalif und Sultan wider. Seit den mongolischen Eroberungen wuchs die Bedeutung der Qānūne zusehends, so etwa in Zentralasien, Indien und den Provinzen des Osmanenreiches.

3. Die Rechtswissenschaft

In dieser Periode gelangte das islamische Rechtsdenken endgültig zu sich selbst. Die Schüler der großen Imāme vollendeten die intellektuellen Gebäude, deren Grundsteine ihre Lehrer gelegt hatten, und verfeinerten deren dogmatische Konstruktionen fort und fort. Auf diese Weise formierten sich die Rechtsschulen (arab. Sg.: *madhhab,* Pl.: *madhāhib*) nun endgültig auch im Sinne der Abgrenzung voneinander: Der Schüler schloss sich dem Rechtsdenken seines Lehrers an und wurde zu einem Gefolgsmann, der innerhalb des durch die Schule vorgegebenen Rahmens nur noch über einzelne Problemstellungen arbeitete. Während man die vorangegangene Periode als das Zeitalter der Rechtsgelehrten bezeichnen könnte, die zur eigenständigen Rechtsfindung entweder ohne Einschränkung (arab.: *al-mujtahid al-muṭlaq*) oder doch wenigstens innerhalb ihrer eigenen Rechtsschule (arab.: *al-mujtahid fī al-madhhab*) befähigt waren, so wäre die neue Periode geradezu als das Zeitalter der Rechtsgelehrten zu bezeichnen, die zur eigenständigen Rechtsfindung nur noch im Rahmen einzelner Rechtsfragen befähigt waren (arab.: *al-mujtahid fī al-masʾala*). Der mit dieser Etikettierung nur beiläufig und notdürftig angedeutete Prozess sicherlich einer Beschränkung, ebenso aber auch einer Abrundung und Vertiefung führte zur Entstehung einer Reihe von Werken enzyklopädischen Zuschnittes, die es unternahmen, die Dogmatik ihrer jeweiligen Rechtsschule umfassend zu erschließen.

a) Die Arbeitsgebiete

In der wissenschaftlichen Arbeit über das Recht der Sharīʿa bzw. im Ringen um die Einsicht (arab.: *fiqh*) in dieses Recht spielten während der Periode der Vollendung des Rechtsdenkens namentlich folgende Gebiete eine Rolle:

Die nähere Bestimmung der ratio legis der Rechtssätze, die die Schulgründer den Rechtsquellen entnommen hatten. Diese Quellen selbst sowie die ererbte Art und Weise des Nachdenkens über sie erforschend, stießen die Nachgeborenen zwangsläufig auf die methodologischen Problemstellungen, die dem Rechtsdenken über die Arbeit am Einzelfall und über die Dogmatik der einzelnen Rechtsgebiete hinaus an und für sich aufgegeben sind. So rekonstruierten sie die Methodologie ihres jeweiligen Imāms, leisteten dabei aber auch einen eigenen Beitrag zu deren weiterer Vervollkommnung. Auf diese Weise entstanden bedeutende Werke zur Rechtstheorie und juristischen Methodenlehre bzw. zu den Wurzeln der Einsicht (arab.: *uṣūl al-fiqh*).

Die Herausbildung einer herrschenden Meinung. Wurde eine bestimmte Lösung eines rechtlichen Problems innerhalb der jeweiligen Rechtsschule verbindlich (arab.: *tarjīḥ*), so konnte diese Entscheidung sowohl formal an die Tradentenkette (arab.: *isnād* oder auch *sanad*) als auch materiell an gewisse inhaltliche Gesichtspunkte der zur Auswahl stehenden Alternativen anknüpfen. Resultat dieser Bemühungen war die Herausbildung einer herrschenden Meinung (arab.: *al-qawl al-rājiḥ*), die innerhalb der jeweiligen Rechtsschule als obligatorisch galt.

Die Erstellung von Fatāwā zu Fragen, über die sich die Schulgründer nicht geäußert hatten. Diese Tätigkeit entwickelte sich zu einem wesentlichen Arbeitsgebiet insbesondere derjenigen Juristen, die als Muftiyyūn gutachterlich tätig waren und ihre jeweilige Rechtsschule dadurch mit besonderer Außenwirkung repräsentierten.

Die Abfassung systematischer Lehrbücher sowie deren Kommentierung und Glossierung. Auf diesem Feld entstand ein unüberschaubares Schrifttum über alle nur denkbaren Aspekte. Gleichzeitig verfassten die Juristen aber auch Werke, deren Funktion allein darin bestand, das Rechtsdenken ihrer eigenen Rechtsschule als solches zu feiern, die Überlegenheit ihrer Lösungen im Vergleich mit den Lösungen der anderen Schulen herauszustellen oder die persönlichen, moralischen und wissenschaftlichen Vorzüge ihrer einzelnen Vertreter zu erweisen. Aus diesem Kontext heraus entstanden auch die Biographien (arab.: *manāqib*) der großen Imāme.

Die Beteiligung an polemischen Disputationen mit den Vertretern anderer Rechtsschulen. Polemische Disputationen (arab.: *munāẓara*) waren schon in der Periode der klassischen Rechtsschulen, als der Ära der großen Imāme, weit verbreitet gewesen, erhielten jetzt aber zusehends einen anderen Charakter. Sie wurden nämlich nicht mehr als freie Diskurse mit dem Ziel geführt, nach der Wahrheit zu suchen bzw. etwas über die rechtliche Tragfähigkeit bestimmter Thesen oder den juristischen Gehalt bestimmter Aussagen im Qur'ān, in bestimmten Aḥadīth oder in sonstigen Texten zu erfahren. Stattdessen überwogen nun oft die Voreingenommenheit für die eigene Rechtsschule sowie das demonstrative Zurschaustellen persönlicher Gelehrsamkeit und ausgeklügelt glanzvoller Rhetorik. Derartige Disputationen waren öffentliche Ereignisse, die nicht nur die Gemeinschaft der Gelehrten (arab.: *'ulamā'*) im engeren Sinn betrafen. Vielmehr wurden sie häufig in Anwesenheit des Herrscherhauses oder sogar des Volkes abgehalten. Sie standen im Ruf gottgefälliger Werke; in Bagdad nahm man sie in das Programm der Trauerfeiern für Verstorbene auf und stellte sie gar dem Studium des Qur'ān zur Seite. Freilich wurden dieses Gehabe und die dem akademischen Sinn der Disputationen entfremdete Polemik von nicht wenigen islamischen Größen wie etwa al-Ghazālī schon damals mit aller Schärfe kritisiert.

Resümee. Auf das Ganze gesehen, lässt sich nach alldem sagen, dass der Geist der selbständigen Urteilsfindung (arab.: *ijtihād*) den Rechtsgelehrten dieser Periode nicht erhalten blieb. Vielmehr lastete auf ihnen, stets gegenwärtig, das ganze Gewicht ihrer Schulgründer und großen Meister. Der Rechtshistoriker Muḥammad al-Khuḍrī hat diesen Sachverhalt einmal in die Worte gefasst, dass es keine selbständigen Denker mehr gegeben habe, die von den frühesten Generationen der Muslime (arab.: *salaf*) zu sprechen vermochten, wie einst Abū Ḥanīfa von seinen Gewährsleuten sprach: "Sie waren Menschen, und wir sind es auch!" So traten in dieser Periode an die Stelle individuellen Erkenntnisstrebens und des Geistes der Kritik weithin eine wenig hilfreiche Verherrlichung des Überkommenen und die Gefolgschaft dessen, das bereits vorhanden war.

b) Ausgewählte Vertreter der sunnitischen Rechtsschulen

Ḥanafiten

Abū al-Ḥasan ʿUbaydallāh b. al-Ḥasan al-Karkhī (260/873 – 340/951): Er war der wohl angesehenste ḥanafitische Rechtsgelehrte im Irak. Als Autor eigener wie auch als Kommentator fremder Werke wurde er zu den Rechtsgelehrten gezählt, die zur eigenständigen Rechtsfindung im Rahmen einzelner Rechtsfragen befähigt waren (arab.: *al-mujtahid fī al-masʾala*). Bekannt wurde er namentlich als Autor des Werkes *al-Mukhtaṣar* (arab.; dt.: Das Zusammengefasste) sowie als Apologet des ḥanafitischen Rechtsdenkens bzw. der großen ḥanafitischen Rechtsgelehrten.

Abū Bakr Aḥmad b. ʿAlī al-Rāzī al-Jaṣṣāṣ (gest. 370/980): Er arbeitete vor allem auf den Gebieten der Rechtstheorie und juristischen Methodenlehre bzw. der Wurzeln der Einsicht (arab.: *uṣūl al-fiqh*) sowie des Verfahrensrechts. Außerdem kommentierte er in seinen Abhandlungen *al-Karkhiyya* (arab.; dt.: Das karkhitische [die Werke des Karkhi erläuternde] Buch) und *al-Ṭaḥāwiyya* (arab.; dt.: Das ṭaḥāwitische [die Werke des Ṭaḥāwi erläuternde] Buch) die Arbeiten früherer Rechtsgelehrter.

Abū al-Layth Naṣr b. Muḥammad al-Samarqandī (gest. 373/983): Er wurde als Verfasser der Werke *Khazanat al-fiqh* (arab.; dt.: Die Schatzkammer der Rechtswissenschaft) und *al-Nawāzil* (arab.; dt.: Das Recht der neu aufkommenden Rechtsfragen) bekannt.

Abū al-Ḥasan Aḥmad b. Muḥammad al-Qudūrī (gest. 423/1036): Er verfasste das Kompendium *al-Mukhtaṣar* (arab.; dt.: Das Zusammengefasste) sowie die Abhandlung *al-Tajrīd* (arab.; dt.: Die Freilegung bzw. Entblößung), in denen – ein beliebtes Thema auch der bereits erwähnten polemischen Disputationen – die Unterschiede zwischen Abū Ḥanīfa und al-Shāfiʿī behandelt werden.

Abū Zayd ʿUbaydallāh b. ʿUmar al-Dabbūisī (gest. 430/1038): Gebürtig in Samarqand, verfasste er gleichfalls Abhandlungen über die Meinungsverschiedenheiten zwischen bestimmten Rechtsgelehrten; außerdem gab er juristische Anthologien heraus.

Muḥammad b. Aḥmad al-Sarakhsī (gest. Ende des 5./11. Jahrhunderts): Verfasser des Kompendiums *al-Mabsūṭ* (arab.; dt.: Das [umfassend] Ausgebreitete) sowie zahlreicher Kommentare zu den Arbeiten anderer Juristen, galt er als Rechtsgelehrter, der zur eigenständigen Rechtsfindung im Rahmen einzelner Rechtsfragen (arab.: *al-mujtahid fī al-masʾala*) befähigt war.

ʿAlī b. Muḥammad al-Pazdawī (gest. 482/1089): Er verfasste das bekannte Werk über die Rechtstheorie und juristische Methodenlehre, das unter dem Titel *Uṣūl al-Bazdawī* (arab.; dt.: Die Wurzeln [i.S.d. Rechtstheorie und Methodenlehre] des Pazdawī) überall dort im Gebrauch stand, wo die ḥanafitische Rechtsschule verbreitet war.

Abū Bakr b. Masʿūd b. Aḥmad al-Kāsānī (gest. 587/1191): Er verfasste das *Kitāb al-badāʾiʿ* (arab.; dt.: Das Buch der originellen [Rechts-] Schöpfungen).

Fakhr al-Dīn Ḥasan b. Manṣūr al-Farghānī (gest. 592/1195): Unter seinem Beinamen *qāḍī-khān* (arab.; dt.: der Richterkönig) bekannt, verfasste er eigene Abhandlungen, kommentierte aber auch fremde Werke. Angesehen und weit verbreitet waren namentlich seine *Fatāwā qāḍī-khān* (arab.; dt.: Die Rechtsgutachten des Richterkönigs).

ʿAlī b. Abī Bakr b. ʿAbd al-Jalīl al-Marghināni (gest. 593/1196): Er verfasste das allseits anerkannte ḥanafitische Kompendium *al-Hidāya* (arab.; dt.: Die Rechtleitung).

Mālikiten

Muḥammad b. Yaḥyā b. Lubāba al-Andalusī (gest. 336/947): Er verfasste das *Kitāb al-wathāʾiq* (arab.; dt.: Das Buch der Urkunden) sowie *al-Muntakhab* (arab.; dt.: Das Ausgewählte).

Bakr b. al-ʿUlā al-Qušayrī (gest. 344/955): Er arbeitete über Rechtstheorie und juristische Methodenlehre. Von ihm stammen das *Kitāb al-aḥkām* (arab.; dt.: Das Buch der rechtlichen Bestimmungen) und das *Kitāb uṣūl al-fiqh* (arab.; dt.: Das Buch über die Wurzeln der Einsicht).

Abū al-Walīd Muḥammad b. Aḥmad b. Muḥammad b. Rushd al-Qurṭubī (gest. 520/1126): Er stieg zum angesehensten Gelehrten der mālikitischen Schule in Andalusien und im Maghreb auf. Von seinen Werken ist hier *al-Muqaddima* (arab.; dt.: Die Einleitung) zu nennen.

Muḥammad b. Aḥmad b. Muḥammad b. Aḥmad b. Aḥmad b. Rushd (gest. 595/1198): Besser bekannt unter seinem Beinamen al-Ḥafīd (arab.; dt.: der Enkel), zählt er zu den bedeutendsten mālikitischen Rechtsgelehrten überhaupt. Er schrieb das Kompendium *Bidāyat al-mujtahid wa nihāyat al-muqtaṣid* (arab.; dt.: Der Anfangspunkt des unabhängig [denkenden] Juristen und [zugleich] der Endpunkt für den Juristen, der bloß vorgefertigten Lehren anhängt).

Shāfiʿiten

Abū Isḥāq Ibrāhīm b. Aḥmad al-Marwazī (gest. 340/951): Er lebte in Bagdad und in Ägypten, wo er auch starb, und war der angesehenste shāfiʿitische Rechtsgelehrte seiner Zeit. Bekannt ist sein Kommentar zu dem Kompendium *Mukhtaṣar al-Muzanī* (arab.; dt.: Die Zusammenfassung des Buches von al-Muzanī). Abū Isḥāq war auch als Muftī tätig.

Abū al-Ḥasan ʿAlī b. Muḥammad al-Māwardī (gest. 449/1057): Er verfasste mehrere Werke, von denen der Fürstenspiegel *al-Aḥkām al-Sultaniyya* (arab.; dt.: Die rechtlichen Bestimmungen, die den Herrscher betreffen) das bekannteste war.

Abū al-Maʿālī ʿAbd al-Malik b. ʿAbdallāh al-Juwaynī (gest. 478/1085): Bekannt unter seinem Beinamen Imām al-ḥaramayn (arab.; dt.: Imām der beiden Heiligtümer), wirkte er im persischen Nīshāpūr sowie in weiteren östlichen Regionen. Seine Autorität wurde sowohl auf dem Gebiet des positiven Rechts bzw. der Einsicht (arab.: *fiqh*) als auch hinsichtlich der Rechtstheorie und juristischen Methodenlehre bzw. der Wurzeln der Einsicht (arab.: *uṣūl al-fiqh*) gepriesen. Darüber hinaus war er auf dem Gebiet der Theologie (arab.: *kalām*) anerkannt. Der Seldschukenwesir Niẓām al-Mulk ernannte ihn zum Rechtslehrer (arab.: *mudarris*) an der Medresse, die seiner Schirmherrschaft unterstand und deren Lehrbetrieb auf die weitere Verbreitung der shāfiʿitischen Rechtsschule bedeutenden Einfluss hatte.

Abū Ḥāmid Muḥammad b. Muḥammad al-Ghazālī (450/1058 – 505/1111): Dieser große Jurist wurde durch seine theoretischen und methodologischen

Werke wie z. B. *al-Mustaṣfā* (arab.; dt.: Das Geklärte) gleichermaßen bekannt wie durch seine Arbeiten auf verschiedenen Gebieten des positiven Rechts. Von ihnen sind hier namentlich *al-Basīṭ* (arab.; dt.: Das Einfache), *al-Wasīṭ* (arab.; dt.: Das Mittelschwere) und *al-Wajīz* (arab.; dt.: Das kurz Ausgedrückte) zu nennen; außerdem verfasste er bedeutende Abhandlungen über die Unterschiede zwischen den Rechtsschulen. Al-Ghazālī war der Nachfolger des bereits erwähnten al-Juwaynī an der Medresse von Niẓām al-Mulk.

Ḥanbaliten

Abū al-Faraj b. al-Dawzī (gest. 597/1200): Gleichermaßen als Rechtsgelehrter (arab.: *faqīh*) wie auch als Ḥadīthgelehrter (arab.: *muḥaddith*) sowie außerdem als Historiker tätig, verfasste er die innerhalb der ḥanbalitischen Rechtsschule verbreitete Streitschrift *Talbīs Iblīs* (arab.; dt.: Die Täuschung durch den Satan), mit welcher er gegen Neuerungen innerhalb der Rechtsschulen sowie gegen das religiöse Ṣūfitum und die Philosophie antrat.

Muwaffaq al-Dīn Abū Muḥammad ʿAbdallāh b. Qudāma al-Maqdisī (gest. 620/1223): Auch er arbeitete juristisch und theologisch. Seiner grundsätzlichen Einstellung nach antirationalistisch, stand er dem Ṣūfismus und innerhalb seiner namentlich den Lehren Shaykh ʿAbd al-Qādir al-Jīlīs (gest. 561/1166) nahe. Zu seinem juristischen Werk zählen die positiv-rechtlichen Kompendien *al-Mughnī* (arab.; dt.: Das bereichernde Buch) und *al-ʿUmda* (arab.; dt.: Der Pfeiler) sowie die rechtstheoretische und methodologische Abhandlung *Rawḍat al-nāẓir* (arab.; dt.: Der Garten des Betrachters).

c) Die Ausbreitung der sunnitischen Rechtsschulen

In dieser Periode gewann die eigentümliche doppelte Verwurzelung der Rechtsschulen in der Gemeinschaft der Gelehrten (arab.: *ʿulamāʾ*) einerseits und den Massen (arab.: *ʿawāmm*) andererseits ihre charakteristische Gestalt. Im Laufe dieses Prozesses verlor sich allerdings zugleich auch weithin der unmittelbare Zugang der Muslime zu den Quellen des Rechts der Sharīʿa. Die Antworten auf theoretische oder praktische Fragestellungen wurden nicht mehr in den Quellen selbst, sondern im Schrifttum der jeweiligen Rechtsschule gesucht. Mit anderen Worten wurde das Verhältnis der Muslime nicht nur zum Recht der Sharīʿa, sondern auch zu deren religiöser Botschaft von nun an, jedenfalls auf das Ganze gesehen, durch die Rechtsgelehrten vermittelt. Zwar entsprach diese Entwicklung der inneren Logik der Dinge, denn die Rechtswissenschaft strebt ja wie jedes wissenschaftliche Denksystem fortwährend ein höheres Niveau an, auf dem sie irgendwann zu einer Angelegenheit für Spezialisten wird. Für das Recht der Sharīʿa und seine Rezeption durch die Muslime erwuchsen hieraus jedoch negative Folgen, sobald sich seine Vertreter dem eigenständigen, selbst verantworteten Rechtsdenken entfremdeten und stattdessen begannen, das Erbe ihrer großen Vorgänger als letztgültiges Verständnis nicht nur des Rechts der Sharīʿa, sondern sogar des religiösen Kernes der Sharīʿa anzusehen. Von den hauptsächlichen Gründen für diese perspektivische Verengung sind hier zu nennen:

(1) *Die bereits erwähnte innere Logik jedes intellektuellen Systems:* Sie strebt auch in der Jurisprudenz nach Vollständigkeit und Konsistenz, zumal gerade das Recht lückenlos und widerspruchsfrei sein muss, wenn es seine Funktion erfüllen soll. Hat eine bestimmte Art und Weise des Rechtsdenkens bzw. der positiv-rechtlichen Dogmatik diesen Status der Abrundung aber erst einmal erreicht, so überwiegt die Tendenz zur Beharrung typischerweise die Kraft zur Innovation.

(2) *Die der Rechtspraxis eigentümliche Statik:* Die praktische Rechtsanwendung fordert Rechtssicherheit und damit eine gewisse Gleichmäßigkeit bzw. Voraussehbarkeit. Jeder Einzelne muss wissen, was in seinen Belangen von Rechts wegen gilt, und alle vergleichbaren Sachverhalte müssen juristisch auf die gleiche Art und Weise abgehandelt werden. Die Rechtsordnung, insbesondere Rechtsprechung und Verwaltung, verträgt weder im Hinblick auf das anzuwendende Recht noch hinsichtlich der in Frage kommenden Rechtsquellen irgendeine Ungewissheit. Dies ist auch der Grund dafür, dass die Legislative einzelner islamischer Länder bis heute Gesetze darüber kennt, wie das Recht der Sharīʿa anzuwenden ist. Zugleich steht es dem Einzelnen allerdings frei, in Fragen der gottesdienstlichen Handlungen (arab.: *ʿibādāt*) der Auslegung seiner jeweiligen Rechtsschule bzw. der Empfehlung eines von ihm persönlich konsultierten Muftī zu folgen.

(3) *Das Versiegen der Kreativität und die Furien der Desintegration:* Mit der Zeit wich der intellektuelle Aufbruch, der die islamische Gemeinschaft anfangs gekennzeichnet hatte, immer mehr einem Zustand, den man als eine Art von Selbstgenügsamkeit oder auch intellektueller Erschöpfung charakterisieren könnte. An den polemischen Disputen, die über Glaubensfragen sowie

über rechtliche Streitfragen ausgefochten wurden, zeigt sich nur allzu beredt, welche Folgen es für eine Gesellschaft haben kann, wenn derartige Diskussionsgegenstände auf das Niveau der Massen herabgezogen werden. Dass letztlich ihr Niveau es war, das den Bezugspunkt abgab, ist wohl auch einer der Gründe dafür, dass die Rechtsgelehrten jedenfalls darin übereinstimmten, die prinzipielle Gleichwertigkeit aller Rechtsschulen anzuerkennen, statt sich auf das Risiko grundsätzlicher Auseinandersetzungen einzulassen oder gar für neuartige Ansätze innerhalb der Jurisprudenz zu werben.

An die soeben aufgeworfenen Fragen schließen sich zwei weitere Fragen an: Warum gingen einige Rechtsschulen unter, während andere sich behaupteten, und warum war der Verbreitungsgrad der verschiedenen Rechtsschulen von Anfang an sehr unterschiedlich? Insofern mögen die folgenden, rudimentären Hinweise genügen:

(1) *Die Flexibilität oder Inflexibilität ihrer Praxis:* Im Schrifttum wird die mangelnde Flexibilität ihrer Praxis unter den ausschlaggebenden Faktoren für den Untergang einer bestimmten Rechtsschule oftmals hintangesetzt. Dennoch ist es historisch belegbar, dass einige Rechtsschulen heute deshalb nicht mehr existieren, weil ihr Rechtsdenken sich als zu starr erwies und sie außerstande waren, den Erfordernissen einer gewandelten Lebenswelt zu genügen.

(2) *Das Bündnis von Jurisprudenz und Thron:* Der Faktor der Bindung einzelner Herrscher oder auch ganzer Dynastien an eine bestimmte Rechtsschule wurde schon von Ibn Khaldūn gesehen, und dass diese Beobachtung ihn einmal mehr als genuinen Historiker zeigt, steht außer Zweifel. Dem Herrscher stand es, vergleichbar dem aus der deutschen Rechtsgeschichte bekannten Grundsatz *cuius regio, eius religio* zu, eine bestimmte Rechtsschule als für sein Territorium verbindlich zu proklamieren. Auch die Richter waren dann verpflichtet, gemäß dieser Schule zu entscheiden. Aus ihr rekrutierte sich folglich auch die Richterschaft, und selbst die Curricula für das Studium der Jurisprudenz orientierten sich an dieser Schule. Das bekannteste Beispiel für eine solche Schule, die man analog den verschiedenen christlichen Staatskirchen als "Staatsschule" bezeichnen könnte, ist die ḥanafitische Rechtsschule im ʿAbbāsidenreich, wo Ibn Ḥazm sie geradezu als Rechtsschule des Sultans (arab.: *madhhab al-sulṭān*) bezeichnete, sowie unter den Osmanen in der späteren Türkei. Außerdem wären hier zu nennen die shāfiʿitische Schule zur Zeit der Ayyūbiden, die mālikitische Schule im umayyadischen Andalusien und die ismāʿīlitische Schule während der Fāṭimidenära.

(3) *Die geografischen und gesellschaftlichen Ausbreitungsfaktoren:* Hier geht es um die Kongruenz der geografischen und gesellschaftlichen Einflussgrößen im Ursprungsgebiet der betreffenden Rechtsschule einerseits sowie in den Gegenden, in die sie später vordrang, andererseits. Auch diese Faktoren hat schon Ibn Khaldūn betrachtet. So hob er etwa für den Maghreb hervor, dass in ihm die Beduinen überwogen und der Bevölkerung mit den im Hedschas verwurzelten Mālikiten deshalb die Rechtsschule am nächsten stand, die aus einer beduinisch geprägten Region erwuchs, während die irakischen und damit der Geburtsstätte einer alten Zivilisation entwachsenen Ḥanafiten gerade in diesem Landstrich weniger Gefolgschaft fanden. Dergleichen gesellschaftliche Faktoren spielten in erster Linie dort eine Rolle, wo es um die rechtliche Zuordnung von Personen und Sachen bzw. sonstigen Vermögensgegenständen ging. Der geografische Faktor wurde darüber hinaus noch auf eine andere Weise wirksam, denn die nachbarliche Nähe und Verbundenheit einzelner Räume kam naturgemäß den Rechtsschulen zugute, die gleichsam auf dem Wege lagen. Die Mālikiten verbreiteten sich z. B. in Afrika, indem die von dort kommenden Pilger die Regionen durchqueren mussten, in denen ihre Schule überwog. Möglichkeiten für entsprechende Kontakte mit Ḥanafiten bestanden dagegen nicht, denn räumlicher Kern ihres Verbreitungsgebietes war der Irak.

(4) *Die Annahme einer Rechtsschule als Unterscheidungsmerkmal:* In der Periode, während derer sich die staatliche Herrschaft regelmäßig mit einer bestimmten Rechtsschule verband, konnte die Annahme einer Schule durch einen Herrscher dazu dienen, einen Unterschied zu anderen Herrschern zu signalisieren. So förderten die Umayyaden, als sie Andalusien beherrschten, die mālikitische Schule auch deshalb, um sich von ihren ʿabbāsidischen Rivalen in Bagdad abzusetzen, die sich den Ḥanafiten verschrieben hatten. Entsprechend verhält es sich bei den Berbern Nordafrikas, deren Bevorzugung der mālikitischen Schule von einigen Historikern mit dem Bestreben erklärt wird, die eigene Identität im Verhältnis zu den arabischen Eroberern zu wahren. Auf einer Landkarte wäre die räumliche Ausbreitung der vier großen Rechtsschulen in der Periode von der Mitte des 4./10. Jahrhunderts bis zur Mitte des 7./13. Jahrhunderts etwa wie folgt abzubilden:

Ḥanafiten: Schon die obigen Notizen zu den einzelnen Rechtsgelehrten belegen, dass sich das Wirken der ḥanafitischen Rechtsschule geografisch von Bagdad als Hauptstadt des ʿAbbāsidenreiches bis nach Zentralasien und in die

Siedlungsgebiete der Turkvölker hinein erstreckte. Wiege ihrer Schule war somit der Irak, und in ihm waren es die Ḥanafiten, die die Kandidaten für das Richteramt sogar dann benannten, wenn als oberster Richter (arab.: *qāḍī al-quḍāt*) gerade ein Shāfiʿit amtierte. Weiter überwog die ḥanafitische Rechtsschule in Khurasān, Sīstān und Transoxanien sowie in anderen fernöstlichen Regionen wie z. B. Aserbaidschan, Armenien, Khuzistān und Tabrīz; außerdem folgten ihr die Bevölkerung und die Herrscher in Bengalen. Nach Ägypten gelangte die ḥanafitische Rechtsschule in der zweiten Hälfte des 2./8. Jahrhunderts, nachdem der ʿAbbāsidenkalif al-Mahdī den ḥanafitischen Rechtsgelehrten Ismāʿīl b. al-Yasaʿ zum Qāḍī al-quḍāt ernannt hatte. Im Maghreb hielt die Bedeutung der ḥanafitischen Rechtsschule zunächst an, bis etwa ab dem Beginn des 5./11. Jahrhunderts der Einfluss der mālikitischen Schule überwog.

Mālikiten: Ihre Schule breitete sich von Medina, gleichsam ihrer Vaterstadt, zunächst über den gesamten Hedschas sowie im Jemen aus. Eine Zeit lang verbreitete sie sich auch im Irak, verschwand dort jedoch später wieder; nach 450/1058 gibt es in Bagdad keinen Imām bzw. keinen Muftī dieser Schule mehr. In Ägypten gewannen die Mālikiten ihre Anhänger aufgrund der vielfältigen Kontakte mit dem Hedschas. Im Maghreb nahm ihr Einfluss seit dem Ende des 2./8. Jahrhunderts zu, bis er zu Beginn des 5./11. Jahrhunderts überwog. In Andalusien wurde die mālikitische Rechtsschule zu Beginn des 2./8. Jahrhunderts, zur Zeit des Umayyadenkalifen Hishām b. ʿAbd al-Raḥmān, als allgemein verbindlich proklamiert. Während der Periode der Vollendung des Rechtsdenkens, die den Gegenstand dieses Kapitels bildet, war die Schule somit vor allem im Maghreb und in Andalusien vertreten.

Shāfiʿiten: Die shāfiʿitische Rechtsschule war während dieser Periode vor allem in Ägypten sowie im Nahen und Mittleren Osten vertreten. Ihren ersten Aufschwung nahm sie in Ägypten, wo sie die mālikitische Schule zurückdrängte und namentlich unter den Ayyūbidenherrschern an Einfluss gewann, unter deren Regierung sie sich auch in Syrien zur herrschenden Lehre entwickelte. Außerdem hatte sie in den östlichen Regionen des ʿAbbāsidenreiches, in den persischen Zentren wie etwa Hirāt, Nīshāpūr und Shirāz sowie darüber hinaus in Persien ganz allgemein zahlreiche Anhänger, bis unter der Ṣafawidendynastie zu Beginn des 10./16. Jahrhunderts schließlich die Shīʿa zur Staatsreligion aufstieg. Von den schāfiʿitischen Einflüssen im Hedschas zeugt eine Notiz vom Ende des 8./14. Jahrhunderts, die aus der Feder von Tāj al-Dīn al-Subkī stammt. Nach ihr hatten Shāfiʿiten die Ämter des Imāms und des Freitagspredigers (arab.: *khaṭīb*) sowohl in Mekka als auch in Medina inne.

Ḥanbaliten. Die Wiege dieser Schule stand in Bagdad, im Irak, wo ihre Anhängerschaft innerhalb der Bevölkerung freilich angesichts ihrer Strenge und des ihr Rechtsdenken belastenden Traditionalismus immer gering blieb. In der ersten Hälfte des 4./10. Jahrhunderts gewannen die Ḥanbaliten einigen Einfluss im ʿAbbāsidenreich. Während dieser Zeit beteiligten sie sich an den Auseinandersetzungen mit der Shīʿa und den Muʿtaziliten, wurden allerdings angesichts der Exzesse, die ihnen dabei unterliefen, auch von den ʿAbbāssidenherrschern bald verurteilt. Nachdem die den Shīʿiten gewogene Būyidendynastie die Herrschaft errungen hatte und sie von 334/945 bis 447/1061 behielt, zogen sich die Ḥanbaliten aus dem öffentlichen Leben zurück und setzten ihr Wirken in anderen Regionen Arabiens, Syriens und Palästinas, aber auch Nordafrikas fort. In späteren Zeiten verband sich der ganze Nachdruck dieser Schule mit dem Aufkommen der diversen salafistischen Strömungen.

d) Das Verhältnis der sunnitischen Rechtsschulen untereinander

Parallel zur Herausbildung der Rechtsschulen formierte sich die schon erwähnte Wechselwirkung zwischen der jeweiligen Gemeinschaft der Gelehrten (arab.: *ʿulamāʾ*) und den Massen (arab.: *ʿawāmm*), die einer Rechtsschule angehörten. Im Zusammenhang mit dieser Wechselwirkung ist das Problem des Verhältnisses der verschiedenen Rechtsschulen untereinander zu betrachten. Hinsichtlich seiner blieb es, jedenfalls auf das Ganze gesehen, nicht bei der gegenseitigen Achtung und Wertschätzung, die zur Zeit der Schulgründer noch gang und gäbe gewesen war. Stattdessen traten nun oftmals selbstbewusste Parteigänger und Apologeten auf, die mit dem Lobpreis ihrer Schule zugleich sich selbst bescheinigten, im Besitz der Wahrheit zu sein. Bereits unter den Schülern der großen Imāme gab es nur noch wenige Gelehrte, die bereit waren, sich auf die Kraft des Argumentes einzulassen und einen einmal eingenommenen Standpunkt vorurteilsfrei zu überdenken. Die daraus resultierende Exklusivität des rechtsschulenbezogenen Fanatismus (arab.: *al-taʿaṣṣubāt al-madhhabiyya*) wirkte sich nivellierend sowohl auf die Rechtslehre als auch auf die Rechtspraxis aus. In der Rechtslehre manifestierte sich der rechtsschulenbezogene Fanatismus durch die Lehre von der Unüberholbarkeit der Rechtsschulen. Sie wiederum fand ihren radikalsten Ausdruck in der These des Ḥanafiten al-Karkhī, dass nicht nur jeder Ḥadīth, sondern sogar jeder Qur'ānvers als abrogiert zu gelten habe, wenn er sich nicht in Übereinstimmung mit den Lehren seiner Schule bringen lasse. Derart extreme Standpunkte ließen für abweichende Lösungen anderer Rechtsschulen erst recht keinen Platz. Auf dem Gebiet der Rechtspraxis führten die Differenzen zwischen den Schulen zu entsprechenden Divergenzen in der Judikatur: Gleichgelagerte Sachverhalte wurden unterschiedlich beurteilt, obwohl die Rechtsunterworfenen ihrer Schule ja regelmäßig kraft Geburt angehörten. Darüber hinaus galt der gewillkürte Wechsel von der einen zur anderen Rechtsschule zumal, wenn er wiederholt erfolgte oder materiellen Gründen geschuldet war, vielfach als moralische Entgleisung. Auf dem Gebiet der gottesdienstlichen Handlungen (arab.: *ʿibādāt*) sind die Auswirkungen einer derart eng verstandenen Exklusivität unübersehbar. So wurde z. B. vertreten, dass ein Mitglied einer Rechtsschule sich nicht an einen Gelehrten einer anderen Schule wenden dürfe. Der hinter dieser Auffassung stehende Rechtsgedanke scheint in der Rechtsparömie *al-ʿibra fī al-iqtidāʾ bi-madhhab al-ma'mūm lā bi-madhhab al-imām* (arab.; dt.: Die Wirksamkeit der Verbeugung eines Gläubigen hinter einem Imām bemisst sich nach der Rechtsschule des Gläubigen und nicht nach der des Imām) auf; eine Regel, die – zu Ende gedacht – freilich konsequenterweise dazu führen müsste, dass die rechtliche Wirksamkeit der rituellen Waschung (arab.: *wuḍūʾ*), die ein shāfiʿitischer Imām an sich selbst vornimmt, jedenfalls aus der Sicht eines ihn aufsuchenden ḥanafitischen Gläubigen ausschließlich an den Maßstäben der Ḥanafiten zu messen wäre! Ebenso würden die Schuldifferenzen dazu führen, dass ein und dieselbe Örtlichkeit die rituelle Waschung einmal ungültig machen würde, während sie nach der anderen Schule gültig bliebe. Ähnlich macht etwa die ungestillte Blutung einer Wunde die Waschung nach ḥanafitischer Lehre unwirksam, während sie nach shāfiʿitischer Lehre wirksam bleibt. So führt die zitierte Rechtsparömie im obigen Beispiel dazu, dass das rituelle Gebet (arab.: *ṣalāt*) eines ḥanafitischen Gläubigen nach den Maßstäben seiner Schule unwirksam sein könnte, während dasselbe Gebet für den shāfiʿitischen Imām, wiederum nach den Lehren seiner Schule, wirksam wäre. Billigerweise kann die Regel daher, wie etwa Muḥammad al-Khuḍrī[19] hervorhebt, nur *al-ʿibra fī al-iqtidāʾ bi-madhhab al-imām lā bi-madhhab al-maʾmūn* lauten (arab.; dt.: Die Wirksamkeit der Verbeugung eines Gläubigen hinter einem Imām bemisst sich nach der Rechtsschule des Imām und nicht nach der Schule des Gläubigen). Begründet werden kann die Rich-

[19] A.a.O., S. 355 f.

tigkeit dieses Ansatzes sowohl mit dem Konzept der Rechtswahl des Gläubigen, der den Imām aufsucht, als auch mit dem Bild der hinter dem Imām versammelten Gemeinde, wie es besonders bildkräftig etwa beim Freitagsgebet aufscheint. Dergleichen Schulzwistigkeiten führten nicht etwa nur dazu, die islamische Gemeinschaft zu entzweien bzw. umgekehrt die Moscheen – dies nun ein schönes Bild der Einheit – symbolisch mit vier Minaretten auszustatten, deren jedes für eine Schule stand. Vielmehr führten sie in einigen Augenblicken der islamischen Geschichte auch zu flagranter Intoleranz und offenem Streit. So berichtet z. B. Ibn al-Athīr, dass der bekannte Rechtsgelehrte Ibn Jarīr al-Ṭabarī nach seinem Tod auf Drängen der Ḥanbaliten zu nächtlicher Stunde verscharrt worden sei, weil er es in seiner Abhandlung *Ikhtilāf al-fuqahā'* (arab.; dt.: Die Meinungsunterschiede der Rechtsgelehrten) gewagt hatte, ihren Schulgründer Ibn Ḥanbal nicht zu den Rechtsgelehrten zu zählen, sondern unter die Ḥadīthgelehrten einzureihen. Im 5./11. und 6./12. Jahrhundert fochten Ḥanbaliten und Shāfi'iten in Bagdad blutige Straßenschlachten aus, und Ḥanafiten waren es, die die Shāfi'iten von Iṣfahān massakrierten. Besonnene Persönlichkeiten strebten allerdings auch schon zur damaligen Zeit danach, derartige Fanatismen im Keim zu ersticken. Darüber hinaus strebten sie an, die Diskurse über das Für und Wider der Rechtsschulen von den Massen fernzuhalten und auf die Gemeinschaft der Gelehrten zu beschränken. So entstand die Lehre von der Gleichwertigkeit aller sunnitischen Rechtsschulen, die sich im weiteren Verlauf der Geschichte mäßigend auf die innerislamischen Dispute auswirkte, wenngleich die Frage nach dem Verhältnis zur Shī'a und zum Ṣūfismus auch weiterhin offenblieb.

4. Die Rechtspraxis

Auf dem Gebiet der Rechtspraxis bestand das schon früher etablierte System in dieser Periode fort, wenngleich einige Institutionen bestimmte Merkmale neu ausprägten und andere eine Transformation durchliefen. Was sich auf diesem Felde tat, war teils den allgemeinen gesellschaftlichen und politischen Randbedingungen, teils aber auch gewissen Tendenzen innerhalb der Jurisprudenz geschuldet. Auf das Ganze gesehen, lässt sich sagen, dass die bedeutsamsten Züge dieser Entwicklung politisch mit dem Zerfall des 'Abbāsidenreiches einhergingen, während gesellschaftlich gerade zu dieser Zeit eine Apologie des Herrschers aufkam und sich innerhalb der islamischen Rechtslehre der Geist der Nachahmung (arab.: *taqlīd*) verfestigte, was wiederum nicht ohne Einfluss auf die Rechtspraxis blieb. Auf dem Gebiet der Gerichtsverfassung blieben die bereits bestehenden Strukturen hinsichtlich der Spruchkörper, ihrer Zuständigkeiten und des Instanzenzuges erhalten. Seitdem es in Bagdad, Kairo und Cordoba mehrere parallele Kalifate gab und sich daneben noch selbständige Sultanate behaupteten, vermehrte sich die Anzahl der Obergerichte allerdings entsprechend, zumal jede der staatsrechtlich souveränen Entitäten einen eigenen obersten Richter (arab.: *qāḍī al-quḍāt*) berief. Seit dem 2./8. Jahrhundert intensivierte sich dieser Prozess, sodass während der Mamlūkenära – nach 663/1264 – in Ägypten sogar jede Provinz ihren Qāḍī al-qudāt hatte und allein in Kairo vier Quḍāt amtierten, die jeweils eine der großen sunnitischen Rechtsschulen vertraten. Etwa seit der Mitte des 4./10. Jahrhunderts begann die Rechtswissenschaft den Qāḍī als Repräsentanten des Sultans als des weltlichen Herrschers und nicht, wie bisher, nur dem religiös konnotierten Kalifen rechenschaftspflichtig anzusehen. Damit legalisierte die Theorie freilich nur eine schon längst geübte Praxis. Seither wurde die Ernennung der Quḍāt durch den weltlichen Herrscher auch von den Rechtsgelehrten allgemein als rechtens angesehen. Die Funktion der gutachterlich tätigen Muftiyyūn blieb im Wesentlichen unangetastet. Als ihr bedeutendster Beitrag zur Rechtspraxis wurde weiterhin die Erstattung von Fatāwā entsprechend den Lehren einer bestimmten Rechtsschule angesehen. In Ägypten kam es während der Mamlūkenära zu einer strukturellen Annäherung von Qāḍī- und Muftī-Amt. Sie wurde durch die neu geschaffene Einrichtung eines wissenschaftlichen Dienstes (arab.: *iftāʾ dār al-ʿadl*) bewirkt, dessen Angehörige sowohl der Richterschaft als auch den Verwaltungsbehörden für juristische Voten zur Verfügung standen und sich außerdem, nebst weiteren Notabeln, an der Arbeit des herrscherlichen Petitionsausschusses (arab.: *dīwān al-maẓālim*) beteiligten. Dergleichen Dienste gab es zu dieser Zeit u. a. in Damaskus, Aleppo, Tripolis und Homs. Die schon erwähnte außerordentliche Aufsicht (arab.: *maẓālim*) bestand daneben, besonders in den Regionen, in denen die mālikitische Rechtsschule vorherrschte, weiter fort. Mit ihr waren ordentliche Quḍāt betraut, die freilich zu einer Extension des Rechts der Sharīʿa (arab.: *siyāsa sharʿiyya*) berufen waren. Im Rahmen dieser Extension durften sie auch über Streitigkeiten judizieren, die ihrer richterlichen Zuständigkeit an sich nicht unterfielen, konnten von den strengen Vorkehrungen des Verfahrensrechts im Einzelfall absehen und waren überdies ermächtigt, sich bei der Rechtsfindung auf die Prinzipien des allgemeinen Wohls und der Billigkeit zu stützen. In der Mamlūkenära gelangte außerdem ein weiteres Amt zu allgemeiner Anerkennung. Bei seinen Trägern handelte es sich um die Beamten, die zuvor als Wächter des Hofes (arab. Sg.: *ḥājib*, Pl.: *ḥijāba*) bezeichnet worden waren. Ihre ursprüngliche Verwaltungszuständigkeit wurde nun in eine Art Richteramt umgedeutet, das zunächst für Rechtsstreitigkeiten unter Soldaten sowie für die Besoldung der aktiven Soldaten und die Abfindungen der ehrenhaft entlassenen Veteranen zuständig war, später jedoch auch die Stellvertretung des Großwesirs (arab.: *nāʾib al-Sultan*) im Rahmen der Maẓālim umfasste. Zur Zeit des Historiografen al-Maqrizī (gest. 845/1442) war einerseits der Ḥājib zur Entscheidung über bestimmte Rechtsstreitigkeiten berufen, die sonst der Jurisdiktion des Qāḍī unterfallen wären, während andererseits die schon erwähnte Siyāsa sharʿiyya als eine auf den Prinzipien des allgemeinen Wohls und der Billigkeit basierende Extension des Rechts der Sharīʿa den Quḍāt vorbehalten blieb, die mit der Maẓālim als außerordentlicher Aufsicht betraut waren. Die damit einhergehende Zurückdrängung der ordentlichen Gerichtsbarkeit, ein evidentes Charakteristikum der Periode, spiegelt freilich ebenso wie umgekehrt der wachsende Einfluss der verschiedenen besonderen Gerichtszweige bzw. außerordentlichen Gerichtsbarkeiten nicht nur das Erstarken der herrscherlichen Prärogative, die der Sultan als weltlicher Herrscher an sich zog, sondern darüber hinaus auch schon eine gewisse Erstarrung der Rechtspraxis, die sich in das Prokrustesbett eines selbstgewissen Rechtsdenkens und die Routinen der Justizorgane eingespannt sah. Demgegenüber forderte das Leben rasche und angemessene Lösungen für die Problemstellungen des Tages; und wenn die ordentliche Gerichtsbarkeit sich ihnen nicht gewachsen zeigte, boten sich die besonderen Gerichtszweige bzw. außerordentlichen Gerichtsbarkeiten des Sultans und seiner Ministerialen als gangbarer Ausweg an. Auf diese Weise war zugleich gewährleistet, dass der weltliche Herrscher in die Entscheidung gerade der praktisch bedeutsamen und wichtigen Fälle eingreifen konnte, was bei einer genuin richterschaftlich geprägten Jurisdiktion nur schwer möglich gewesen wäre. Entwicklungen, die diesem Prozess strukturell in gewisser Weise ähneln, sind aus dem römischen Recht mit seiner Komplementarität von prätorianischem Edikt und ius civile sowie aus dem englischen Recht mit seinem equity law als billigkeitsbasierter Ergänzung des strikten common law bekannt. In allen Herrschaften der Periode gab es außerdem eine Marktpolizei (arab.: *ḥisba*), die die Märkte beaufsichtigte und die Einhaltung der handelsrechtlichen Vorschriften überwachte, wobei dem Marktvogt (arab. Sg.: *muḥtasib*; Pl.: *muḥtasibūn*) der Hauptstadt meist die Aufsicht über die Marktvögte im Land übertragen war. Zu Beginn des 7./13.

Jahrhunderts unternahm es der Kalif al-Nāṣir, von Kairo aus eine Oberaufsicht über sämtliche Marktpolizeien des Nahen Ostens durchzusetzen, scheiterte damit jedoch. Bemerkenswert sind die Berichte, nach denen selbst die christlichen Kreuzfahrer während ihrer Besatzung von Jerusalem eine Marktpolizei installierten.

Literatur: Anwār Aḥmad Qādrī, a.a.O., S. 67 – 72; ʿAlī Ḥasan ʿAbd al-Qādir, a.a.O., S. 293 – 301; Muḥammad al-Khuḍrī, a.a.O., S. 328 – 378; Reuben Levy: *The Social Structure of Islam*, Cambridge 1957, S. 150 – 192 und S. 242 – 355; Émile Tyan: *Histoire de l'organisation judiciaire en pays d'Islam* (Bd. 1 und 2), Paris 1938; Artikel *ʿAbbāsids*, *Ḳāḍī*, *Ḥisba*, *Hulagu*, *Khilāfa* und *Kātib*, in: *Encyclopedia of Islam*, Leiden: 2. Auflage 1960 ff.

VI. Die Periode der Nachahmung

1. Der geschichtliche und gesellschaftliche Rahmen

Der Beginn dieser Periode, die von der Mitte des 7./13. bis zur Mitte des 13./19. Jahrhunderts dauert, wird durch die Zerstörung Bagdads 656/1258 markiert, während an ihrem Ende die weitreichenden gesellschaftlichen und rechtlichen Reformen stehen, die das osmanische Reich 1255/1839 unternahm. Dieser mit seinen nahezu sechshundert Jahren sehr lange Zeitraum wird auf der Ebene der Rechtswissenschaft durch das Festhalten am überkommenen Rechtsdenken der großen Rechtsschulen charakterisiert; eine Haltung, die freilich weithin zu einer bloßen Nachahmung (arab.: *taqlīd*) der Theorien und Methoden dieser Rechtsschulen erstarrt. Demgegenüber ist das unverbrüchliche Fundament der Rechtspraxis mit der endgültigen und lückenlosen Einführung des Rechts der Sharīʿa auf dem Gebiet des früheren ʿAbbāsidenkalifates sowie in den Provinzen gelegt, die im Zuge der osmanischen Feldzüge und anderer, nicht osmanischer Eroberungen unter islamische Herrschaft fallen. Von einigen Historikern wird die Periode entsprechend den literarischen Gattungen, die ihr juristisches Schrifttum charakterisieren, auch als das Zeitalter der Kommentatoren und Glossatoren bezeichnet. Dreißig Jahre nach der Zerstörung

Bagdads trat in Westanatolien, inmitten von Emiraten anderer kriegerischer Turkmenenstämme, ʿOsmān, Sohn Ertughruls, seinen Weg als königlicher Feldherr (arab.: *ghāzī*) an. Sich gegen Byzanz wendend, festigte er schrittweise seine Position, bis er in seiner Region, den Grenzlanden des Seldschukensultanates, der mächtigste und angesehenste Heerführer war. Seine weiteren Siege führten zur Konsolidierung des osmanischen Emirates sowie schließlich zur Anerkennung seiner Souveränität durch die Seldschuken. In rechtsgeschichtlicher Hinsicht bemerkenswert ist es, dass in der Erklärung, mit welcher der Seldschukensultan ʿAlāʾ al-Dīn die osmanische Unabhängigkeit anerkannte, zugleich die dauernde Fortgeltung des Rechts der Sharīʿa in den osmanischen Landen zur Bedingung dafür gemacht wurde, dass der Sultan die Osmanen als unabhängig anerkannte. Stoßrichtung der nun einsetzenden osmanischen Expansion war der Nordwesten, waren Byzanz und der Balkan. Die Erben ʿOsmāns, arab. Āl-i ʿOsmān bzw. Osmanen genannt, setzten die von ihm eingeleiteten Eroberungen fort. Der vierte osmanische Herrscher Bāyezīd I., genannt der Blitz (türk.: *yıldırım*), ließ sich vom ägyptischen ʿAbbāsidenkalifat mit dem Titel eines Sultans beleihen, und noch später wurde das einstmals so beengte und entlegene Lehen zu einem Imperium, das sich von Südosteuropa bis zum Indischen Ozean erstreckte und durch die Eroberungen Ägyptens, Syriens und des Hedschas während der Regentschaft Selīms I. zum mächtigsten Staatswesen der islamischen Welt entwickelte. An die Aneignung der genannten Regionen durch das osmanische Imperium knüpft, rechtsgeschichtlich gesehen, auch die normative Frage nach der Sukzession des Kalifates an. Osmanische Historiker und Juristen vertraten die These, dass al-Mutawakkil, der letzte der ʿabbāsidischen Schattenkalifen, sein Amt aus Gründen der Effektivität eben deshalb auf Selīm I. übertragen habe, weil dieser der kraftvollste islamische Herrscher der Ära gewesen sei; und dadurch sei die Institution insgesamt auf die osmanischen Sultane übergegangen. Einige spätere Stimmen zweifelten dieses Konstrukt mit seiner umstandslosen Neuverortung der Legitimität des Kalifates statt in Kairo nun in Istānbūl an. In der Staatspraxis beriefen sich die osmanischen Sultane freilich bis zum 12./18. Jahrhundert ohnehin nicht darauf, dass sie zugleich Kalifen seien. Vielmehr wurden sie arab. Sulṭān oder in der sog. osmanisch-türkischen, mit arabischen und persischen Termini durchsetzten Verwaltungssprache [künftig stets nur: türk.] mit einem Lehnwort aus dem Persischen Khāḳān, also jeweils Herrscher genannt, und Selīm I. führte seit der Eroberung Ägyptens zusätzlich den Titel eines Dieners der beiden ehrwürdigen Heiligtümer (arab.: *khādim al-ḥara-*

mayn al-sharīfayn), den zuvor die mamlūkischen Sultane, nicht aber die ʿabbāsidischen Kalifen innegehabt hatten. Einzelne osmanische Autoren bezeichneten ihr Staatswesen als das Erhabene Reich (türk.: *devlet-i ʿAliyye*) oder auch als Glückhaftes Sultanat (türk.: *salṭanat-i seniyye*). Erst seit dem 12./18. Jahrhundert, namentlich seit dem russisch-osmanischen Friedensvertrag von Küçük Ḳaynarca 1188/1774, begannen die machtpolitisch schwächer werdenden osmanischen Souveräne in betonter Weise als Kalifen aufzutreten und wurden in der Folge, etwa in den völkerrechtlichen Verträgen des 13./19. und frühen 14./20. Jahrhunderts, auch von den europäischen Mächten als solche anerkannt. Das Kalifat wurde durch derartige Akte als geistliche, religiöse Autorität postuliert, was sich etwa darin äußerte, dass die Freitagspredigt (arab.: *khuṭba*) im Namen des Kalifen zu halten war und dieser die Sprecher der islamischen Gemeinschaften auch jener Regionen autorisierte, die nicht mehr unter osmanischer Herrschaft standen. Neuzeitliche Historiker wie Halil İnalcık, Hamilton Alexander Gibb und Wayne H. Bowen haben herausgearbeitet, dass das osmanische Reich auf seinem Weg durch die Geschichte zwei Phasen durchlief, deren erste das klassische Zeitalter von ca. 700/1300 bis ca. 1009/1600 war. Diese Ära umfasst die Regentschaften der ersten zehn osmanischen Sultane und wird durch ausgreifende Eroberungen sowie durch staatliche und wirtschaftliche Prosperität gekennzeichnet. Dagegen umfasst die zweite Phase die Ära seit dem Beginn des 2. Jahrtausends der islamischen Zeitrechnung, also vom 10./16. Jahrhundert an. Die dieser Epoche eigentümlichen Charakteristika veranlassten schon die älteren osmanischen Historiker zu vergleichbaren Periodisierungen, sind ihre Kennzeichen doch Stillstand, Niedergang, Verlust und schleichender Zerfall. Das Ende dieser Phase zog sich besonders lange hin, sodass das osmanische Reich im 13./19. Jahrhundert als kranker Mann und nachgerade als Mündel der westeuropäischen Mächte und des Zarenreiches galt. Am anderen Ende der islamischen Welt, in Indien, erstarkte parallel zum Niedergang der türkischen Osmanen das Reich der Großmogule. In seiner Gesellschaft dauerte die Präsenz des Islam und der Muslime schon seit dem 2./8. Jahrhundert an, erstarkte aber seit der Regentschaft des Maḥmūd von Ghaznī zu Beginn des 5./11. Jahrhunderts zusehends. Während das ʿAbbāsidenreich schwächer und schwächer wurde, verselbständigte sich das Sultanat von Delhi und wurde schließlich zum Kern der Mogulherrschaft, die ihren Zenit im 10./16. und 11./17. Jahrhundert erreichte. Eine Zeit lang waren die Großmogule sogar Rivalen der osmanischen Sultane und beanspruchten wie sie den Titel des Kalifen. In ihrem Staatswesen wurde das

Recht der Sharīʿa nach ḥanafitischer Lehre angewandt, und es wurden bedeutende Versuche unternommen, das geltende Recht auf dieser Grundlage zu kodifizieren. Allerdings setzte gegen Ende der Hochzeit des Mogulreiches schon die koloniale Durchdringung des indischen Subkontinentes durch die westeuropäischen Kolonialmächte ein, die in dieser Region ebenso wie in vielen anderen Gegenden der islamischen Welt einschneidende Folgen für die gesellschaftliche, politische und rechtliche Entwicklung mit sich bringen sollte.

2. Die Rechtsquellen

In den einzelnen islamischen Staatswesen dieser Periode fungierten als Rechtsquellen das Recht der Sharīʿa selbst sowie die jeweiligen Qānūne. Angesichts der herrschenden Theorie der Nachahmung (arab.: *taqlīd*) war das Recht der Sharīʿa freilich von vornherein so aufzufassen, wie es dem Verständnis der betreffenden Rechtsschule entsprach. In der Praxis bedeutete dies, dass die öffentliche Gewalt der Rechtslehre hinsichtlich des Rechts der Sharīʿa eine bestimmte Rechtsschule vorgab und deren Anwendung durch die Rechtspraxis sanktionierte. Gleichzeitig hielten die weltlichen Herrscher allerdings auch an der Praxis fest, Qānūne zu verkünden.

a) Das Recht der Sharīʿa

Wesentlich für die Erschließung der Rechtswissenschaft der Epoche ist ihr juristisches Schrifttum, das in Form von Kommentaren (arab.: *sharḥ*), Glossen (arab.: *ḥāshiya*), Kompendien (arab.: *mukhtaṣar*) und Rechtsanthologien (arab.: *majmaʿ al-fatāwā*) vorliegt. In der Rechtspraxis wurden zur Ermittlung des geltenden Rechts am ehesten die Rechtsanthologien herangezogen, in denen die Fatāwā der als kanonisch geltenden früheren Juristen gesammelt waren. An ihnen wurde nicht nur das Rechtsdenken als solches geschult, sondern die Praxis zog die Überlieferung auch zur Lösung der ihr vorgelegten gegenwärtigen Probleme heran. Dabei dienten die Rechtsanthologien als Erkenntnisquelle nicht bloß hinsichtlich des geltenden Rechts, sondern zugleich hinsichtlich der Maximen, Prinzipien und Werte (arab.: *al-qawāʿid al-kulliyya*), die die Rechtsanwendung steuern: Die in den Rechtsanthologien gesammelten

Fatāwā fungierten als Klammer zwischen den theoretischen Ansätzen der Rechtsgelehrten und den praktischen Gegenständen des täglichen Lebens, aus denen die aktuellen Rechtsprobleme resultierten. Rechtsgutachten wurden deshalb in zahlreichen Anthologien gesammelt, von denen zwei zu erwähnen sind: Die Sammlung *Al-fatāwā al-hindiyya* (arab.; dt.: Die indischen Fatāwā), auch bekannt unter dem Titel *Al-ʿĀlamgīriyya* (arab.; dt.: Die [Fatāwā] des ʿĀlamgīr), eine Anthologie des ḥanafitischen Rechtsdenkens, entstand in Indien zur Zeit des Großmoguls Muḥammad Aurangzēb ʿĀlamgīr (reg. 1068/1658 – 1119/1707). Ausgearbeitet wurde sie 1075/1664 – 1083/1672 durch eine vom Herrscher eigens eingesetzte Kommission unter der Leitung des Shaykh Niẓām von Burhānpūr. Diese Kompilation, die nach Wert und Bedeutung unmittelbar hinter dem schon erwähnten Kompendium *Al-Hidāya* (arab.; dt.: Die Rechtleitung) einzureihen ist, gelangte im Mogulreich zu kanonischem Ansehen. Darüber hinaus wurde sie im gesamten osmanischen Reich wie auch in anderen Regionen, in denen ḥanafitische Sunniten lebten, als Entscheidungssammlung sowohl für die forensische Praxis wie auch für die akademische Lehre herangezogen. Manche Autoren betrachten sie als einen der frühesten Versuche, das Recht der Sharīʿa zu kodifizieren. Die Sammlung *Al-fatāwā al-tātārkhāniyya* (arab.; dt.: Die tātārkhānidischen Fatāwā), eine viel frühere Anthologie, entstand auf Initiative des Wazīr Tātār-Khān (gest. nach 752/1351) schon unter der Herrschaft des Muḥammad b. Ṭughluq, Sultan von Delhi (reg. 724/1324 – 752/1351).

b) Der Qānūn

Die legislative Gattung der Qānūne erfreute sich bei den weltlichen Herrschern dieser Periode einer besonderen Wertschätzung. Deshalb wurden immer mehr Materien in Qānūnen geregelt; außerdem weiteten sich sowohl die Adressatenkreise als auch die räumlichen Geltungsgebiete der einzelnen Qānūne ständig aus. Dabei herrschte im osmanischen Reich allerdings auch weiterhin das Verständnis vor, dass der einzelne Qānūn von Rechts wegen nicht mehr als ein Rechtsspiegel, d. h. nicht mehr als die nachträgliche Abbildung einer bereits bestehenden Verwaltungspraxis bzw. gewohnheitsrechtlich verfestigter Sitten und Bräuche der Osmanen (türk.: *ʿörf-i ʿosmānī*) sein könne. Aus dieser Voraussetzung ergab sich von selbst, dass die Qānūne in der Normenhierarchie unterhalb des Rechts der Sharīʿa standen und lediglich deklaratorisch bzw. als

Bekanntmachung von Präjudizien (arab.: *amthāl*) bzw. sinngemäß einer Ermessensbindung verstanden werden durften. Die Texte der einzelnen Qānūne wurden in der Kanzlei der Pforte von den dafür zuständigen Beamten (türk.: *nishānjı*) ausgearbeitet, anschließend vom Großwesir (türk.: *ṣadr-i aʿẓam*) freigegeben und bei besonders bedeutsamen Materien noch vom Sultan (türk.: *khaṭṭ-ı sherīf*) ausgefertigt. Die Originalurkunde wurde im Archiv der Pforte (türk.: *bāb-ı ʿālī*) verwahrt, den für die Anwendung des betreffenden Qānūns zuständigen örtlichen Instanzen wurden Ausfertigungen übersandt. Qānūne, die die Bevölkerung insgesamt betrafen, wurden auf den Märkten und in den Moscheen verkündet, oder der örtliche Qāḍī legte ihre Inhalte nach Art eines Privatissimum ausgewählten Honoratioren (arab.: *aʿyān*) und Würdenträgern (arab.: *ashrāf*) aus der Bürgerschaft dar, denen anschließend in ihren jeweiligen Kreisen die Verbreitung oblag. Bei alldem blieb das Verhältnis zwischen dem Recht des Qānūn und dem Recht der Sharīʿa im osmanischen Reich allerdings nicht immer gleich. Manchmal, etwa zur Zeit Meḥmeds II. Fātiḥ (türk.: der Eroberer), neigte die Praxis dazu, den Qānūn und damit zugleich das Gewohnheitsrecht überhaupt zu stärken, während zu anderen Zeiten, so etwa unter der Regentschaft Bāyezīds II., das Recht der Sharīʿa das weltliche Recht zurückzudrängen vermochte. Der jeweilige Stand dieser Gemengelage hing von vielen Faktoren ab. Von diesen sind besonders die gesellschaftlich und politisch wirksamen Kräfte hervorzuheben, die das Recht als Mittel zur Verwirklichung ihrer jeweiligen Zwecke einsetzten. Auf das Ganze gesehen, lässt sich allerdings sagen, dass der starke Einfluss des Muftī der Hauptstadt (arab.: *shaykh al-islām*) innerhalb der staatlichen Strukturen des Reiches jedenfalls seit dem 11./17. Jahrhundert die Subordination des Qānūn unter das Recht der Sharīʿa zur Folge hatte; seit 1107/1696 verbot ein vom Sultan selbst ausgefertigter Erlass (arab.: *fermān*) es sogar ausdrücklich, das Wort "Qānūn" auch nur in Analogie zum Wort "Sharīʿa" zu gebrauchen. Was die in ihnen geregelten Materien angeht, so befassten sich die Qānūne auch in dieser Periode mit verwaltungs-, steuer- und strafrechtlichen Fragen sowie mit Gegenständen aus dem Wehrrecht und dem Grundstücksrecht. Hinsichtlich des Strafrechts folgte die Rechtslehre überwiegend der Rechtspraxis, die den Sultan als ermächtigt ansah, sozialschädliche Verhaltensweisen nach eigenem Ermessen zu pönalisieren, soweit Qurʾān und Sunna als den sharīʿatischen und damit primären Rechtsquellen keine bestimmte Strafandrohung (arab.: *taʿzīr*) zu entnehmen sei. Dieser Gedanke wurde so weitgehend herangezogen, dass die Gerichtsbarkeit des Sultans (türk.: *ʿörf-i Sultanī ḥuqūq*) rasch dazu überging, nach Maßgabe des Einzelfalles ermäßigte Sanktionen sogar für solche

Delikte zu schaffen, für die in Qur'ān und Sunna fixe Grenzstrafen (arab.: *ḥudūd*) vorgesehen sind. Auf diese Weise wurde insbesondere das Strafrecht der Sharī'a zurückgedrängt. Beispielsweise ordnete Selīm I. Yāvūz (türk.; dt.: der Großmütige) an, dass bei Unzucht, also Ehebruch und außerehelichem Geschlechtsverkehr, anstelle der sharī'atischen Sanktionen nur noch Geldstrafen (arab.: *ḥadd al-zinā*) zu verhängen seien, bei deren Bemessung überdies das Vermögen des einzelnen Täters zu berücksichtigen war. So hatte etwa ein verheirateter reicher Mann 400 Āqçe zu bezahlen, während es bei mittlerem Einkommen 200 Āqçe und bei armen Tätern 40 bzw. bei großer Armut gar nur 30 Āqçe waren; der Āqçe war eine kleine, leichte Silbermünze. Im osmanischen Reich entwickelte sich auch die Praxis, die geltenden Qānūne zu sammeln und nach Art von Gesetzblättern herauszugeben – ein Unterfangen ganz im Geist des traditionellen Bestrebens der Turkvölker und der Mongolen, das bei ihnen geltende Recht zu systematisieren und öffentlich kundzutun. Hingegen lehnte die 'Ulamā' als islamische Gemeinschaft der Gelehrten derartige Kodifikationsversuche überwiegend ab, weil sie geeignet seien, dem Recht der Qānūne eine Art von überdauerndem Charakter beizumessen, obwohl ein solcher doch allein dem Recht der Sharī'a vorbehalten sei. Halil İnalcık, der türkische Historiker, hat diese Sammlungen (arab.: *qānūnnāme*) wie folgt kategorisiert:

(1) *Qānūnnāme, eine Letztentscheidung des Sultans betreffend:* Sie wurden als Fermān des Sultans verkündet, und zwar im Hinblick auf einen bestehenden Regelungsbedarf der Verwaltung. Vollzogen wurden sie unmittelbar von den Verwaltungsbehörden der regionalen Statthalter oder von der Gerichtsbarkeit.

(2) *Qānūnnāme, die Verwaltung betreffend:* Sie waren mit dem Namenszug (arab.: *ṭughra*) des Sultans gesiegelt und regelten einzelne öffentlich-rechtliche Fragen hinsichtlich der Sandžak (arab.: *ṣanjaq*) genannten grundlegenden territorialen Verwaltungseinheit des osmanischen Reiches. Qānūnnāme dieser Kategorie enthielten z. B. detaillierte Regelungen über Grundstücksangelegenheiten, Rechte und Pflichten der hörigen Untertanen (türk.: *re'āyā*) sowie ordentliche und außerordentliche Abgaben und Geldbußen etc. Der erste osmanische Sultan, der derartige Vorschriften in einer Qānūnnāme zusammenfasste, war Mehmed II. in seiner *Re'āyā qānūnnāme* (türk.; dt.: Die Qānūnnāme der hörigen Untertanen) von 857/1453. Von den Qānūnnāmen dieser Art sind diejenigen, die Regelungen für den südosteuropäischen Teil des Osmanenreiches treffen, namentlich im Hinblick auf die Rezeption nichtislamischer byzantinischer und südslawischer Rechte von bedeutendem

rechtsgeschichtlichem Interesse. Auf diesem Feld geht es z. B. um das südslawische sog. Erbe (bosn.: *baština*) als Flächenmaß für Grundstücke, um die Erhebung eines außerordentlichen Zehnten (bosn.: *ispendže*) durch den Lehnsherrn, wie sie schon in den vorosmanischen Feudalordnungen der Balkanregion verbreitet war, sowie um Heumahd- und Holzeinschlagsrechte (bosn.: *obručina*), Weinhandelsmonopole und dergleichen.

(3) *Qānūnnāme, einen bestimmten Adressatenkreis betreffend:* Sie regulierten die Verhältnisse bestimmter sozialer Kohorten, und zwar hauptsächlich solcher, die in bestimmter Funktion in staatlichen Diensten standen. Dabei ging es namentlich um ethnische bzw. religiöse Gruppen, die Hilfstruppen für das Heer zu stellen hatten; sei es (jeweils türk.) als Fußvolk (*yāyā*), mit Ländereien belehnte Reiter (*müsellem*), ethnische Angehörige bestimmter Stämme (*yürük*) oder territorial definierte Bevölkerungen bestimmter Regionen wie z. B. der Walachei.

(4) *Qānūnnāme, das Staatsorganisationsrecht betreffend:* Sie enthielten Regelungen über den Verwaltungsaufbau, die Rechte und Pflichten der Beamten sowie über deren Hierarchie und dergleichen mehr. Bekannteste Qānūnnāme dieser Art ist die, die Mehmed II. 881/1476 herausgab. Spätere Sultane gaben weitere Sammlungen heraus, die sich aber nur noch mit ausgewählten einzelnen Gesichtspunkten der Staatsorganisation befassten; einzige Kodifikation des Staatsorganisationsrechts ingesamt blieb die soeben erwähnte Qānūnnāme Meḥmeds II.

(5) *Qānūnnāme, die allgemein bedeutsam sind:* Sie fassten Vorschriften zusammen, die für das gesamte Territorium des Reiches galten. Die bereits erwähnte *Reʿāyā qānūnnāme* (arab.; dt.: Die Qānūnnāme der hörigen Untertanen) Meḥmeds II. gehörte nicht nur der inhaltlichen, auf die hörigen Untertanen bezogenen Kategorie, sondern – da sie für diese im ganzen Reich galt – außerdem der territorialen Kategorie an. Sie bildete die Grundlage für weitere Sammlungen, die sich in irgendeiner Hinsicht mit den Rechten und Pflichten der Untertanen befassten. Zu ihnen zählte u. a. die Qānūnnāme, die Bāyezīd II. 907/1501 unter dem Titel *Kitāb-ı qavānīn-i ʿörfiyye-i ʿosmāniyye* (türk.; dt.: Das Buch der gewohnheitsrechtlich [geltenden] osmanischen Qānūne) verkündete.

Sämtliche Vorschriften des weltlichen bzw. im weiteren Sinne öffentlichen Rechts wurden durch Verwaltung und Gerichtsbarkeit angewandt, ohne dass es darauf angekommen wäre, in welchem Qānūn sie enthalten waren und ob dieser irgendwann in eine Qānūnnāme inkorporiert worden war. Entsprechendes galt auch für die beratende Tätigkeit der Muftiyyūn in ihren Rechtsgutachten. Erwähnenswert ist schließlich noch, dass alle derartigen Regelungen unabhängig vom religiösen Bekenntnis für die gesamte Bevölkerung galten. Für die Muslime galt außerdem noch die Sharīʿa: sie als das Recht der Religion, der Qānūn aber als das Recht des Staates.

3. Die Rechtswissenschaft

Eine Zustandsbeschreibung der islamischen Rechtswissenschaft bzw. der Einsicht (arab.: *fiqh*) dieser Periode hat, im Sinne einer allgemeinen Charakteristik, vom Begriff der Nachahmung (arab.: *taqlīd*) auszugehen. Dies bedeutet, dass die Systeme der vier großen sunnitischen Rechtsschulen in sich gerundet und abgeschlossen waren und ihre Methodologien hinreichend zu sein schienen, jedes im sozialen Leben etwa noch auftretende neue Rechtsproblem systemkonform zu lösen. Freilich kennzeichnet diese Aussage nur die herrschende Meinung, denn widerstrebende, selbständig denkende Einzelne, die darauf beharrten, dass das Recht der Sharīʿa fortwährend weiter zu entfalten sei, gab es zu jeder Zeit. Zentrum sowohl der Rechtslehre als der Rechtspraxis blieb dennoch das Konzept des Taqlīd, das den ungezählten Kommentaren, Glossen, Kompendien und Rechtsanthologien der Periode zugrundeliegt. In den Kontext dieses Konzeptes gehören die unermüdlichen Bemühungen um Definitionen, analogiefähige Rechtsgedanken und Schemata, darüber hinaus aber auch das Interesse an Juristenbiografien, eingebettet in den Zusammenhang der Generationen von Rechtsgelehrten und Rechtspraktikern, sowie an Rechtskniffen und sogar Rechtsanekdoten und dergleichen mehr. Das so entstandene Schrifttum leistet ganz überwiegend keinen eigenständigen Beitrag zum Verständnis oder gar zur Fortentwicklung des islamischen Rechts. Seine Sprache wird immer schwerer und verwickelter, zugleich aber der Stil unklar, weil unzählige Gliederungen und Untergliederungen den Aussagekern geradezu vernebeln. Solche Werke zu konsultieren, war sogar für den Fachmann, geschweige denn für den interessierten Laien, ein mühsames Unterfangen – unter den Händen der Rechtsgelehrten geriet die Jurisprudenz im Geiste des Taqlīd zusehends zum trockenen Akademismus und teils wohl gar zur Haarspalterei. Freilich vollzog sich dieser Prozess, mit dem angesichts vieler Ausnahmen natürlich nicht mehr als eine wirkmächtige Tendenz bezeichnet werden kann, nur sehr allmählich und nahm letztlich alle sechs Jahrhunderte der hier zu erörternden Periode in Anspruch.

a) Die Folgen des Taqlīd

Die herrschende Tendenz, das Rechtsdenken als vollendet anzusehen, blieb nicht ohne Auswirkungen auf die juristischen Diskurse und zeitigte darüber hinaus vielfältige gesellschaftliche, ja selbst politische und wirtschaftliche Konsequenzen:

(1) *Absonderung vom Leben:* Sie war unter allen Konsequenzen des Taqlīd die möglicherweise folgenreichste. Die Annahme, dass eine bestimmte, im Lauf der Zeit erreichte Ebene des sharīʿatischen Rechtsdenkens ein für allemal kanonisch sei, führte zu einer Rechtslehre, die sich jeder Möglichkeit einer Fortentwicklung sozusagen freiwillig entäußerte. Dass das Leben immer neue Fälle hervorbrachte, für die der Kanon keine Lösung bereithielt, liegt aber nichtsdestotrotz auf der Hand. Da die Erfordernisse der Rechtspraxis es nicht zuließen, derartige Konstellationen dem rechtsfreien Raum zu überantworten, fanden sich Auswege zum einen innerhalb des Rechts der Sharīʿa, wo Rechtsnormen mit geeigneten Rechtsfolgen im Wege der Analogie auf Fallgestaltungen erstreckt wurden, mit denen sie überhaupt nichts zu tun hatten, und zum anderen trat die legislative Aktivität der weltlichen Herrscher auf den Plan, sodass der Qānūn das Recht der Sharīʿa teilweise verdrängte.

(2) *Verlust des unmittelbaren Bezuges zu den Quellen:* Der Rückbezug sowohl auf Qurʾān und Sunna als originäre Quellen des Rechts der Sharīʿa als auch auf die Werke der großen Imāme der Rechtsschulen wurde weithin durch Sekundärliteratur vermittelt. Vielfach nur noch dieses Schrifttum und damit Interpretationen anderer Interpretationen konsultierend, verloren sowohl die Rechtsgelehrten als auch die Laien das Vermögen der Unterscheidung, obwohl das selbständige Durchdenken sowohl der Quellen als auch der Probleme, die das Leben stellt, doch gerade der Inbegriff dessen ist, was die islamische Rechtswissenschaft als Einsicht (arab.: *fiqh*) konstituiert.

(3) *Vorherrschaft des Formalismus:* Die mehr und mehr ins Detail getriebene Ausarbeitung einzelner, teilweise nicht mehr als randständiger Anhaltspunkte

in den Quellen begann aufgrund fortwährender Übung als wesentlich angesehen zu werden und das Verständnis der Maximen, Prinzipien und Werte (arab.: *al-qawāʿid al-kulliyya*) des Rechts der Sharīʿa zu beherrschen. So kam es dazu, dass die juristischen Formen ihre ursprünglich dienende Funktion, nämlich Schranken gegen Willkür und Parteilichkeit zu errichten, zusehends verloren. Auf diese Weise geriet der Gedanke einer formellen Richtigkeitsgewähr zu einem bloßen Formalismus, der – zum Selbstzweck werdend – materieller Gerechtigkeit und damit dem Grundgedanken des Rechts der Sharīʿa nicht selten zuwiderlief. Manche Rechtsgelehrten verfassten Detailstudien über die Terminologie und die Phraseologie, die von lege artis arbeitenden Juristen zwingend zu beachten bzw. bei Willenserklärungen sogar für die Parteien selbst obligatorisch seien, um die Rechtmäßigkeit ihrer Absichten richtig auszudrücken; und sie taten dies, obwohl doch ein fundamentaler Grundsatz des Rechts der Sharīʿa lautet, dass bei der Auslegung die Motivation der Parteien und der wirklich gemeinte Sinn dem äußerlichen Wortlaut vorzuziehen sind.

(4) *Desinteresse an der ratio legis:* Die Rechtsgelehrten dieser Periode betrachteten die sharīʿatischen Rechtsnormen mehr und mehr als von ihren Kontexten losgelöste, abstrakte Rechtssätze an und für sich. So verloren sie das Interesse an der ratio legis bzw. den Maximen, Prinzipien und Werten (arab.: *al-qawāʿid al-kulliyya*), die hinter den einzelnen Anordnungen des Gesetzgebers stehen. Nur so vermochten sie bestimmte Rechtsnormen auch weiterhin anzuwenden, obwohl der gesetzgeberische Grund für sie im Lauf der Geschichte längst entfallen war.

(5) *Stagnation der theoretischen Durchdringung:* Seitdem das Recht der Sharīʿa zum Gegenstand einer besonderen Disziplin geworden war, hatte seine wissenschaftliche Durchdringung verschiedene Phasen durchlaufen, in denen abwechselnd oder auch nebeneinander z. B. die Auslegung des Qurʾān, die Sammlung von Präjudizien anhand von Aḥādīth, die Klärung von Interdependenzen zwischen Qurʾān und Sunna, die methodologisch gesicherte Ableitung juristischer Entscheidungen im Wege der selbständigen Urteilsfindung (arab.: *ijtihād*), die Dogmatik der einzelnen Zweige (arab.: *furūʿ*) des positiven Rechts sowie schließlich auch das Desiderat einer allgemeinen Rechtstheorie und juristischen Methodenlehre als Wurzeln der Einsicht (arab.: *uṣūl-al fiqh*) im Vordergrund gestanden hatten. Rechtstheoretisch und rechtsmethodologisch wurde freilich auch weiterhin gearbeitet, doch regelmäßig nur im Rahmen der jeweiligen Rechtsschule und auf ihre Voraussetzungen beschränkt. Dennoch

sind die Ergebnisse dieser Bemühungen bereits als der äußerste Schritt zu würdigen, der unter den Auspizien der Periode vollzogen werden konnte; denn ein umfassender, schulübergreifender Ansatz war dem Geist der Nachahmung (arab.: *taqlīd*) eben fremd und blieb der ihm überantworteten Rechtswissenschaft bzw. dem schulbezogenen Modus der Einsicht (arab.: *fiqh*) nicht nur auf dem Feld der juristischen Hermeneutik, sondern selbst im Hinblick auf das positive Recht verschlossen. So kam es zu weitergehenden Ansätzen z. B. auf den Gebieten des Allgemeinen Teils und des Allgemeinen Schuldrechts sowie der Rechtsvergleichung erst im Lauf des 13./14. bzw. 19./20. Jahrhunderts.

b) Ausgewählte Vertreter der sunnitischen Rechtsschulen

Die Rechtsgelehrten dieser Periode sind, in der einen oder anderen Weise, anhand ihrer Zugehörigkeit zu zwei Hauptströmungen zu verorten. Der einen Hauptströmung gehören die Rechtsgelehrten an, die sich dem Geist der Nachahmung (arab.: *taqlīd*) anvertrauen. Sie glossieren und kommentieren ihren jeweiligen Kanon und fragen dann erst, wie die so gefundenen Ergebnisse ihren Sitz im Leben finden könnten. Dagegen wird die andere Hauptströmung durch diejenigen Rechtsgelehrten gebildet, die es wagen, Fürsprecher der selbständigen Urteilsfindung (arab.: *ijtihād*) zu sein. Bezeichnend für die Angehörigen dieser Gruppe ist es, dass sie eigentlich erst anhand ihres Verhältnisses zur herrschenden Meinung der zuerst genannten Gruppe – nämlich im Gegensatz zu ihr – zu fassen sind. Sie sind teilweise einer Rechtsschule verbunden, arbeiten teilweise aber auch mehr oder weniger unabhängig. Von ihnen soll im Rahmen eines besonderen Abschnittes die Rede sein. Zunächst seien jedoch die Rechtsgelehrten genannt, die in dieser Periode die vier großen sunnitischen Rechtsschulen repräsentierten.

Ḥanafiten

Mullā Khusraw Muḥammad b. Farāmarz: Der dritte osmanische Shaykh al-islām (gest. 885/1480) war Autor des weithin anerkannten Werkes *Durar al-ḥukkām* (arab.; dt.: Die Perlen der Herrscher), eines Lehrbuches über Richteramt und Rechtspflege, das im osmanischen Reich auch Eingang in die forensische Praxis fand.

Aḥmad Shams al-Dīn b. Ismāʿīl: Der vierte, als Mullā Kuranī bekannte osmanische Shaykh al-islām (gest. 894/1488) verfasste mehrere hoch angesehene Werke zu verschiedenen Gebieten des Fiqh.

Abū al-Suʿūd Muḥammad b. Muhyī al-dīn: Der 14. osmanische Shaykh al-islām (gest. 982/1574) blieb als *Khʷoja Çelebī* (türk.; dt.: Der vornehme Meister) in der Erinnerung lebendig. Sein gleichsam höchstrichterliches Lehramt nacheinander unter drei Sultanen ausübend, befasste er sich namentlich mit der Angleichung des in den Qānūnen niedergelegten, weltlichen Rechts an die Rechtsidee, die in den Maximen, Prinzipien und Werten (arab.: *al-qawāʿid al-kulliyya*) der Sharīʿa aufscheint. So revidierte er z. B. das in Rumelien – den osmanischen Provinzen auf der Balkanhalbinsel – geltende Grundstücksrecht, indem er es anhand sharīʿatischer Grundsätze novellierte. Die Fülle seines Rechtsdenkens wird durch mehrere Rechtsanthologien erschlossen, deren verbreitetste die *Maʿrūḍāt Abī Suʿūd* (arab.; dt.: Darlegungen des Ebū Suʿūd) sind. Die bekanntesten Rechtsgutachten aus seiner Feder betreffen die Erlaubnis, ein Stiftungskapital [statt mit Sacheinlagen] auch mit Bargeld zu bestreiten, die Erlaubnis, für Unterweisungen im Qurʾān und die Vornahme gottesdienstlicher Handlungen (arab.: *ʿibādāt*) geldwerte Gaben sowohl zu geben als auch anzunehmen sowie schließlich die Erlaubnis der türk. Karagöz genannten, kunstvoll-unterhaltsamen Schattenspiele. Bekannt ist Ebū Suʿūd Efendī freilich auch dafür, dass er es verschmähte, seine Stimme zugunsten des Kaffeegenusses zu erheben!

Burhān al-Dīn Ibrāhīm b. Muḥammad al-Ḥalabī: Gestorben 956/1549, wurde er vor allem durch sein Kompendium *Multaqā al-abḥur* (arab.; dt.: Der Zusammenfluss der Meere) bekannt. Bei ihm handelt es sich um eine Darstellung des Rechts der Sharīʿa nach den Lehren der ḥanafitischen Rechtsschule, die im osmanischen Reich zu kanonischem Ansehen gelangte und praktisch wie eine Rechtsquelle genutzt wurde. Dieses Werk, das das frühere Schrifttum umfassend erschließt, war seinerseits Gegenstand mehrerer späterer Kommentare, von denen der unter dem Titel *Majmaʿ al-anhur* (arab.; dt.: Der Zusammenfluss der Flüsse) erschienene Kommentar von Shaykh-zāda Mullā ʿAbd al-Raḥmān Dāmād-afandī (gest. 1078/1667) der bekannteste ist.

Meḥmed b. Pīr ʿAlī Birgivī: Gestorben 981/1573, war er als Theologe, Linguist und Rechtsgelehrter gleichermaßen anerkannt und publizistisch tätig. Auf dem Gebiet der Glaubenslehre (arab.: *ʿaqāʾid*) ist sein Werk *Vaṣiyyet-nāme* (türk.; dt.: Lehrschreiben über das [göttliche] Vermächtnis), auf dem Gebiet der arabischen Sprachlehre sind seine Werke *Iẓhār* (arab.; dt.: Die Sichtbarmachung) und *ʿAwāmil* (arab.; dt.: Die [grammatischen] Faktoren) zu nennen, die sämtlich als Lehrbücher in den Medressen des ganzen Reiches verwendet wurden. Auf dem Gebiet des Fiqh war Birgivī für seine zahlreichen sog. Sendschreiben (arab.: *risāla*) bekannt, mit denen er gegen von ihm als unzulässig beurteilte Neuerungen (arab.: *bidʿa*) eintrat. So gab er etwa, jeweils im Gegensatz zu Abū al-Suʿūd, mehrere Rechtsgutachten heraus, nach denen Unterweisungen im Qurʾān und die Vornahme gottesdienstlicher Handlungen (arab.: *ʿibādāt*) gegen Entgelt ebenso wie schon das Nehmen und Geben geldwerter Gaben im Kontext solcher Tätigkeiten verboten seien. Gleichermaßen als unerlaubt sah er das Bestreiten eines Stiftungskapitals mit Einlagen aus Bargeld oder beweglichen Sachen an. Diese und weitere Standpunkte trugen ihm den Ruf eines ḥanafitischen Ibn Taymiyya ein.

Zayn al-Dīn b. Ibrāhīm b. Nujaym: Gestorben 970/1563, arbeitete der ägyptische Rechtsgelehrte vorwiegend über strukturelle und systematische Fragen des Fiqh. Erwähnenswert sind insbesondere seine *al-Ashbāḥ wa al-naẓāʾir* (arab.; dt.: Die Gestalten und die Entsprechungen), in denen er allgemeine Probleme der Rechtstheorie und juristischen Methodenlehre behandelte, sich über gleichartige und ungleichartige Fälle und den Umgang mit ihnen äußerte und außer den Rechtskniffen sogar juristische Rätsel und Anekdoten nicht verschmähte. Von ähnlichem Charakter sind seine *al-Fawāʾid al-zayniyya* (arab.; dt.: Die Vorzüge des [Rechtsdenkens von] Zayn), in denen er mehr als tausend Rechtsnormen und Beispielfälle kommentierte.

Muḥammad Amīn b. ʿUmar b. ʿĀbidīn: Der als Ibn ʿĀbidīn bekannte Rechtsgelehrte (gest. 1258/1842) stammte aus Syrien und damit aus einem Randgebiet des Reiches. Am bekanntesten ist sein Werk *Radd al-muḥtār* (arab.; dt.: Die Entwirrung des Verwirrten), ein Kommentar zu dem Werk *al-Durr al-mukhtār* (arab.; dt.: Die erlesene Perle) von ʿAlāʾ al-Dīn al-Haskafī (gest. 1088/1677).

Mālikiten

Abū al-Qāsim b. Juzayy: Dieser Rechtsgelehrte (gest. 741/1340) verfasste das Kompendium *Al-Qawānīn al-fiqhiyya fī talkhīṣ madhhab al-mālikiyya* (arab.; dt.: Die Regeln des Fiqh in der Zusammenfassung nach der mālikitischen Rechtsschule).

Sīdī Khalīl: Der aus dem Maghreb stammende Rechtsgelehrte (gest. 707/1365) verfasste das Kompendium *Al-Mukhtasar* (arab.; dt.: Die Zusammenfassung).

Shāfi'iten

Abū al-Faḍl 'Abd al-Raḥmān b. Abī Bakr Jalāl al-Dīn al-Suyūṭī: Gestorben 911/1505, verfasste er zahlreiche Monografien sowie Rechtsgutachten auf den Gebieten der Qur'ānexegese (arab.: *tafsīr*) und des Ḥadīth. Darüber hinaus war er auch in der Geschichtswissenschaft und weiteren Disziplinen tätig. Bekannt ist sein Werk *Al-Ashbāh wa al-naẓā'ir* (arab.; dt.: Die Formen und die Entsprechungen) über die fundamentalen Maximen, Prinzipien und Werte des Rechts der Sharī'a.

Abū al-'Abbās Aḥmad b. Muḥammad b. Ḥajar al-Haytamī: Der als Ibn Ḥajar bekannte, aus Unterägypten gebürtige Rechtsgelehrte (gest. 974/1567) verfasste einen Kommentar zu dem Werk *Minhaj al-ṭālibīn* (arab.; dt.: Die Methode der Studierenden) des al-Nawawī sowie die berühmte Rechtsanthologie *al-Fatāwā al-fiqhiyya al-kubrā* (arab.; dt.: Die großen Rechtsgutachten des Fiqh). Seine Schriften wurden als autoritative Darlegung der shāfi'itischen Lehre angesehen und erlebten zahlreiche Auflagen.

Ḥanbaliten

Taqī al-Dīn Aḥmad b. Taymiyya: Der aus Syrien stammende, ḥanbalitische Jurist und Theologe (gest. 728/1328) machte sich zunächst einen Namen als Protagonist eines erneuerten Verständnisses der Lehren seiner eigenen Rechtsschule. Immer weiter voranschreitend und dabei die Schulgrenzen hinter sich lassend, ging er indessen bald dazu über, eine Renaissance der selbständigen Urteilsfindung (arab.: *ijtihād*) zu fordern, die über die Schulgründer und großen Imāme der Rechtsschulen hinausblicken und den Anschluss an die frühesten Generationen der Muslime (arab.: *salaf*) suchen solle. Zugleich forderte er aber auch, den absoluten Vorrang des Qur'āntextes (arab.: *naṣṣ*) zu wahren, soweit es über sein Verständnis einen Konsens (arab.: *ijmā'*) gebe. Er fasste das sharī'atische Rechtsdenken somit als einen Prozess auf, der fortwährend im Flusse sei, unternahm es aber zugleich, die Regeln zu definieren, auf die jeder zur eigenständigen Urteilsfindung befähigte Rechtsgelehrte (arab.: *mujtahid*) als Teilnehmer dieses Prozesses verpflichtet sei. In diesem Zusammenhang betonte er den Stellenwert des Analogieschlusses (arab.: *qiyās*), relativierte aber die Bedeutung des Gemeinwohls (arab.: *maṣlaḥa*) als Topos einer freien Rechtserkenntnis. Ibn Taymiyya war ein Rechtsgelehrter, der am öffentlichen Leben teilnahm, was ihm aber nicht selten nur Unbill eintrug. Bekannt sind seine Rechtsgutachten darüber, dass es verboten sei, sich vor dem Grab selbst eines geliebten Menschen in Trauer hinzuwerfen; darüber, dass es verboten sei, verewigte Gottesfreunde (arab.: *awliyā'*), ganz gleich, wer sie gewesen seien, als heiligmäßig zu verehren; darüber, dass die drei [zur Rechtmäßigkeit der Scheidung erforderlichen] Trennungserklärungen (arab.: *ṭalāq*) unwirksam seien, wenn sie [ohne zeitlichen Abstand] in einer Folge ausgesprochen würden; sowie schließlich darüber, dass der Schwur, sich scheiden zu lassen, lediglich wie ein allgemeines Versprechen zu behandeln sei, falls der Schwörende die Trennung, im Sinne einer Mentalreservation, tatsächlich gar nicht wünsche. Ibn Taymiyya ist der Verfasser mehrerer bedeutender Werke, deren bekannteste *Kitāb ma'ārif al-wuṣūl* (arab.; dt.: Das Buch der Kenntnisse zur Erzielung der Lösung von Rechtsfällen) über die Rechtstheorie und juristische Methodenlehre, *al-Siyāsa al-shar'iyya fī islāḥ al-rā'ī wa al-ra'iyya* (arab.; dt.: Die religionsgesetzliche Politik hinsichtlich der Verbesserung des Herrschers und der Untertanen) über das öffentliche Recht sowie *al-Fatāwā* (arab.; dt.: Die Rechtsgutachten) als Anthologie seines eigenen Rechtsdenkens sind. Das für ihn so bezeichnende Insistieren auf der selbständigen Urteilsfindung (arab.: *ijtihād*) entzweite Ibn Taymiyya von der Mehrzahl jener Rechtsgelehrten, die sich weiterhin dem Geist der Nachahmung (arab.: *taqlīd*) verpflichtet fühlten, blieb jedoch sein geistiges Erbe für seine Schüler und deren Kreise. Was die Auswirkungen seiner Ideen auf die Rechtspraxis angeht, so beeinflussten sie eine Zeit lang die ägyptischen Mamlūkensultane aus dem Geschlecht der Baḥrī. Seit den Eroberungen Syriens und Ägyptens durch die der ḥanafitischen Rechtsschule verpflichteten Osmanen schwand ihr Einfluss allerdings fast ganz. Eine dauerhafte Wiederbelebung erfuhr das Rechtsdenken Ibn Taymiyyas in Arabien durch Muḥammad b. 'Abd al-Wahhāb sowie durch das Erstarken der verschiedenen heutigen salafistischen Tendenzen. Die westliche nichtislamische Orientalistik etikettiert Ibn Taymiyya als Fürsprecher einer konservativen Reformation.

Shams al-Dīn Abū Bakr Muḥammad b. Abī Bakr: Der gleichfalls aus Syrien stammende, unter dem Namen Ibn Qayyim al-Jawziyya bekannte Schüler Ibn Taymiyyas (gest. 751/1350) verfasste die Werke *I'lām al-muwaqqi'īn* (arab.; dt.: Unterrichtung derjenigen, die [Rechtsgutachten] ausfertigen), einen unter dem Einfluss der theoretischen und methodologischen Ansätze seines Lehrers stehenden Leitfaden für den vollendeten Muftī, sowie *Kitāb al-ṭuruq al-ḥukmiyya* (arab.; dt.: Das Buch der Herrschaftsmethoden), in dem er die Gedanken Ibn Taymiyyas auf dem Gebiet des öffentlichen Rechts fortführte.

Zayn al-Dīn Abū al-Faraj ʿAbd al-Raḥmān b. Aḥmad: Bekannt unter dem Namen Ibn Rajab, blieb dieser ḥanbalitische Rechtsgelehrte und Ḥadīthgelehrte (arab.: *muḥaddith*) durch seine systematische Darstellung der sharīʿatischen Rechtsidee in Erinnerung, die er unter dem Titel *al-Qawāʿid* (arab.; dt.: Die Grundlagen) vorlegte.

c) Die Erneuerung des Iijtihād

Der Widerstand gegen den Geist der Nachahmung (arab.: *taqlīd*) und das Eintreten für ein sharīʿatisches Rechtsdenken als Prozess, der fortwährend im Flusse ist, zeigte sich vereinzelt schon unter den Rechtsgelehrten des 8./14. Jahrhunderts, wuchs sich jedoch erst im 12./18. und 13./19. Jahrhundert zu einer umfassenden Bewegung aus. Auf dem indischen Subkontinent sowie in den arabischen Ländern traten Rechtsgelehrte auf, die für eine Erneuerung des sharīʿatischen Rechtsdenkens bzw. ein Wiederaufleben der ihm wesensgemäßen Weiterentwicklung und Vertiefung warben. Diese spezifisch juristischen Ideen sind freilich nur als Teilaspekt des allgemeinen Strebens nach Reformen der islamischen Gemeinschaft, ihrer Rechtsordnung sowie der gesellschaftlichen Moral und ihrer Praxis wirklich zu verstehen. In Indien ist die Erneuerungsbewegung mit dem Namen des vielfach auch Qutb al-Dīn Aḥmad Abū Fayyaḍ genannten Shāh Waliyyullāh al-Dihlawī (1113/1702 – 1176/1762) verknüpft. Er unternahm es, die theoretischen Grundlagen für eine Wiederbelebung der gesellschaftlichen und rechtlichen sowie religiösen und ethischen Strukturen des Islam zu schaffen, wobei manche Nuancen seiner Gedankenwelt ṣūfische Einflüsse bezeugen. Was die Rechtswissenschaft angeht, so bejahte er die Befugnis zur selbständigen Urteilsfindung (arab.: *ijtihād*) für jede neue Generation, deren Ergebnisse zudem immer auch als Material für weitere interpretatorische Bemühungen aufzufassen seien. Seine Ideen über die Erneuerung der islamischen Rechtswissenschaft legte er in den Werken *Ḥujjat Allāh al-bāligha* (arab.; dt.: Gottes weitreichender Beweis) und *al-Musawwā* (arab.; dt.: Das Geebnete) sowie in seinen Kommentaren zu Māliks *al-Muwaṭṭaʾ* (arab.; dt.: Der geebnete Pfad) und *al-Muṣaffā* (arab.; dt.: Das Gereinigte) dar. Besonders hervorzuheben ist seine Abhandlung *ʿIqd al-jīd fī bayān aḥkām al-*

ijtihād wa-l-taqlīd (arab.; dt.: Das Buch über die Vorzüge des Ijtihād und die Aporien des Taqlīd). Exemplarisch für seinen Standpunkt ist der Satz, dass die selbständige Urteilsfindung eine bindende Verpflichtung darstelle, die von den Rechtsgelehrten jeder Generation neu zu erfüllen sei. Von Shāh Waliyyullāh und seinen Gedanken nahmen nahezu alle späteren indischen Reformer und Reformbewegungen ihren Ausgang, gleich ob es ihnen eher um eine Grundlegung in der Theorie oder um deren Verwirklichung in der Praxis ging. Erwähnenswert sind insbesondere Sayyid Aḥmad Bāralwī und seine Anhänger, die als Rechtsquellen nur den Qurʾān und die Sunna anerkannten, eine wie auch immer geartete Autorität der Rechtsschulen jedoch gänzlich ablehnten; ein Standpunkt, um dessentwillen sie als keiner bestimmten Rechtsschule folgend (arab.: *ghayr muqallid*) etikettiert wurden. In Arabien war die Zeit für die Wiederbelebung des Ijtihād mit dem bereits erwähnten Muḥammad b. ʿAbd al-Wahhāb (1115/1703 – 1206/1792) angebrochen. Beseelt von den Lehren Ibn Taymiyyas, trat er gegen die verbreitete religiöse Laxheit seiner Ära, den nachgerade zur Heiligenverehrung degenerierten Kultus verewigter Gottesfreunde sowie gegen ṣūfische Irrwege und die blinde Nachahmung der Rechtsschulen an. Freilich harrte jenseits deren von ihm so hartnäckig bekämpfter Autorität mit den frühesten Generationen der Muslime (arab.: *salaf*) bereits ein neues und nicht minder normatives Leitbild, war doch als Rechtsquelle außer Qurʾān und Sunna nur noch deren Praxis (arab.: *al-salaf al-ṣāliḥ*) zugelassen! Aus dieser Rechtsquellentrias allein sollte der Ijtihād noch schöpfen dürfen, und um seiner Reinheit willen wurde die darüber hinausgehende Rechtserkenntnis im Wege des Analogieschlusses als Irrweg angesehen. Es darf nicht verschwiegen werden, dass dieser Ansatz oftmals Lösungen hervorbrachte, die intellektuelle Unabhängigkeit und Originalität bezeugen. Freilich wuchs aus eben diesen Lehren auch die ganze Bewegung heran, deren Gefolgsleute nach ʿAbd al-Wahhāb (1114/1702 – 1207/1792) als Wahabiten bezeichnet werden und bei deren Entstehung sich Tendenzen der ḥanbalitischen Orthodoxie mit dem ad fontes strebenden Leitbild der hier zur Rede stehenden Reformer in eigentümlicher Weise verflochten. Dass eine allgemeine Charakteristik dieser Strömung auch von Antiintellektualismus und Antimodernismus sowie außer von unbeugsamer Strenge auch von rigider Starrheit und einer simplifizierenden Sicht auf Recht und Lebenswirklichkeit zu sprechen hätte, steht auf einem anderen Blatt. Als ʿAbd al-Wahhāb im südlichen Arabien seine Ideen formulierte, trat im Jemen ein weiterer Rechtsgelehrter auf, der sich der Erneuerung des Rechts der Sharīʿa verschrieben hatte. Gemeint ist Muḥammad b. ʿAlī al-Shawkānī (1172/1759 – 1250/1834), ein Zaydit, der dem Geist des Taqlīd in theoretisch fundierter Weise entgegentrat und seine eigene Auffassung in seinem Werk *Nayl al-awṭār* (arab.; dt.: Das [Wieder-] Aufgreifen der Fäden) darlegte. In Nordafrika fand das Verständnis des sharī'atischen Rechtsdenkens als eines Prozesses, der fortwährend im Flusse ist, seinen Bannerträger in Aḥmad b. Idrīs (gest. 1253/1837), der sich außerdem für eine Reform des Ṣūfismus (arab.: *taṣawwuf*) einsetzte. Auf dem Gebiet des Rechts lehnte er die Normativität des Konsenses der Rechtsgelehrten (arab.: *ijmāʿ*) sowie den Analogieschluss (arab.: *qiyās*) ab und bestand auf der Rechtserkenntnis im Wege der selbständigen Urteilsfindung (arab.: *ijtihād*). Zur Ausbreitung seiner Ideen trug sein Schüler Muḥammad b. ʿAlī al-Sanūsī (gest. 1276/1859) bei. So waren gegen Ende der Periode der Nachahmung sowohl in der Sphäre der Theorie als teilweise auch auf dem Feld der Praxis die Voraussetzungen für eine Erneuerung des Rechtsdenkens geschaffen. Zu gleicher Zeit erhoben freilich auch antirationalistische Tendenzen ihr Haupt, die besonders dort, wo sie sich mit der Staatsmacht verbanden, die Erneuerung nicht bloß des sharī'atischen Rechtsdenkens, sondern des islamischen Denkens überhaupt hinauszuzögern vermochten.

4. Die Rechtsanwendung

Die Justiz jener Periode folgte weiterhin den Pfaden, die durch Gerichtsverfassung und Prozessrecht der früheren Zeiten gewiesen waren. Hierarchie und Kompetenzengefüge innerhalb der Richterschaft waren entsprechend den kanonischen Schriften der jeweiligen Rechtsschule sowie gemäß dem weltlichen Recht der jeweiligen Regierung geordnet. Dies hatte zur Folge, dass Inhalt und Umfang der Funktionen sowohl der Quḍāt, also der Richter, als auch der Muftiyyūn, also der Rechtsgutachter, nicht unwesentlich durch lokale Eigenarten bestimmt waren. Da bedeutendstes Staatswesen der Periode innerhalb der islamischen Welt das osmanische Reich war, sei die folgende Darstellung an ihm ausgerichtet. Die Osmanen hatten das Richteramt, mitsamt seiner theoretischen Grundlegung, aus der frühen rechtlich-sozialen Tradition der islamischen Gemeinschaft übernommen. Angesichts des ihm aufgegebenen Amtes, ein Recht anzuwenden, das von Gott selbst herrührt, war das Richteramt im Rahmen dieser Tradition seit jeher gewissermaßen als die Vollendung jenes Charismas angesehen worden, aus dem einst das goldene Zeitalter des Islam erwachsen war. Dementsprechend war der Qāḍī auch unter den Osmanen die

Schlüsselfigur des Justizsystems. Ihm waren die Anwendung des Rechts der Sharīʿa auf die Muslime sowie die Anwendung der Qānūne auf die gesamte muslimische und nichtmuslimische Bevölkerung entsprechend dem Geltungsbereich des einzelnen Qānūn übertragen. Über die reine Spruchtätigkeit in Rechtsstreitigkeiten hinaus oblag den Quḍāt die Durchführung bestimmter Verwaltungsverfahren sowie die Wahrnehmung religiöser Angelegenheiten mit verwaltungsrechtlichem Einschlag wie z. B. die Rechtsaufsicht über die Stiftungsvermögen. Die so ausgeübte Gerichtsbarkeit (türk.: *mejlis-i sherʿī*) bildete das Fundament des osmanischen Justizsystems, in dessen tatsächlicher Leistungsfähigkeit sich jeweils auch der allgemeine Zustand des Staatswesens wiedergespiegelt fand. Die Quḍāt wurden nach Maßgabe ihrer juristischen Erfahrung sowie ggf. ihrer besonderen Kenntnisse ausgewählt und vom Sultan ernannt. Zeitlich war ihr Dienst an ein und demselben Ort auf ein Jahr oder auch zwei Jahre begrenzt. In gesellschaftlicher Hinsicht wurden die Quḍāt zu den Gelehrten (arab.: *ʿulamāʾ*) gezählt, wobei die Höhe ihrer Pfründe von ihrem Bildungsgang sowie von der Stellung des einzelnen Qāḍī innerhalb der hierarchisch geordneten Laufbahn abhing. Die Einweisung der Quḍāt auf bestimmte Dienstposten war ebenso wie die Ablösung eines Richters dem Sultan vorbehalten, der auch anzuordnen hatte, welcher Rechtsschule die Spruchpraxis zu folgen hatte. Die Entscheidung einzelner Rechtsstreitigkeiten konnte der Sultan hingegen nicht an sich ziehen; ein bedeutsamer Unterschied zwischen der Richterschaft und den Verwaltungsbeamten im engeren Sinn. Der Gerichtsbezirk, für den ein Qāḍī örtlich zuständig war (türk.: *qāḍılıq*) umfasste meist mehrere Gemeindebezirke (türk.: *nāḥiye*). Das Gerichtsgebäude (türk.: *maḥkem*) stand traditionell stets offen. Da das Berufsbild des Rechtsanwaltes fehlte, erschienen vor dem Richter entweder die Parteien selbst oder ihre gesetzlichen Vertreter (türk.: *vaqif*). Bei alldem gab es im osmanischen Reich unterschiedliche Gerichtsbarkeiten und Instanzen, deren Ausgestaltung im Einzelnen dem Lauf der Zeiten unterlag. Unter Süleymān I., dem Gesetzgeber (reg. 1520/926 – 1566/974), waren folgende Institutionen eingeführt:

(1) *Qāżıʿasker:* In früheren Zeiten ausschließlich als Militärrichter judizierend, der mit dem Heerbann in das Feld zog, wurde er später zu einem höherrangigen Richter, dem bei der Auswahl der Kandidaten für die niederrangigen Richterämter ein Vorschlagsrecht zukam. Seit der Zeit Meḥmeds II., des Eroberers (reg. 1444/848 – 1446/850 sowie nochmals 1451/855 – 1481/886), gab es zwei Qāżıʿasker; einen in Anatolien, einen weiteren in Rumelien.

(2) *Mullā:* Die Inhaber dieses Amtes gehörten zwei verschiedenen Rangstufen an. An erster Stelle standen die Großmullās (türk.: *büyük mullālar*), zu denen die Mullās von Istanbul, Mekka und Medina sowie von Bursa, Edirne, Damaskus, Kairo, Plovdiv, Thessaloniki, Izmir, Aleppo, Jerusalem und einigen anderen Orten zählten. An zweiter Stelle standen die einfachen oder Kleinmullās (türk.: *küçük mullālar)* von Sarajevo, Belgrad, Sofia, Kütahya, Diyarbakır, Bagdad und weiteren Orten.

(3) *Qāḍī:* Er und sein Stellvertreter (arab.: *nā'ib*) hatten das Richteramt in den Städten und größeren Orten Anatoliens, Rumeliens und der afrikanischen Provinzen inne.

Der israelische Historiker Uriel Heyd hat herausgearbeitet, wie sehr die Gerichtsbarkeit des osmanischen Reiches im 10./16. und 11./17. Jahrhundert in Westeuropa durch ihre Schnelligkeit und Effizienz, aber auch ihre Rechtmäßigkeit beeindruckte. Nichtsdestotrotz büßte sie diese Qualitäten schon zu Beginn des 12./18. Jahrhunderts zusehends ein. Angesichts wachsender Korruption sowie unzulänglicher Richterpersönlichkeiten verlor die Justiz ihr einstiges Ansehen und geriet für den Niedergang des osmanischen rechtlich-sozialen Systems nicht nur zum Menetekel, sondern zum wirkmächtigen Faktor sui generis. Unter Süleymān I. entwickelte sich parallel zum Aufbau der Richterschaft eine öffentliche Organisation der Muftiyyūn, der im Funktionsgefüge der staatlichen Rechtsgewährung schließlich eine eigenständige Kompetenz zuwuchs. Der Muftī der Hauptstadt wurde seit der Ära Murāds II. (reg. 1421/824 – 1444/848 sowie nochmals 1446/850 – 1451/850) Shaykh des Islām (türk.: *sheykh*ü*-l-islām*) genannt und hatte seit Meḥmed II. den Rang eines Großwesirs inne. Da die Befugnis zur höchstrichterlichen, reichsweit verbindlichen Auslegung (arab.: *ifta*) des Rechts der Sharī'a ihm übertragen war, hat man gesagt, dass sich der Sultan der ihm gebührenden, höchstpersönlichen Kompetenz des Kalifen auf diesem Feld begeben habe. Der Sheykhü-l-islām gab auf Verlangen der Pforte Rechtsgutachten zu allen bedeutenden öffentlichen Fragen heraus, beantwortete aber auch an ihn gerichtete Anfragen einzelner Personen. Außerdem war er befugt, verbindliche Richtlinien (türk.: *menshūre*) zu erlassen, nach deren Maßgabe alle ḥanafitischen Muftiyyūn zu gutachten hatten. In Nordafrika, Syrien, dem Jemen und den sonstigen Gegenden, in denen andere sunnitische Rechtsschulen überwogen, blieb die Tätigkeit der Muftiyyūn hingegen privater Natur. Gleichwohl wirkten ihre Rechtsgutachten hier nicht minder auf die örtlichen Autoritäten ein; denn auch die nicht ḥanafitischen Muftiyyūn hatten im Allgemeinen zugleich bedeutende Positionen in der Verwaltung inne. Die Muftiyyūn der Provinzen (türk.: *kenār müftīlerī*) wurden auf Vorschlag der regional einflussreichen Rechts- und Religionsgelehrten und sonstigen Notabeln ernannt. Da ihre Rechtsgutachten nicht vergütet wurden, übten die Muftiyyūn häufig zugleich das bezahlte Amt eines Lehrers (arab.: *mudarris*) in der örtlichen islamischen Oberschule (arab.: *madrasa*) aus. Soweit sie ihre Rechtsgutachten schriftlich erstatteten, hatte sich freilich ein in Geld zahlbares sog. ordentliches Salär eingebürgert, das aber wirklich minimal war. Anders als die Quḍāt wurden die Muftiyyūn nicht nur für eine bestimmte Zeit ernannt. Vielmehr konnten sie ihr Amt grundsätzlich lebenslang ausüben, falls sie nicht, was aus den verschiedensten Gründen häufig vorkam, vorzeitig suspendiert wurden. Im Rahmen ihrer Tätigkeit begutachteten die Muftiyyūn für die rechtsuchenden Parteien (arab.: *mustaftī*), die sich an sie wandten, sowohl tatsächliche Sachverhalte als auch hypothetische Fragen, die allerdings keineswegs Rechtsfragen im engeren Sinn sein mussten, sondern sich auch auf Glauben und Moral beziehen konnten. Soweit es um Rechtsfragen ging, konnten sich diese sowohl auf das Recht der Sharīʿa als auch auf den Qānūn beziehen. In formeller Hinsicht wiesen die von den Muftiyyūn erstatteten Fatāwā im gesamten osmanischen Reich einige Charakteristika auf. Insbesondere wurde die zu beantwortende Frage generell-abstrakt und so eindeutig wie nur möglich formuliert. An die Stelle der Namen der wirklich beteiligten Parteien traten deshalb, wie häufig auch bei den antiken römischen Juristen, fiktive Namen wie insbesondere Zayd, ʿAmr und Hind. Außerdem war der Muftī verpflichtet, die Quellen anzugeben, auf die er sein Ergebnis stützte. Ihrer Rechtsnatur nach war die Fatwa freilich nicht mehr als die von verbriefter Sachkunde getragene Darlegung einer Rechtsauffassung durch den Muftī. Als solche war sie für den Qāḍī nicht etwa bedingungslos verbindlich, zumal der Muftī die ihm gestellte Frage ja nicht nur generell-abstrakt formulierte, sondern außerdem auch nur den Sachverhalt zugrundelegen konnte, den der Mustaftī ihm mitgeteilt hatte. Mithin war richterlich stets zu prüfen, ob der zu entscheidende Fall in tatsächlicher Hinsicht die Merkmale aufwies, auf denen das Gutachten beruhte. War dies zu bejahen, wurde die Fatwa zur Grundlage der Entscheidungsfindung gemacht, war es zu verneinen, wurde sie zurückgewiesen. Deshalb hing viel davon ab, ob der Mustaftī den Muftī wahrheitsgemäß instruiert hatte.

Eine Fatwa über die Anwendung des Rechts der Sharī'a

Gesetzt den Fall, Zayd habe den 'Amr rechtswidrig so an seinem Körper verletzt, dass 'Amr dadurch Wunden zugefügt worden seien, die ihrerseits ein Wundfieber bewirkt hätten, aufgrund dessen 'Amr erwerbsunfähig geworden sei – wäre Zayd ihm dann zum Unterhalt sowie dazu verpflichtet, die Kosten der ärztlichen Behandlung zu ersetzen? Die Antwort lautet: Ja, zu beidem wäre er verpflichtet. Denn wer einen anderen verletzt, hat diesem sowohl die Kosten der ärztlichen Behandlung zu ersetzen als im Falle der Erwerbsunfähigkeit Unterhalt zu leisten.

Hadži Muhammed, Muftī von Sarajevo[20]

Eine Fatwa über die Anwendung des Qānūn

Gesetzt den Fall, Zayd, vom Dorfe stammend, lebe schon zwanzig Jahre in der Stadt und zahle dort die Steuer, die für die Bürger seines Viertels festgesetzt sei. Obwohl er seinen dörflichen Besitz längst aufgegeben habe, forderten die Autoritäten des Dorfes ihn nun auf, auch die dortige Steuer zu entrichten. Wäre Zayd dazu verpflichtet? Die Antwort lautet: nein.

'Ināyetullāh, Muftī von Kayseri[21]

Literatur: A. A. Qādrī, a.a.O., S. 72 – 77; H. A. R. Gibb und H. Bowen: *Islamic Society and the West*, Bd. 1, Teil 2, Oxford 1957; A. Heidborn: *Manuel de droit public et administratif de l'Empire Ottoman*, Bd. 1, Wien und Leipzig 1908, S. 213 – 216; Subhi Mahmessani: *Muslims. Decadence and Renaissance*, in: *The Muslim World* XLVI (1954), S. 186 – 201; *The Encyclopedia of Islam*, Leiden: 2. Auflage 1960 ff., Artikel: *Ibn Taymiyya*, *Ibn Ḳayyim*, *Birgevi*, *Abū Su'ūd*, *Shāh Walī Allāh Dihlawī* und *Ḳāḍī*.

[20] Übersetzt von Mehmed Handžić, aus den *Jawāhir al-fatāwā*, in: *Nekoliko fetvi naših muftija iz turske dobi*, in: Kalendar *„Gajret"*, 1939, S. 206 f.

[21] Übersetzt von R. C. Jennings, in: *Limitations of the Judicial Powers of the Kadi*, in: *Studia Islamica* 50 (1979), S. 151 f.

VII. Die Periode der Rezeption nichtislamischer Rechte und der Erneuerung des islamischen Rechtsdenkens

Diese bislang letzte Periode der Geschichte des Rechts der Sharīʿa begann in der Mitte des 13./19. Jahrhunderts und dauert bis in unsere Tage an. Ihren Beginn markieren die osmanischen sog. Tanẓīmāt-Reformen (von türk. *tanẓīmāt*: Neuordnung), die außer Staat und Gesellschaft des osmanischen Reiches auch dessen Rechtsordnung grundlegend erneuerten. Von der Gesetzgebung, die mit ihnen einherging, sind hier in erster Linie das 1255/1839 auf dem Gelände des gleichnamigen Parks in Istanbul verkündete *Khaṭṭ-ı Sherīf* (türk.; dt.: Edles Handschreiben) von Gülhane sowie das 1273/1856 als *Khaṭṭ-ı Hümāyūn* (türk.; dt.: Großherrliches Handschreiben) in Kraft gesetzte Religionsgesetz zu erwähnen. Die Reformprozesse, die damals sowohl in der Rechtslehre als auch in der Rechtspraxis einsetzten, bestimmen die juristischen Diskurse über das Recht der Sharīʿa bis heute. Zudem machten sich auf beiden Gebieten zusehends bestimmte Tendenzen geltend, von denen hier insbesondere die Neigung zu nennen ist, den Anwendungsbereich des Rechts der Sharīʿa enger zu bestimmen, als dies in der Vergangenheit der Fall gewesen war. Zum gleichen Kontext zählt das der westeuropäischen Tradition entlehnte Verständnis des Rechts der Sharīʿa als gegenüber dem säkularen Recht subsidiär. Schließlich gehören hierher auch all diejenigen Ansätze, die darauf ausgehen, das islamische Rechtsdenken von seinen Maximen, Prinzipien und Werten (arab.: *al-qawāʿid al-kulliyya*) her zu erneuern. Im Hinblick auf das zeitlich gestaffelte Wirksamwerden der einzelnen Tendenzen ist es möglich, die Periode der Rezeption nichtislamischer Rechte und der Erneuerung des islamischen Rechtsdenkens in zwei Abschnitte zu unterteilen. Der erste Abschnitt beginnt mit der Periode selbst in der Mitte des 13./19. Jahrhunderts. Er endet 1336/1917 mit der Verkündung des osmanischen *Ḥuqūq-ı ʿāʾile qarārnāmesī* (türk.; dt.: Gesetz über das Familienrecht), dessen Inkrafttreten zugleich den zweiten Abschnitt einleitet, der bis in unsere Gegenwart hinein anhält. Jeder dieser beiden Abschnitte sei nachstehend für sich behandelt.

Erster Abschnitt: 1255/1839 – 1336/1917

1. Der geschichtliche und gesellschaftliche Rahmen

Während dieses Abschnittes weitete sich die schon längere Zeit unleugbare Schwäche der islamischen Welt zusehends aus. Das osmanische Reich wurde aus Südosteuropa verdrängt und verlor seine Besitzungen in Afrika. Seine gesellschaftlichen und staatlichen Strukturen sowie seine Rechtsordnung waren immer weniger imstande, ihre Funktionen zu erfüllen. Die muslimische Bevölkerung verblieb in den Gebieten, aus denen sich die Türken zurückgezogen hatten. Soweit sie den gegen sie angezettelten Pogromen entrann und nicht in die islamische Welt, insbesondere also die heutige Türkei, auswanderte, wurde sie den Staatsvölkern der neugegründeten Nationalstaaten des Balkans bzw. den Ethnien zugeschlagen, die die westeuropäischen Mächte in ihren Kolonien und Protektoraten oftmals willkürlich definierten. So wurde die Situation der muslimischen ebenso wie die mancher nichtmuslimischer Bevölkerungsanteile zum Gegenstand der rechtlichen Regulierung durch teils nationale, teils internationale Rechtsakte. Erwähnenswert in letzterer Hinsicht sind namentlich die völkerrechtlichen Verträge, die die neugegründeten Nationalstaaten des Balkans schlossen. Sie garantierten die Bürgerrechte jeweils für alle Staatsangehörigen ohne Rücksicht auf deren Religion, wobei den Muslimen die Möglichkeit eingeräumt wurde, in Personenstands-, Familien- und Erbangelegenheiten sowie bei der Gründung und Verwaltung von Stiftungen bei ihrem hergebrachten Recht zu bleiben. Auf diese Weise blieb die kontinuierliche Anwendung des Rechts der Sharīʿa in den vormals osmanischen Regionen Zyperns, Bulgariens, Rumäniens, Serbiens, Montenegros sowie Bosnien und Herzegowinas gewahrt. In anderen Gegenden der islamischen Welt bauten die westeuropäischen Kolonialmächte ihre Herrschaft hingegen aus, ohne derlei Rücksichten zu wahren. Die koloniale Durchdringung der islamischen Welt begann im 11./17. Jahrhundert in Java und setzte sich im folgenden Jahrhundert in Bengalen fort, bis im Verlauf des 13./19. Jahrhunderts schließlich die meisten Länder mit überwiegend muslimischer Bevölkerung irgendeiner Form von Kolonisierung unterworfen waren. Einige dieser Gebiete gerieten zu Kolonien im rechtstechnischen Sinn des Wortes, während manchen formell selbständig bleibenden Staaten völkerrechtliche Verträge abgezwungen wurden, die sie zu Protektoraten machten. In den Zustand vollständiger kolonialer Unterwerfung hinabgedrückt wurden die muslimischen Gemeinwesen Zentralasiens, der Süd- und Südostküsten der arabischen Halbinsel sowie Südostasiens und weiterer Regionen. Was ihre Rechtssysteme angeht, so sahen sich all diese Länder, gleich ob sie zu Kolonien degradiert oder auf andere Weise unterworfen worden waren, mit Interventionen konfrontiert, die darauf zielten, ihre traditionellen rechtlich-sozialen Ordnungen verschiedenen westeuropäischen Mustern anzugleichen. Was die traditionellen Rechtsordnungen angeht, wurde der Anwendungsbereich des Rechts der Sharīʿa meist auf das Personalstatut (arab.: *al-aḥwāl al-shakhṣiyya*) reduziert. In diesen Fällen fand sich das Recht der Sharīʿa zurückgeworfen auf die Rechtsgebiete, die in der Rechtssprache der beiden großen westeuropäischen Kolonialmächte bis heute unter den Oberbegriffen engl. *personal status* beziehungsweise frz. *status réel* zusammengefasst werden. Länder und Herrschaften, die – wie im Einflussgebiet der französischen Kolonialmacht z. B. Marokko und Tunesien oder im Einflussgebiet des russischen Zarenreiches z. B. das Emirat von Bukhārā im Ferghanatal und das Khānat von Khīwā unweit des Aralsees – nicht Kolonien, sondern nur Protektorate wurden, fanden hingegen meist Mittel und Wege, ihre traditionellen Rechtssysteme mit dem Recht der Sharīʿa, aber auch den jeweiligen säkularen Rechtstraditionen auf das Ganze gesehen zu erhalten.

2. Die Rechtsquellen

Das anwendbare Recht wurde in Ländern mit muslimischer Bevölkerung zu dieser Zeit aus dem Recht der Sharīʿa sowie aus den jeweiligen säkularen Rechten einheimischen oder auch ausländischen Ursprungs geschöpft.

a) Das Recht der Sharīʿa

Bekanntlich war das Recht der Sharīʿa seinerzeit noch nirgends kodifiziert, sondern wurde, wie seit altersher, durch die unzähligen Rechtsanthologien, Kommentare und dergleichen mehr erschlossen, die für das islamische juristische Schrifttum so bezeichnend sind. Indessen wurden gerade in der Periode der Rezeption nichtislamischer Rechte und der Erneuerung des islamischen

Rechtsdenkens bedeutende Versuche unternommen, das Recht der Sharīʿa zusätzlich auch nach der Art und Weise neuzeitlicher westlicher Gesetzbücher zugänglich zu machen. Dabei kam es teilweise zu rein sharīʿatischen Kodifikationen, denen jeweils das Verständnis einer der großen sunnitischen Rechtsschulen zugrundelag, sowie teilweise, unter dem Einfluss westeuropäischer Konzepte, zu gewissen Modifikationen. Die früheste Kodifikation des sharīʿatischen Eigentums- und Vermögensrechts gelang im osmanischen Reich, in dem die *Mejelle-i aḥkām-i ʿadliyye* (türk.; dt.: Sammlung der Rechtsvorschriften) – schrittweise verkündet 1287/1870 – 1294/1877 im sog. *Düstūr* (türk.; dt.: Regelwerk), dem Gesetz- und Verkündungsblatt des Reiches – mit ihren in sechzehn Bücher unterteilten 1851 Paragraphen zu den Resultaten zählte, die die Reformbewegung seit etwa der Mitte des 13./19. Jahrhunderts hervorbrachte. Die Mejelle enthielt materiell-rechtliche Regelungen über das Sachenrecht, das Vertragsrecht, das Schadensersatzrecht sowie die rechtswidrige Aneignung fremder Vermögensgegenstände und das Prozessrecht. Die in ihr zusammengefassten Rechtsnormen wurden aus den Lehren der ḥanafitischen Rechtsschule geschöpft, wobei den zu einer Art von Allgemeinem Teil zusammengefassten ersten hundert Artikeln über die grundlegenden Maximen, Prinzipien und Werte (arab.: *al-qawāʿid al-kulliyya*) des Rechts der Sharīʿa besonderes Gewicht zukam. Sowohl im Hinblick auf die dabei benutzten Quellen als auch im Hinblick auf die rechtspolitischen Tendenzen, die ihrer Redaktion zugrundelagen, stellte die Mejelle eines der bedeutsamsten Mittel dar, das Recht der Sharīʿa gerade in der Periode zu wahren, in der die Rechtsordnung des osmanischen Reiches begann, sich aus ihrer bis dahin ausschließlich orientalisch-islamischen Tradition heraus dem westlichen Rechtskreis anzunähern. Die Mejelle galt auf dem gesamten Territorium des osmanischen Reiches einschließlich der arabischen Provinzen mit Ausnahme Algeriens, das seinerzeit von den Franzosen okkupiert war, sowie Ägyptens, das unter der Herrschaft Muḥammad ʿAlīs und seiner Dynastie vergleichsweise selbständig geblieben war und die Anwendung eines fremden Gesetzbuches deshalb abzuwehren vermochte. Aus dem gleichen Zeitraum stammt ein weiterer Kodifikationsversuch, der manche Parallelen zu den osmanischen Reformbestrebungen aufweist. Der ägyptische Jurist Muḥammad Qadrī Pāshā (1237/1821 – 1304/1886) stellte drei Sammlungen sharīʿatischer Rechtsvorschriften in der Form neuzeitlicher westlicher Gesetzbücher zusammen. Im einzelnen handelte es sich um die Sammlung *al-Aḥkām al-sharʿiyya fī al-aḥwāl al-shakhṣiyya* (arab.; dt.: Die rechtlichen Bestimmungen zum Personenstandsrecht), deren Gegenstand das Personalstatut sowie das Familien- und das Erbrecht waren, um die Sammlung *Murshid al-ḥayrān ilā maʿrifat aḥwāl al-insān* (arab.; dt.: Der Führer der Irrenden zur Kenntnis der Zustände des Menschen), deren Gegenstand das Schuldrecht und weitere Bereiche des Zivilrechts waren, sowie um die Sammlung *Qānūn al-ʿadl wa-l-inṣāf li-l-qaḍāʾ ʿalā mushkilat al-awqāf* (arab.; dt.: Das Gesetz der Gerechtigkeit und der Billigkeit zur Lösung der Probleme der religiösen Stiftungen), die sich mit dem Stiftungsrecht befasste. Gewichtigste dieser Sammlungen war die zum Personalstatut, die 1308/1890 vom ägyptischen Staat als Gesetz verkündet wurde. Als solches wurde sie angewendet von den Gerichtsbarkeiten Ägyptens und einiger weiterer Gegenden einschließlich solcher des Westbalkans, solange es dort staatliche Gerichte gab, die nach der Sharīʿa judizierten. Muḥammad Qadrī Pāšā nahm an den sharīʿatischen Rechtsnormen, die er wie die Bearbeiter der Mejelle gemäß den Lehren der ḥanafitischen Rechtsschule wiedergab, keinerlei Veränderungen vor, sondern beschränkte sich darauf, das gegebene Material in Paragraphen zu fassen, die er ihrerseits nach einzelnen Rechtsinstituten und ganzen Rechtsgebieten ordnete. Seine Arbeit trägt daher den Charakter einer privaten Kompilation des geltenden Rechts – einer solchen freilich, die in manchen Ländern in Gesetzeskraft erwuchs. Neben derartigen allein am Recht der Sharīʿa orientierten Kodifikationen wurden andernorts Gesetzbücher geschaffen, die das Recht der Sharīʿa selbst nach Maßgabe westeuropäischer Konzepte modifizierten. Dies war hauptsächlich dort der Fall, wo die Gesetzgebung unter dem Einfluss des französischen Rechts stand, das entsprechend seiner Zugehörigkeit zum westeuropäisch-kontinentalen Rechtskreis der Kodifikationsidee anhing. In Tunesien wurden 1314/1896 Kommissionen eingesetzt, deren Auftrag es war, Vorschläge für ein Zivilgesetzbuch nebst Handelsgesetzbuch und Zivilprozessordnung sowie ein Strafgesetzbuch nebst Strafprozessordnung zu erarbeiten. An der Spitze der Zivilrechts- und Zivilprozessrechtskommission stand der italienische Orientalist David de Santillana (1261/1845 – 1350/1931). Tunesien war damals französisches Protektorat, hatte sich jedoch in seinen inneren Angelegenheiten eine gewisse Autonomie auch auf dem Gebiet der Gesetzgebung erhalten können. 1317/1899 waren die Arbeiten abgeschlossen, und der Entwurf eines tunesischen Zivil- und Handelsgesetzbuches lag vor. Von seinen zwei Teilen galt der erste Teil dem Allgemeinen Schuldrecht, während der zweite Teil als Besonderer Teil konzipiert war und Titel über die einzelnen Vertragstypen etc. enthielt. Hinsichtlich seiner Form stand der Entwurf unter dem Einfluss des napoleonischen Code Civil von 1219/1804. Dagegen waren die Inhalte entweder dem Recht der Sharīʿa entnommen, oder sie kombinierten deren Rechtsgedanken mit solchen des französischen Rechts. 1325/1906 machte sich der tunesische Staat einzelne Abschnitte des Entwurfes zu eigen und verkündete sie als Code tunisien des obligations et des contrats. Die Bemühungen de Santillanas und seiner Kommission werden auch von muslimischen Juristen bis heute anerkannt. Ein weiterer Versuch, das Recht der Sharīʿa in modifizierter Form zu kodifizieren, ist mit dem Namen des französischen Orientalisten Marcel Morand (1280/1863 – 1351/1932) verbunden, der 1335/1916 den Entwurf eines Gesetzbuches für die algerischen Muslime vorlegte. Die vier Bücher des Entwurfes – über das Personalstatut, das Erbrecht, die Stiftungen, das Recht der unbeweglichen Sachen und das Beweisrecht als Teil des Zivilprozessrechts – folgten teils den Lehren der mālikitischen und teils denen der ḥanafitischen Rechtsschule, ergänzt anhand der Entscheidungspraxis der französischen Kolonialgerichtsbarkeit Algeriens. Hinsichtlich letzterer ist anzumerken, dass die französischen Richter, soweit es um das Personalstatut und einige andere Bereiche des Zivilrechts ging, auf muslimische Parteien an sich das Recht der Sharīʿa anzuwenden hatten, und zwar entsprechend den Lehren der in Algerien vorherrschenden mālikitischen Rechtsschule. Allerdings zogen sie sich von ihren ohnehin meist nur angelesenen Kenntnissen gern auf allgemeine Erwägungen von Humanität und Billigkeit zurück, wenn sie fanden, dass das gefundene Ergebnis westlichen Vorstellungen vom ordre public widersprach. Das Mischrecht, das sich so entwickelte, wurde droit musulman algérien genannt. Der von Morand erarbeitete und im Schrifttum allgemein als Code Morand bezeichnete Entwurf erwuchs nicht in Gesetzeskraft. Dennoch erlangte er große praktische Bedeutung namentlich für die Richter der französischen Kolonialgerichtsbarkeit, die aus ihm ihr Wissen über das Recht der Sharīʿa schöpften. Zu westlich inspirierten Modifikationen des Rechts der Sharīʿa kam es auch in den Ländern, die dem britischen Kolonialreich angehörten. Parallel zur schrittweisen Unterwerfung des indischen Subkontinentes durch die Briten setzte auch die britische Durchdringung der einheimischen Rechtspraxis ein. Da das angelsächsische Rechtsdenken der Kodifikationsidee bekanntlich widerstrebt, wurde das Recht der Sharīʿa hier allerdings nicht in Gesetzbücher nach kontinentaleuropäischer Art und Weise transformiert, sondern die fremden Einflüsse machten sich auf andere Weise geltend. Das britische System der Präjudizien sowie das in der englischen Rechtssprache stare decisis genannte Konzept der richterlichen Bindung an sie, das die Gerichte verpflichtet, an ihrer früheren Rechtsprechung auch künftig festzuhalten, soweit identische oder gleichartige Sachverhalte zur Entscheidung stehen, ist freilich im islamischen Recht ebenso anerkannt, wie die inhaltlichen Parallelen zum Konzept des Judizierens nach justice, equity and good conscience seit jeher klassische sharīʿatische Topoi sind. Das Mischrecht, das auf diesem Boden wuchs, wurde anglo-muhammadan law genannt. Seine Rechtsquellen waren die precedents der Kolonialgerichtsbarkeit, das statute law der Kolonialherrschaft, die von britischen oder auch indischen Herausgebern besorgten sog. digests, die das islamische Schrifttum in englischen Übersetzungen zugänglich machten, sowie dieses im Original auf Arabisch und Urdū vorliegende Schrifttum selbst.

b) Das säkulare Recht

Die staatliche Gesetzgebung, die in der islamischen Welt seit den frühen Zeiten des Islam verbreitet gewesen war, erfreute sich in dieser Periode nicht nur quantitativ zunehmender Beliebtheit, sondern erfuhr darüber hinaus auch qualitative Veränderungen. Schon früh war es möglich gewesen, in den legislativen Rahmen des Qānūn sowohl örtliche Sitten und Bräuche als auch Einflüsse der vorgefundenen autochthonen Rechte einzuschreiben. Was damals freilich mehr oder weniger die Ausnahme geblieben war, wurde nun zur Regel: Die staatliche Gesetzgebung geriet mehr und mehr zum Motor für die Rezeption westlicher bzw. westeuropäischer Rechte. Im osmanischen Reich gelang mit dem Landgesetz (türk.: *Erazi qānūnnāmesī*) zu Beginn der hier zu erörternden Periode freilich zunächst noch eine Kodifikation, die aus dem vom Recht der Sharīʿa durchdrungenen, eigenen Rechtserbe geschöpft war. Entstehungsgeschichte und Traditionsverbundenheit dieses am 7. Ramaḍān 1274 bzw. 21. April 1857 verkündeten Gesetzes kennzeichnen es als Ausdruck eines Nationalgefühls, das den Türken als Muslimen bis dahin ebenso unbekannt geblieben war, wie das Konzept des Nationalismus dem Islam ja überhaupt fremd ist. Das Landgesetz regelte die Verhältnisse der unbeweglichen Sachen, indem es sie unterschiedlichen Kategorien, nämlich den Ordnungen der Grundstücke und Ländereien der Privatpersonen [jeweils türk.] (*erāżī-i memlūke*), des Staates (*erāżī-i mīrī*), der Stiftungen (*erāżī-i mevqūfe*) und der örtlichen Allmende (*erāżī-i metrūke*) zuwies, zu denen das nicht kultivierte Brachland (*erāżī-i mevāt*) hinzukam. Innerhalb des dadurch gezogenen Rahmens wurden Nutzung und Besitzausübung, Veräußerung und Vererblichkeit etc. geregelt. Eine Novelle vom 17. Muḥarram 1284 bzw. 21. Mai 1867 führte ergänzend die Vererblichkeit von Nießbrauchsrechten ein, die zugunsten einzelner Privatpersonen an Staatsland begründet waren. Die damit eingeführte allgemeine Vererblichkeit (*intiqāl-i ʿādī*) dieser Vermögenspositionen wich radikal vom traditionellen sharīʿatischen Erbrecht ab. Innerhalb der gesetzlichen Erbfolge waren Männer und Frauen gleichermaßen erbberechtigt, während testamentarische Erbeinsetzungen ausgeschlossen blieben, weil es ja um Staatsland ging. Bedenkt man, dass es bei derartigen Nießbrauchsrechten in aller Regel um Wiesen und Weiden sowie um Äcker und Forste ging, so wird klar, dass die Novelle einen erheblichen Teil des osmanischen Territoriums dem Anwendungsbereich des sharīʿatischen Erbrechts dauerhaft entzog. In dem an diese Gesetzgebung anschließenden Modernisierungsprozess wurden sowohl das Recht der Sharīʿa als auch die einheimische Rechtstradition im Übrigen zusehends marginalisiert, denn die Rezeption fremder Rechte wuchs sich zu einem nachgerade massenhaften Phänomen aus. Auf diese Weise entstanden im osmanischen Reich das Handelsgesetzbuch von 1267/1850, das Strafgesetzbuch von 1275/1858 sowie das Gesetz über die Handelsgerichtsbarkeit von 1278/1861, das Seehandelsrecht von 1280/1863 und weitere Gesetze. Als Grundlage für ihre Ausarbeitung dienten die entsprechenden französischen Kodifikationen sowie in geringerem Ausmaß auch die Gesetzgebungen Sardiniens, Siziliens, Spaniens, Belgiens und Preußens. In Ägypten, dem seit 1291/1874 eine gewisse Autonomie zugestanden wurde, verlief die Modernisierung ähnlich. Auf den Gebieten des Zivilrechts und des Strafrechts kam es auch hier zu einer Rezeption westlicher bzw. westeuropäischer Rechte. Nach dem Vorbild der napoleonischen Gesetzgebung wurden ein Zivilgesetzbuch, ein Strafgesetzbuch, ein Handelsgesetzbuch und ein Seehandelsrecht verkündet. Freilich blieben im Zivilrecht und im Strafrecht einige Regelungen sharīʿatischen Ursprungs erhalten. In den Ländern, die förmliche Kolonien waren, wurde das Recht der jeweiligen Kolonialherrschaft schon früher rezipiert. So kam etwa im Maghreb, mit den bereits erwähnten Ausnahmen, auf alle Bürger französisches Recht zur Anwendung, soweit die von Frankreich eingesetzte Kolonialgerichtsbarkeit zur Entscheidung berufen war. Auf diese Weise etablierte Frankreich in seinen Kolonien insbesondere sein öffentliches Recht und sein Strafrecht sowie einige Gebiete seines Zivilrechts wie z. B. das Handelsrecht. Insgesamt kann gesagt werden, dass das Recht der Sharīʿa und die übrige einheimische Rechtstradition in Marokko und Tunesien, also den bloßen Protektoraten, in größerem Ausmaß bewahrt wurden als in Algerien, das als Siedlungskolonie enger an das von den Kolonisatoren sog. Mutterland gebunden war. Dagegen wohnte dem Protektorat als lediglich äußerer Unterwerfungsform die Tendenz inne, den status quo der Rechtsordnung jedenfalls nach innen, für die Bevölkerung, zu wahren. Auf dem indischen Subkontinent setzte die Rezeption des britischen Rechts nach 1186/1772 ein, als die Ostindische Gesellschaft von der britischen Krone das Privileg erhielt, ihre private Gerichtsbarkeit über die eigenen Fabriken und Besitzungen hinaus zu erstrecken. Obwohl das existierende Rechtssystem an sich bewahrenswert gewesen wäre – für Muslime galt das Recht der Sharīʿa nach ḥanafitischer Lehre, für Hindus ihr eigenes Recht – löste es sich mit der Zeit geradezu auf. Zunächst trat mit der Verkündung des indischen Strafgesetzbuches von 1279/1862 das Strafrecht der Sharīʿa außer Kraft, zehn Jahre später auch das sharīʿatische Strafprozessrecht. Danach schwoll die Rezeption des britischen Rechts nachgerade zum Strom an, sodass als Domänen des Rechts der Sharīʿa gegen Ende der Periode nur noch das Personalstatut der Muslime einschließlich ihres Familien- und Erbrechts sowie einige weitere aus islamischer Perspektive religiös konnotierte Materien wie z. B. das Stiftungs-, Schenkungs- und Vorkaufsrecht erhalten blieben. Vom 13./19. Jahrhundert an setzte schließlich die Rezeption des niederländischen Rechts in Indonesien ein. Ungeachtet der Politik der Kolonialverwaltung, ihr mitgebrachtes Recht unterschiedslos auch der Lebenswelt der Muslime überzustülpen, blieb hier allerdings mit dem sog. Adatrecht (von arab. *ʿādāt*: Sitten, Bräuche) für einen nennenswerten Teil jedenfalls der zivilrechtlichen Rechtsverhältnisse ein durch autochthone Traditionen modifiziertes Recht der Sharīʿa erhalten. Auf das Ganze gesehen, können abschließend folgende Aussagen getroffen werden: Kennzeichen der Periode ist – erstens – ein Dualismus von eigenen, islamischen Rechtsquellen einerseits und rezipierten, nichtislamischen Rechtsquellen andererseits, der im Vergleich mit früheren Dualismen scheinbar ähnlicher Art allerdings sowohl hinsichtlich des Umfanges der Rezeption als auch hinsichtlich des durch sie erzwungenen, tiefgreifenden Wandels der Inhalte ein Novum darstellt. Sodann kann die Rezeption der fremden Rechte – zweitens – auch als eine Art von politischer Verpfändung aufgefasst werden, durch welche die herrschenden muslimischen Kreise sich teilweise sogar willentlich ihrer Autonomie oder Halbautonomie begaben, um eine von ihnen selbst gewünschte Annäherung an westliche Vorbilder zu fördern, die Modernisierung ihrer Länder voranzutreiben und dadurch den Wünschen der Kolonialherrschaft, die in alldem ja ihre zivilisatorische Sendung sah, einen pflichtschuldigen Tribut zu zollen. Was schließlich – drittens – die Rechtsgebiete angeht, die von der Rezeption betroffen waren, so handelt es sich um ein äußerst weites Feld, das in den meisten Fällen das gesamte öffentliche Recht einschließlich des Strafrechts sowie einen Teil des Zivilrechts umfasste, es sei denn, es ging um die von der Kolonialherrschaft typischerweise nicht angetasteten Materien wie Personalstatut und Stiftungsrecht etc.

3. Die Rechtswissenschaft

In der islamischen Rechtswissenschaft bzw. der Einsicht (arab.: *fiqh*) der Periode bildeten sich unterschiedliche intellektuelle und wissenschaftstheoretische Orientierungen heraus. Auf der einen Seite stand die Mehrheit der traditionell gebildeten und ausgebildeten Rechtsgelehrten, die, eingehegt in die Ordnungen der muslimischen Gemeinschaft der Gelehrten (arab.: *ʿulamāʾ*), auch weiterhin auf dem Geist der Nachahmung (arab.: *taqlīd*) beharrten. Auf der anderen Seite standen die Bannerträger der Idee, dass eine Erneuerung des islamischen Rechtsdenkens das Gebot der Stunde sei. In der zweiten Hälfte des 13./19. Jahrhunderts ging aus den Hörer- und Schülerkreisen, die sich um einige dieser Denker und Lehrer scharten, eine Reformbewegung hervor, die sowohl das islamische Rechtsdenken als auch das religiöse, gesellschaftliche und politische Leben der Muslime einschließlich dessen ethischer Fundierung neu durchdenken wollte. Diese unter ihrem Sammelnamen der Erneuerung (arab.: *iṣlāḥ*) bekanntgewordenen Reformbestrebungen setzten sich eine Reinigung und Umformung der muslimischen Lebenswelt zum Ziel, allerdings ausdrücklich zu einem solchen, das in Übereinstimmung mit der ursprünglichen islamischen Praxis zu verfolgen sei. Vorliegend kann nur von den Bestrebungen auf dem Gebiet des islamischen Rechts berichtet werden. Auf diesem Feld kann die Bewegung als Fortsetzung älterer Tendenzen beschrieben werden, die ebenfalls darauf abgezielt hatten, das islamische Rechtsdenken und die auf ihm fußende Auslegung des Rechts der Sharīʿa als niemals abgeschlossenen und niemals abzuschließenden Prozess zu beschreiben. Denn mit den neuen Reformbestrebungen war ja, ebenso wie im Rahmen der älteren Tendenzen, in erster Linie nicht mehr als die Etablierung eines Rechtsdenkens gemeint, das es dem Einzelnen ermöglichen, vor allem aber auch erlauben sollte, persönlich einzusehen, was schon von seinem Ursprung her auf die persönlichen Einsichten Einzelner gegründet war; nämlich auf die Einsichten der Imāme, auf die die verschiedenen Rechtsschulen sich beziehen. Die Gründe für das Auftreten der Reformbewegung sind in einer Reaktion auf die Stagnation der damaligen islamischen Welt sowie in der Erkenntnis zu suchen, dass ein versteinertes Rechtsdenken außerstande ist, die Dynamik eines stürmisch voranschreitenden Lebens effektiv zu regulieren, zwei Motive, zu denen das Bedürfnis hinzukam, den Herausforderungen der westlichen Kultur zu begegnen, die im Gefolge der Kolonialherrschaft nicht nur die intellektuellen Kreise der Muslime, sondern ihre gesamte politisch-wirtschaftliche und gesellschaftlich-private Lebenswelt immer mehr durchdrangen. Angesichts dessen sahen sich die Reformer einer Reihe von Fragen ausgesetzt, die der Antwort harrten – nämlich, ob das Recht der Sharīʿa, unter dem vorliegend ja nicht die Sharīʿa selbst, sondern nur der Korpus der verschiedenen dogmatischen Systeme der Rechtsschulen verstanden wird, als Rechtsordnung für eine sich wandelnde Gesellschaft überhaupt geeignet sei; ob dieses Recht bzw. seine herrschende Theorie und die ihr folgende Praxis eine Mitschuld an dem so unbefriedigenden Zustand der islamischen Gemeinschaft trügen; auf welchem Weg es möglich sei, den Geist der Lebenswirklichkeit in die traditionellen Strukturen des Rechtsdenkens einzubringen und dergleichen mehr. Die Reformer selbst sind sowohl hinsichtlich ihrer Bildungsgänge als auch hinsichtlich ihrer Denkweisen verschiedenen Typen zuzuordnen: Dem traditionellen Gelehrten (arab.: *ʿālim*) bzw. Rechtsgelehrten (arab.: *faqīh*) stand der modern ausgebildete Jurist, dem Theoretiker der Praktiker gegenüber. Als Wegbereiter der Bewegung werden Rifāʿa Rāfiʿ al-Ṭahṭāwī und Khayr al-Dīn Pāshā al-Tūnisī angesehen. Der Ägypter Rifāʿa Rāfiʿ al-Ṭahṭāwī (1216/1801 – 1290/1873), der seine Anliegen, politisch und publizistisch wirksam, auch öffentlich vertrat, setzte sich mit großem Nachdruck dafür ein, das Tor zur selbständigen Urteilsfindung (arab.: *ijtihād*) wieder zu öffnen. Er wies nach, dass die inhaltlichen Unterschiede zwischen dem islamischen Recht und der damaligen westeuropäischen Gesetzgebung besonders dort, wo ihr die abendländische Naturrechtstradition zugrundelag, nicht allzu groß waren. Daraus folgerte er, dass es den Muslimen erlaubt sein müsse, das fremde Recht unter bestimmten politischen und gesellschaftlichen Bedingungen als neben dem Recht der Sharīʿa anwendbares bzw. ergänzendes Recht zu akzeptieren. Mit dieser Begründung konnte zugleich auch die Schaffung eigener, ägyptischer Kodifikationen in Anlehnung an die entsprechenden französischen Gesetze gebilligt werden. Der tunesische Staatsmann Khayr al-Dīn Pāshā al-Tūnisī (1239/1829 – 1308/1890), osmanischer Minister sowie, nachdem Tunesien 1287/1870 innerhalb des osmanischen Reiches autonom geworden war, tunesischer Regierungschef, leitete Reformen u. a. der öffentlichen Verwaltung, der Stiftungstreuhand, der Gerichtsverfassung und der bis heute bestehenden staatlichen Universität *al-Zaytūna* (arab.; dt.: der Ölbaum) in Tunis ein. Seine Auffassungen zur Reform des öffentlichen Rechts legte er in seinem Werk *Aqwam al-masālik fī maʿrifat aḥwāl al-mamālik* (arab.; dt.: Die angemessensten Handlungsweisen bei Kenntnis der Zustände der Länder) dar, das 1284/1867 in Tunis erschien. Im Hinblick auf die Reform des Rechts der Sharīʿa hob er insbesondere das Prinzip des frei erwogenen Gemeinwohls (arab.: *maṣlaḥa*) hervor. Dabei verstand er das Gemeinwohl als einen Topos, anhand dessen die Vorzugswürdigkeit derjenigen Auslegung, die den sozialen Erfordernissen am ehesten entspreche, ohne Rückgriff auf westliche Konzepte schon innerhalb des Denkraumes der islamischen Einsicht (arab.: *fiqh*) und damit systemimmanent begründbar sei. Das größte Interesse dieses Reformers galt dem Verfassungsrecht. Den bedeutendsten Einfluss auf die weitere Entwicklung der Reformbewegung übte freilich der ägyptische Gelehrte, Politiker und Publizist Muḥammad ʿAbduh (1266/1849 – 1323/1905) aus, der als Muftī auch rechtspraktisch tätig war. Sein Bildungsgang vollzog sich in den traditionellen islamischen Institutionen, doch unter dem Einfluss von Jamāl al-Dīn al-Afghānī (1255/1839 – 1315/1897) erwachte in ihm das Interesse für die politischen und gesellschaftlichen Probleme der Muslime seiner Zeit. Im Laufe seines Wirkens war es ihm gegeben, seine am Studium dieser Probleme geschulten Standpunkte nicht nur im gesprochenen und geschriebenen Wort theoretisch vorzutragen, sondern als Qāḍī und Mitglied verschiedener Gesetzgebungskommissionen sowie als Großmuftī von Ägypten hatte er manche Gelegenheit, seine Lösungen auch praktisch umzusetzen. ʿAbduh lebte in einer Zeit, während derer seine ägyptische Heimat eine Phase dynamischen Wandels durchlebte – neue Gesetze wurden geschaffen, fremde Rechte rezipiert, neue Schulen öffneten ihre Pforten, neuartige Institutionen erblickten das Licht der Welt. ʿAbduh unterstützte den Wandel, der mit all diesen Prozessen einherging, war sich jedoch seiner Folgen bewusst: Der Dualismus der unter der Kolonialherrschaft geltenden Rechte musste ebenso ein Nebeneinander von traditionellem, östlichem und modernem, westlichem Rechtsdenken hervorbringen, wie die entsprechenden Dualismen der Institutionen und Bildungsgänge auf vielen anderen Gebieten einen intellektuellen Zwiespalt in die gesamte muslimische Lebenswelt tragen mussten. In der ägyptischen Gesellschaft seiner Zeit bildeten sich ebenso wie in den anderen muslimischen Gesellschaften, die mit den Ideen des Westens in Berührung gekommen waren, zwei soziale Kohorten aus – eine im westlichen Sinn gebildete und westlich orientierte Gruppe und eine andere, im traditionellen Sinn muslimisch sozialisierte Gruppe, die dem Wandel und den Reformen widerstand. Zwischen beiden Gruppen tat sich eine Kluft auf, die durch einen bloßen Rückbezug auf die Vergangenheit nicht mehr zu überbrücken war, sondern unabdingbar sowohl die Neuerung als, zu gleicher Zeit, auch eine Orientierung an den zeitlos gültigen Maximen, Prinzipien und Werten (arab.: *al-qawāʿid al-kulliyya*) des Islam erforderte. ʿAbduh trat an, um zu zeigen, dass der Islam alle Potentiale der Rationalität des religiösen Bekenntnisses und der wissenschaftlichen Erkenntnis ebenso wie das Potential einer vernunftgemäßen Ethik seit jeher in sich trage, womit ihm alle Fundamente der westlichen Moderne immanent seien, ohne dass es einer Nachäffung des Westens bedürfe. Vor diesem Hintergrund legte er dar, dass es geboten sei, das Wesen des Islam zu reformulieren und die Implikationen des Islam für moderne Gesellschaften herauszuarbeiten. Im Hinblick darauf betonte er, dass es geboten sei, das Rechtsdenken von den Fesseln der Nachahmung (arab.: *taqlīd*) und eines unreflektiert traditionsverhafteten Verständnisses zu befreien. Er zeigte, dass der Schlüssel zur Wiedergeburt in der Differenz zwischen dem bestehe, was für den Islam wesentlich und deshalb für die Muslime unabänderlich sei, und dem, was im Lauf der Zeit dem Wandel unterliege. Wesentlich und deshalb unabänderlich sind dabei für ihn die Grundlagen des praktizierten Glaubens (arab.: *dīn*) und ein Leben in Übereinstimmung mit diesem Glauben selbst. Die von Muḥammad صلى الله عليه وسلم überbrachte Offenbarung ist im Qurʾān sowie in denjenigen Aḥadīth zu finden, die unzweifelhaft authentisch sind. In Fragen, zu denen Qurʾān und Ḥadīth keine klare Rechtleitung enthalten, entscheidet die Auslegung entsprechend der menschlichen Vernunft – die selbständige Urteilsfindung der Rechtsgelehrten (arab.: *ijtihād*) ist nicht nur erlaubt, sondern geboten. Vollzogen werden kann sie freilich nur von denen, die im Wortsinn rechtsgelehrt und deshalb zu selbständiger Urteilsfindung befähigt (arab.: *mujtahid*) sind, die über Wissen verfügen, intellektuell selbständig, religiös gefestigt und moralisch Persönlichkeiten sind. Der Konsens (arab.: *ijmāʿ*) repräsentiert das kollektive Urteil der Gemeinschaft, trägt aber keineswegs den Charakter der Unfehlbarkeit und vermag vor allem nicht das Tor zur selbständigen Urteilsfindung (arab.: *ijtihād*) zu schließen. Mit anderen Worten kommt nichts der Kraft des Qurʾān und des Ḥadīth als der beiden primären Rechtsquellen gleich. Damit baute ʿAbduh auf den Ansichten auf, die al-Shāṭibī, Ibn Taymiyya und andere frühere Rechtsgelehrte über die Unterschiede zwischen dem Recht der gottesdienstlichen Handlungen (arab.: *ʿibādāt*) einerseits und dem Recht der zwischenmenschlichen Handlungen und Beziehungen andererseits (arab.: *muʿāmalāt*) geäußert hatten. Die gottesdienstlichen Handlungen sind in Qurʾān und Ḥadīth im Einzelnen geregelt, und die hierfür geltenden Vorschriften sind lediglich anzuwenden. Was die zwischenmenschlichen Handlungen und Beziehungen angeht, so geben Qurʾān und Ḥadīth zwar allgemeine Richtlinien an, doch ist es den Menschen überlassen, diese im Einzelnen auszuführen und mit Rücksicht auf die jeweiligen Verhältnisse zu konkretisieren. Gerade die zwischenmenschlichen Handlungen und Beziehungen sind deshalb der legitime Anwendungsbereich für die selbständige Urteilsfindung (arab.: *ijtihād*) der Rechtsgelehrten. Soweit sich das Recht der Sharīʿa auf diese Sphäre bezieht, bedarf es einer immer neuen interpretatorischen Bemühung. In dieser Hinsicht verweist ʿAbduh auf zwei einander ergänzende Methoden, nämlich (1) auf das Konzept des frei erwogenen Gemeinwohls (arab.: *maṣlaḥa*), das die Rechtsanwendung befähigt, aus den allgemeinen Grundsätzen einzelne Vorschriften abzuleiten, die entsprechend dem gesellschaftlichen, wirtschaftlichen und politischen Wandel veränderlich sind, sowie (2) auf das Konzept eines Eklektizismus (arab.: *talfīq*), der auf eine systematische Konkordanz des gesamten Materials zielt, das die verschiedenen Rechtsschulen sowie einzelne Rechtsgelehrte hinterlassen haben, auf dass die Fülle ihres Erbes und ihrer unterschiedlichen Traditionen das eigene Rechtsdenken befruchte. Leitbild all dessen ist die Vision eines einheitlichen und modernen Rechts der Sharīʿa. Die Fatāwā, die ʿAbduh erstattete, stellen erste Schritte in diese Richtung dar. Mit ihnen begann in Ägypten der Reformprozess, der in den Justizreformen der zwanziger Jahre des 20. Jahrhunderts gipfelte. Zu den bekanntesten Fatāwā von ʿAbduh zählt die sog. Fatwa von Transvaal. Die kleine islamische Gemeinschaft von Transvaal in Südafrika hatte um Antwort auf folgende Fragen nachgesucht: (1) Dürfen männliche Muslime, die in einer überwiegend christlichen Diaspora leben, statt ihrer traditionellen Kopfbedeckung auch Hüte nach westeuropäischer Art tragen? (2) Ist es erlaubt, Fleisch aus christlicher Schlachtung zu essen, obwohl nicht feststeht, dass die Art und Weise der Schlachtung mit den qurʾānischen Vorschriften übereinstimmt? (3) Ist es Ḥanafiten und Shāfiʿiten erlaubt, sich trotz der Unterschiede zwischen ihren Rechtsschulen in der Moschee gemeinsam zum Gebet zu verneigen? ʿAbduh bejahte alle drei Fragen. Anlässlich der Einführung der Postsparkassen in Ägypten wurde ihm die Frage vorgelegt, ob es erlaubt sei, die auf das eingezahlte Guthaben anfallenden Sparzinsen anzunehmen, oder ob deren Annahme bereits dem Zinsverbot bzw. der Kategorie des Wuchers (arab.: *ribā*) unterfalle. ʿAbduh antwortete, dass jedenfalls die

Entgegennahme der auf 2,5 % bemessenen Sparzinsen erlaubt sei. Die rechtsgeschichtliche Forschung hat gezeigt, dass die in solchen Voten aufscheinenden Einflüsse des Rationalismus bei ʿAbduh namentlich auf die muʿtazilitische Ideenwelt verweisen. Mithin bahnte sein Rechtsdenken zugleich den Weg, innerhalb des islamischen Erbes und aus ihm heraus ein islamisches Äquivalent zu den Grundlagen zu finden, die der westlichen Jurisprudenz damals durch den Naturrechtsgedanken vermittelt wurden. Einen überzeugten Schüler und überzeugenden Fürsprecher fand der Ansatz von ʿAbduh in dem syrischen Rechtsgelehrten Muḥammad Rāshid Riḍā (1282/1865 – 1354/1935). Hinsichtlich der großen Linien folgte er den Lösungen seines Lehrers, die er fortschrieb und weiter entfaltete, stellenweise aber auch modifizierte. Besonderes Gewicht legte er in seinen Abhandlungen *al-Khilāfa aw al-imāma al-ʿuẓmā* (arab.; dt.: Das Kalifat oder das größte Imāmat) und *Yusr al-islām wa uṣūl al-tashrīʿ al-ʿāmm* (arab.; dt.: Die Einfachheit des Islam und der Grundlagen der öffentlichen Gesetzgebung) auf die Theorie von Recht und Staat – ein Feld, auf dem seine Gedanken ein Niveau erreichten, das das Interesse nachgeborener westlicher Orientalisten freilich mehr zu fesseln vermochte als die Aufmerksamkeit seiner muslimischen Zeitgenossen! Der Frage der Rechtsquellen und ihrer Auslegung widmete er sich anhand des Qurʾān sowie bestimmter Anliegen der islamischen Renaissance im Allgemeinen. Dagegen äußerte er seine Ansichten über die Erneuerung der islamischen Rechtswissenschaft, wörtlich also der Einsicht (arab.: *fiqh*), meist in den Fatāwā, die in der Zeitschrift *al-Manār* (arab.; dt.: Der Leuchtturm) veröffentlicht wurden. Ebenso wie ʿAbduh unterschied auch Riḍā den strukturell wesentlichen Kern des rechtlich Gebotenen vom Bereich des strukturell Unwesentlichen und Anheimgestellten. Was strukturell wesentlich ist, findet sich im Qurʾān und in den authentischen Aḥadīth; außerdem ist – auf diesem Feld – der Konsens (arab.: *ijmāʿ*) der frühesten Generationen der Muslime (arab.: *salaf*) verbindlich. Sodann unterscheidet auch Riḍā zwischen den gottesdienstlichen Handlungen (arab.: *ʿibādāt*) und den zwischenmenschlichen Handlungen und Beziehungen (arab.: *muʿāmalāt*). Hinsichtlich der Letzteren gilt, dass die Muslime dort, wo Qurʾān oder Ḥadīth keine konkreten Bestimmungen enthalten, solche in ihrer jeweiligen islamischen Gemeinschaft aus dem Geist des Islam und dem Prinzip des frei erwogenen Gemeinwohls (arab.: *maṣlaḥa*) finden werden, wenn sie sich nur bemühen. Dabei maß Riḍā dem Prinzip des frei erwogenen Gemeinwohls eine größere Bedeutung zu, als es sein Lehrer tat. Insbesondere vertrat er den Standpunkt, dass in Fragen der gesellschaftlichen

Moral nicht einmal der Konsens der frühesten Generationen der Muslime verbindlich sei, sondern die volle legislative Gewalt bei der zeitgenössischen Umma liege. Wenn sie nach bestem Wissen und Gewissen im Geist der Religion handele, stehe es ihr zu, entsprechend den jeweiligen gesellschaftlichen, wirtschaftlichen und politischen Umständen eigene Regelungen zu ersinnen. Die legislative Kompetenz hierfür liegt nach Riḍā bei den Gruppen der frommen Herrscher und der zur selbständigen Urteilsfindung (arab.: *ijtihād*) befähigten Rechtsgelehrten, die er zusammen als die Leute des Lösens und Bindens (arab.: *ahl al-ḥall wa-l-ʿaqd* für dt.: die maßgebenden Leute) bezeichnet. Das von ihnen gesetzte Recht erwächst aus beiderseitiger Konsultation und Beratung (arab.: *shūrā*) in einer Art von parlamentarischem Prozess. Riḍā verurteilte die Versteinerung (arab.: *jumūd*) des Rechtsdenkens ebenso wie die blinde Nachahmung (arab.: *taqlīd*) der klassischen Rechtsschulen. Stagnation und Imitation seien immer schlecht, doch besonders schlecht seien sie in Zeiten, in denen die islamische Welt der neuartigen Zivilisation des Westens gegenüberstehe. In dieser Situation sei die Erneuerung des Rechtsdenkens notwendig, weil der gesellschaftliche, wirtschaftliche und politische Wandel größer sei als je zuvor. Angesichts dessen sei es auch nicht genug, das Erbe der vier klassischen Rechtsschulen bzw. der vier eingeschlagenen Wege (arab.: *maḏāhib*) lediglich zu modifizieren. Vielmehr bestehe die Aufgabe darin, eine neue und einheitliche Dogmatik hervorzubringen, die mit dem Rechtsdenken aller Schulen zu vereinbaren sei. Ebenso wie ʿAbduh plädierte auch Riḍā für einen schöpferischen Eklektizismus (arab.: *talfīq*). Werde dieser rational und systematisch gehandhabt, sei er als Form der selbständigen Urteilsfindung (arab.: *ijtihād*) anzuerkennen. Die Rationalität, die das Denken von Muḥammad ʿAbduh geprägt hatte, erfuhr in den Arbeiten von Muḥammad Rāshid Riḍā eine gewisse Wendung, und zwar hin zu einer ḥanbalitisch beeinflussten Konzeption der Verbindung strenger Paradigmen mit der Flexibilität ihrer Anwendung. Deshalb vermochte ein und dasselbe Werk später Kreise sowohl von Theoretikern als auch von Praktikern zu inspirieren, die intellektuell sehr verschieden geprägt waren: Die einen verstanden das Postulat der Unveränderlichkeit der Schöpfung und, daraus folgend, der Gebote des Islam als absolut und wandten sich der als normativ verstandenen Praxis der frühesten Generationen der Muslime (arab.: *salaf*) zu, während die anderen den gesellschaftlichen, wirtschaftlichen und politischen Wandel als legitim ansahen und demgemäß eine Trennung der säkularen von der religiösen Sphäre verkündeten, die jeweils ihrer eigenen Grundnorm unterworfen seien. In der Jurisprudenz des indischen Subkontinentes speiste sich die Reformbewegung aus anderen

Quellen als im Nahen Osten. Träger der neuen Ideen waren hier die muslimischen Intellektuellen, deren Bildungsgänge britisch geprägt waren. Bei ihnen fand der Reformgedanke seinen Ansatzpunkt in einem Glaubensverständnis, das sich an dem im Westen im 13./19. Jahrhundert vorherrschenden Rationalismus orientierte. Sayyid Aḥmad Khān (1233/1817 – 1316/1898) rekonstruierte die Fundamente des Islam unter dem Einfluss der westlichen Naturphilosophie – die von ihren westlichen Widersachern freilich gerade der Unnatur geziehen wurde – anhand der Kriterien der Vernunft und versuchte so, eine Verbindung zwischen wissenschaftlicher Weltanschauung und islamischer Lehre philosophisch herzustellen. Er vertrat die Auffassung, dass einziges wirklich grundlegendes Element des Islam der Qur'ān sei, und schränkte die Funktion des Ḥadīth als Rechtsquelle deshalb zusehends ein. Dabei unterschied er zunächst noch zwischen authentischen und nicht authentischen Aḥadīth, während er die Normativität des Ḥadīth später gleich seinem indischen Zeitgenossen Maulvī Çirāgh 'Alī (1260/1844 – 1313/1895) gänzlich verwarf und den Ḥadīth nur noch als Hilfsmittel einer historisch fundierten Qur'ānexegese zulassen wollte. Ebensowenig sah er den Konsens (arab.: *ijmā'*) der frühesten Generationen der Muslime (arab.: *salaf*) als verbindlich an. Dagegen verortete er den Analogieschluss (arab.: *qiyās*) innerhalb der von ihm bejahten selbständigen Urteilsfindung (arab.: *ijthihād*) der Rechtsgelehrten, die er freilich auch jedem einsichtigen und gebildeten Muslim ohne Studium der Rechtswissenschaft zugestand. Die Auffassung, dass es innerhalb des Qur'ān abrogierende und abrogierte Verse (arab.: *nāsikh wa-mansūkh*) gebe, lehnte er ab und räumte lediglich ein, dass der Qur'ān frühere Offenbarungen wie etwa die des jüdischen Alten und des christlichen Neuen Testamentes abrogiert habe. Intensiver mit eigentlichen Rechtsfragen, und zwar vornehmlich mit solchen der Rechtspraxis, befasste sich Sayyid Amīr 'Alī (1265/1849 – 1347/1928), Ordinarius der Rechtswissenschaft und erstes indisches Mitglied des Judicial Committee of the Privy Council in London, dem bedeutendsten Gremium des britischen Kronrates für die Rechtsentwicklung in den Kolonien des Empire. Seine Werke, besonders das 1301/1884 in Kalkutta erschienene zweibändige *Muhammadan Law*, sind in der Behandlung ihres Gegenstandes bis heute maßstäblich geblieben. Seine Ansichten über die Reform bestimmter Normen und Institute des Rechts der Sharī'a legte Amīr 'Alī in seiner Schrift *The Spirit of Islam* dar, deren Erstausgabe 1290/1873 in London erschien. In ihr stellte er die Unterscheidung zwischen den moralischen Maximen, Prinzipien und Werten (arab.: *al-qawā'id al-kulliyya*) des Islam sowie seinen Rechtsnormen im engeren Sinn wieder her, die seines Erachtens mit der Zeit verlorengegangen war. Hierzu arbeitete er heraus, dass in Qur'ān und Ḥadīth zum einen bestimmte Paradigmen aufscheinen, die den Islam als in sich unveränderliche, zeitlos gültige Ordnung repräsentieren, während dieselben Quellen zum anderen auch auf manche zeitbedingte Zustände im Arabien des 1./7. Jahrhunderts reflektieren. Was die in sich unveränderliche, zeitlos gültige Ordnung betrifft, so ist es geboten, die dem Islam immanente Tendenz zur Fortentwicklung im Blick zu behalten, während bloße Reflexe früherer gesellschaftlicher, wirtschaftlicher und politischer Zustände keineswegs als verpflichtend gelten können. So zeigte Amir ʿAlī etwa, dass der Islam die Sklaverei als Rechtsinstitut zunächst akzeptierte, auf dem Gebiet der Moral jedoch von Anfang an Bedingungen aufstellte, die darauf zielten, sie gänzlich abzuschaffen; dass der Islam die Mehrehe als Rechtsinstitut akzeptiert, sie jedoch durch das Gebot der strikten Gleichbehandlung aller Ehefrauen an eine Bedingung knüpft, die praktisch unerfüllbar ist. Eine weitere bedeutende Gestalt der indischen Reformbewegung ist Muḥammad Iqbāl (1292/1875 – 1357/1938). Seiner persönlichen Anlage nach eigentlich Dichter und Philosoph, befasste er sich mit dem Recht der Sharīʿa hauptsächlich im Allgemeinen. In seinem wohl bekanntesten Buch *The Reconstruction of Religious Thought in Islam*, das auf Vorlesungen zurückgeht, die Iqbāl 1347/1928 an mehreren indischen Universitäten hielt, befasst sich das 6. Kapitel unter der Überschrift *The Principle of Movement in the Structure of Islam* mit der selbständigen Urteilsfindung (arab.: *ijthihād*) der Rechtsgelehrten. Aus seiner Analyse der islamischen Rechtsgeschichte leitete Iqbāl die These ab, dass dem Recht der Sharīʿa das Vermögen zur fortwährenden Entwicklung und Erneuerung zweifelsohne von Anfang an mitgegeben sei. Auch er wies darauf hin, dass in den Strukturen dieses Rechts sowohl unveränderliche als auch veränderliche Elemente wirksam seien, und sprach über die Methoden, mit denen der Wandel unter den Bedingungen der Neuzeit ins Werk zu setzen sei. Schon der Qur'ān betone, dass das Leben ein stetiges Fortschreiten und unausgesetzt in Bewegung sei, und diese Eigenart der qur'ānischen Lehre fordere die Muslime auf, jeder neuen Generation das Recht einzuräumen, ihre Probleme selbst zu lösen – und zwar ohne Ansehung dessen, was die Vorfahren hinterlassen oder auch vereitelt hätten. Freilich dürfe die Erneuerung des islamischen Rechtsdenkens nicht etwa gleichgesetzt werden mit einer bloßen Assimilation an die heutige Welt. Vielmehr setze sie einen Prozess voraus, in dessen Rahmen das Erbe dieses Denkens einer ernsthaften Prüfung zu unterziehen sei. Iqbāl wies darauf hin, dass die Bürde der selbständigen Urteilsfindung (arab.:

ijtihād) für die heutigen, historisch späteren Juristengenerationen mit diesem Erbe in den Händen sogar leichter sei als für die früheren Rechtsgelehrten; aber kein Urteil eines Einzelnen dürfe jemals beanspruchen, das letzte Wort zu sein. Deshalb förderte er das Konzept des Konsenses (arab.: *ijmāʿ*) und fasste eine Art von Parlament ins Auge, dessen Mitglieder teils aus der Gemeinschaft der muslimischen Rechts- und Religionsgelehrten (arab.: *ʿulamāʾ*) und teils aus säkularen Institutionen entsandt sein sollten. Insgesamt übte die Reformbewegung des indischen Subkontinentes einen gewissen Einfluss vor allem auf die Rechtsentwicklung im Allgemeinen aus. Positive Reformergebnisse wurden, mit der Erschwerung der Mehrehe sowie mit der Aufrichtung gewisser Hürden für die einseitige Scheidung des Mannes von der Ehefrau, namentlich auf dem Gebiet des Eherechts erzielt. Von den traditionell ausgebildeten indischen Juristen dieser Ära sind abschließend noch zwei ḥanafitische Gelehrte zu nennen: ʿAbd al-Ḥajj al-Lakhnawī (1264/1848 – 1304/1887) lehrte an der renommierten Firanjī Maḥalla in Lucknow. Er publizierte auf Arabisch und Persisch sowie außerdem auf Urdū, der Sprache, in welcher er die dreibändige Sammlung von Rechtsgutachten verfasste, die sein bekanntestes Werk geblieben ist. Mawlānā Ashraf ʿAlī Sanawī (1280/1863 – 1363/1943) lehrte an den Medressen von Kānpūr und Thana Bhawan. Er verfasste über 900 Abhandlungen und Bücher. Seine *al-Fatāwā al-ashrafiyya* (arab.; dt.: Die ashrafitischen Fatāwā) stehen fest in der ḥanafitischen Tradition und erlangten in Indien große Popularität.

4. Die Rechtsanwendung

Die nicht nur, aber insbesondere auch mit der Rezeption westeuropäischer Rechte einhergehende Implementierung genuin säkularer Teilrechtsordnungen hatte in den betreffenden Ländern der islamischen Welt die Herausbildung besonderer Gerichtsbarkeiten zur Folge, denen die Anwendung und Auslegung dieser Teilrechtsordnungen oblag: Die Dualität der Rechtsordnungen führte zu einem Dualismus der Gerichtsbarkeiten. Der erste praktische Schritt zur Verwirklichung dieses Dualismus wurde im osmanischen Reich getan. Auf der Grundlage von Art. 12 des *Hatt-ı-Hümayun* (türk.; dt.: Großherrliches Handschreiben) genannten Religionsgesetzes von 1273/1856 wurden zunächst sog. gemischte Gerichte (türk.: *mukhteliṭ dīvānlar*) gebildet, die für die Entscheidung bestimmter [nach islamischem Verständnis zumindest auch religiös konnotierter] vermögensrechtlicher und weiterer Streitigkeiten zwischen Muslimen und Nichtmuslimen sowie zwischen Nichtmuslimen unterschiedlicher Religionen zuständig waren. Ähnliche Gerichte wurden später auch in Ländern gebildet, die, wie etwa Ägypten oder Tunesien, zwar nominell autonom waren, jedoch zum politischen Einflussgebiet der Pforte gehörten und deshalb im weiteren Sinne zum osmanischen Reich gezählt werden dürfen. Ihnen oblag insbesondere die Rechtsprechung zwischen Einheimischen und Ausländern – und zwar namentlich dann, wenn letztere zu den Kaufleuten zählten, die so gewissermaßen als Boten fungierten, die ihre westeuropäischen Rechte in diesen Teil des Ostens brachten. Für die Entscheidung bestimmter Streitigkeiten zwischen einheimischen Parteien gleich welcher Religion, die [auch nach islamischem Verständnis] weltliche Materien betrafen, wurden im osmanischen Reich gleichfalls besondere Gerichte gebildet. 1276/1860 wurden in allen Provinzen besondere Handelsgerichte (türk.: *tijāret maḥkemelerī*) eingeführt, deren Spruchkörper aus ständigen und zeitweiligen Mitgliedern bestanden; letztere wurden nach Art von Schöffen aus der Kaufmannschaft gewählt und mussten keine Muslime sein. Schließlich wurde 1281/1864 eine ordentliche säkulare Zivil- und Strafgerichtsbarkeit (türk.: *niẓāmiyye maḥkemelerī*) für alle Untertanen des Reiches geschaffen. Ihr aus Kreisgerichten (türk.: *mejlis-i deʿāvī*), Bezirksgerichten (türk.: *mejlis-i temyīz*) und Provinzgerichten (türk.: *dīvān-ı temyīz*) bestehender Instanzenzug war dreistufig. Über ihm thronte der oberste Gerichtshof (türk.: *dīvān-ı aḥkām-ı ʿadliyye*) in Istanbul, der sowohl für Zivil- als auch für Strafsachen zuständig war. Er und die drei unteren Instanzen wandten die osmanischen Kodifikationen ebenso wie ggf. das Recht der Sharīʿa und westeuropäische Rechte an. Eine vergleichbare Gerichtsverfassung entstand 1292/1875 in Ägypten; aber auch in weiteren islamischen Ländern außerhalb der Türkei erstarkte die säkulare Gerichtsbarkeit von nun an immer mehr. In Marokko wurden Strafsachen und schuldrechtliche Zivilrechtsstreitigkeiten der sharīʿatischen Gerichtsbarkeit entzogen und stattdessen den Verwaltungsbehörden als administrativer Basis (arab.: *qāʿida*) sowie dem örtlichen Statthalter (türk.: *pāšā*) übertragen, die wiederum der Aufsicht des Großwesirs (türk.: *ṣadr-ı aʿẓam*) unterstanden. In Tunesien wurde für die genannten Materien die Zuständigkeit der Verwaltungsbehörden sowie der örtlichen Gouverneure des in Tunis residierenden Provinzstatthalters (türk.: *beğ*) begründet, bis später eine flächendeckende säkulare Gerichtsbarkeit geschaffen wurde. Anzumerken ist freilich, dass die Entwicklung hin zu einer beschränkten Zuständigkeit der sharīʿatischen Gerichtsbarkeit und vice versa zu einer Ausweitung der staatlichen Jurisdiktion zeitlich schon vor den westeuropäischen Kolonisierungen eingesetzt hatte. Denn schon vor der Kolonialherrschaft waren die sharīʿatischen Gerichtsbarkeiten zusehends der staatlichen Kontrolle unterworfen worden, wie auch ihre sachliche Zuständigkeit auf bestimmte Personen und Rechtsverhältnisse beschränkt worden war: In subjektiver Hinsicht unterlagen der sharīʿatischen Judikatur nur noch die Muslime, in objektiver Hinsicht war sie zurückgedrängt auf deren Personalstatut, und zwar mit Ehe- und Familien- sowie mit Erb- und Stiftungsrecht. In diesem Umfang erkannte das osmanische Gesetz von 1276/1859 die Zuständigkeit der sharīʿatischen Gerichte (türk.: *sherīʿat maḥkemelerī*) auch weiterhin an, und hierbei bewendete es in der Regel während der ganzen Periode. Insgesamt stellt die Etablierung einer ordentlichen säkularen Zivil- und Strafgerichtsbarkeit (türk.: *niẓāmiyye maḥkemelerī*) im osmanischen Reich einen für die Geschichte des Rechts der Sharīʿa sehr bedeutsamen Einschnitt dar, wendet von nun an doch, wie der westliche Orientalist Joseph Schacht es einmal formulierte, zum ersten Mal in der Geschichte des Islam der säkulare Richter dasselbe Recht in eben dem Umfang an, welcher zuvor, im Rahmen der klassischen sharīʿatischen Gerichtsbarkeit, dem religiös konnotierten Qāḍī vorbehalten war. So verstärkten die Reformen der Gerichtsverfassung zugleich den Säkularisationsprozess der muslimischen Gesellschaften insgesamt. In den Ländern, die unter Kolonialherrschaft geraten waren, wurde die Beschränkung des Rechts der Sharīʿa auf das Personalstatut sowie einige weitere zivilrechtliche Materien der Muslime unterschiedlich gelöst. In den bloßen Protektoraten blieben die früheren Gerichtsbarkeiten erhalten, sodass die traditionellen Quḍāt fortfuhren, das Recht der Sharīʿa in dem Rahmen anzuwenden, in dem es seit jeher galt. Dies war der Fall u. a. in Marokko, Tunesien, dem nördlichen Nigeria sowie im russischen Zarenreich in den Emiraten von Bukhārā im Ferghānatal sowie von Khīvā unweit des Aralsees. So blieb den sharīʿatischen Gerichtsbarkeiten dieser Regionen ihr juristisches Lokalkolorit bewahrt. In den Ländern, die durch Annexion oder auf andere Weise in das Rechts- und Staatssystem ihrer jeweiligen Kolonialmacht integriert waren, entwickelten sich die Zustände hingegen anders. Hier war teilweise erstinstanzlich der Qāḍī anzurufen, der das sharīʿatische Recht anwandte, und nur die Rechtsmittel gegen seine Entscheidungen waren bei der neuen Gerichtsbarkeit der Kolonialmacht einzulegen. Teilweise war es freilich umgekehrt gerade so, dass die Anwendung des Rechts der Sharīʿa der neuen Gerichtsbarkeit der Kolonialmacht insgesamt oblag. Die erste Variante kam in Algerien zur Anwendung. Dort war der Qāḍī für die Anwendung des Rechts der Sharī'a in Fragen des Personalstatutes sowie in erbrechtlichen Streitigkeiten zuständig, fungierte aber nur als erste Instanz. Dagegen war für Rechtsmittel die Appellationsgerichtsbarkeit der französischen Kolonialmacht zuständig, die für die Entscheidung dieser sharī'atischen Verfahren über besondere Spruchkörper verfügte. Die zweite Variante wurde im sog. britischen Indien realisiert. Dort wurde das Recht der Sharī'a von den britischen Zivilgerichten angewandt, die hierzu in der ersten Zeit über einen Rechtsgutachter (urdū: *maulvī*) als Berater verfügten, bis sich im Lauf der Zeit ein hauptsächlich aus indischen Muslimen rekrutierter Stamm von Richtern bildete, denen die sharī'atischen Verfahren hauptamtlich anvertraut waren. Nicht anders als die britische Richterschaft der Kolonialmacht und ebenso wie ihre indischen Kollegen, die Hindus waren, judizierten diese Richter nach dem bereits erwähnten System der Präjudizien, das für den angelsächsischen Rechtskreis so bezeichnend ist, und modifizierten das Recht der Sharī'a so durch eine Praxis, die als *anglo-muhammadan law* bezeichnet worden ist. Nächsthöhere Instanz war das bereits erwähnte Judicial Committee of the Privy Council in London. Ähnliche Zustände herrschten in anderen Besitzungen der britischen Krone: Die unmittelbare Zuständigkeit der Kolonialmacht für sharī'atische Verfahren hatte Modifikationen wenn nicht des Rechts der Sharī'a, so doch seiner Anwendung zur Folge. Im Übrigen oblag die Auslegung der sharī'atischen Rechtsnormen innerhalb der islamischen Welt während des hier zu erörternden Abschnittes der Periode auf das Ganze gesehen weiterhin den Muftiyyūn. Da die osmanischen Herrscher zugleich den Titel des Kalifen führten, übten Rechtslehre und Rechtspraxis ihres Reiches einen großen Einfluss auf die gesamte islamische Welt aus. Wie uns bereits bekannt ist, übertrug der Sultan die Ausübung des Kalifates im Hinblick auf die Auslegung des Rechts der Sharī'a dem Muftī der Hauptstadt als Shaykh al-islām. Innerhalb seiner Kanzlei (türk.: *meshīkhat*) gab es eine besondere Gutachtenabteilung (türk.: *fetvākhāne*) für Rechtsfragen und die Erstattung von Fatāwā, an deren Spitze ein Abteilungsleiter (türk.: *fetvā emīnī*) stand. Nach den Statuten (türk.: *qarārnāme*) der Kanzlei von 1332/1914 war dieser wissenschaftliche Dienst in zwei Sektionen untergliedert, von denen sich eine der systematischen Erforschung der historischen Fatāwā widmete und das schier unüberschaubare Material durch die Herausgabe umfassender Kompendien erschloss, während die andere Sektion mit der Arbeit über aktuelle Rechtsfragen befasst war. Diese zweite Sektion, die dem bereits erwähnten Abteilungsleiter direkt unterstand, nahm auch konkrete Rechtsfragen entgegen, bezeichnete die Grundlagen ihrer Antwort und legte ihr Votum dem

Shaykh al-islām zur Billigung vor. Seit 1332/1914 wurden die Fatāwā im allmonatlich erscheinenden *Jerīde-i ʿilmiyye* (türk.; dt.: Wissenschaftliches Amtsblatt) veröffentlicht. Inhaltlich orientierte sich die Gutachtenabteilung an der herrschenden Meinung innerhalb der ḥanafitischen Lehre. Nach den erwähnten Statuten von 1332/1914 durfte sie sich im Einzelfall aber auch ḥanafitischen Mindermeinungen bzw. den Auffassungen anderer sunnitischer Rechtsschulen anschließen, falls sie der Meinung war, dass dies dem öffentlichen Wohl am besten diene. In einigen islamischen Regionen, deren Rechtsordnungen vom osmanischen Reich unabhängig waren, gab es eigene höchste Muftīyyūn, die in Ägypten als Großmuftī bzw. in Tunesien als Hauptmuftī bezeichnet wurden. Für sie besaßen die Standpunkte des Shaykh al-islām allenfalls moralisches Prestige, beanspruchten aber von Rechts wegen keine Verbindlichkeit – die politische Unabhängigkeit einzelner muslimischer Gesellschaften innerhalb der islamischen Welt hegte auch ihre islamischen Gemeinschaften in nationale Grenzen ein. In Ländern, in denen es zu einer Vermischung des Rechts der Sharīʿa mit westeuropäischen Rechten kam, wie etwa in Algerien oder Indien, gab die höchstrichterliche Rechtsprechung die Leitlinien für die Auslegung der sharīʿatischen Rechtsnormen vor. Freilich banden diese Leitlinien nur die nachgeordneten Instanzen der jeweiligen Kolonialgerichtsbarkeit und wurde von der Gemeinschaft der muslimischen Gelehrten (arab.: *ʿulamāʾ*) häufig abgelehnt, sodass sich zwei Auslegungsstränge etablierten, die einander mehr oder weniger fremd gegenüberstanden. In Regionen, die, wie etwa die arabische Halbinsel, im Wesentlichen noch außerhalb des westeuropäischen Einflusses standen, blieben die traditionellen Strukturen der Anwendung und Auslegung des Rechts der Sharīʿa erhalten.

Zweiter Abschnitt: 1336/1917 bis heute

1. Der geschichtliche und gesellschaftliche Rahmen

Nach dem Ende des ersten Weltkrieges kam es auf der geopolitischen Landkarte der islamischen Welt zu bedeutenden Veränderungen. Das osmanische Reich hörte auf zu bestehen. Seine Territorien auf der arabischen Halbinsel wurden aufgrund von Mandaten des Völkerbundes erstmals unter britische bzw. französische Verwaltung gestellt. In anderen Ländern, die schon früher in die Abhängigkeit von westeuropäischen Mächten geraten waren, blieb der koloniale status quo dagegen bis zum Ende des zweiten Weltkrieges unverändert. In dem nun zu besprechenden zweiten Abschnitt der Periode der Rezeption nichtislamischer Rechte und des Versuches der Erneuerung des islamischen Rechtsdenkens setzten einige Prozesse ein, die weitreichenden Einfluss auf die islamische Rechtsgeschichte haben sollten. Am 26. Rajab 1342 / 3. März 1924 wurde in der Türkei das Kalifat aufgehoben. Mit dem Fortfall der Kanzlei des Shaykh al-islām fiel die übergeordnete Instanz fort, die bis dahin in bedeutenden Teilen der islamischen Welt praktisch als höchstrichterliche Autorität für die Anwendung und Auslegung des Rechts der Sharīʿa betrachtet worden war. Einige muslimische Gelehrte wie etwa Asaf A. Fayzee und M. K. Nawaz meinen deshalb, dass 1342/1924 eine gänzlich neue Periode der islamischen Rechtsgeschichte begonnen habe, deren konstitutives Merkmal die Trennung von Religion und Recht bzw. die Umformung der sharīʿatischen Rechtsnormen in einen Kodex von Maximen, Prinzipien und Werten (arab.: *al-qawāʿid al-kulliyya*) sei, die in erster Linie moralisch wirksam seien. Wie dem auch sei, verzweigten sich Anwendung und Auslegung der sharīʿatischen Rechtsnormen seit 1342/1924 in die Rahmen der jeweiligen nationalen Rechte hinein, die dem Recht der Sharīʿa das Siegel ihrer spezifischen Geschichtlichkeit aufdrückten und ihm damit ein Gepräge aus dem Geist der Rechtsentwicklungen einzelner Nationen und Nationalstaaten gaben. Nachdem das osmanische Reich seine arabischen Territorien verloren hatte und sich in ihnen die Verwaltungen der Mandatsmächte etabliert hatten, setzte eine weitere Phase der Rezeption westeuropäischer Rechte ein, während derer ausgewählte Regelungen insbesondere auf den Gebieten des Schuldrechts, des Strafrechts sowie der Prozessordnungen in das Recht der Mandatsgebiete übernommen wurden. Von alldem unberührt und als Domänen des Rechts der Sharīʿa erhalten blieben nur das Personalstatut (arab.: *al-aḥwāl al-shakhṣiyya*) und die Stiftung (arab.: *waqf*). Gleichzeitig schritt auch der innerislamische Prozess einer Reinterpretation der sharīʿatischen Vorschriften fort, wobei die Reformbewegung sich zusehends nicht mehr auf das Feld der Theorie beschränkte; vielmehr fanden einzelne in ihren Reihen erarbeitete Lösungen den Weg in das positive Recht und damit in die Praxis. In einigen Ländern kam es zu einer Säkularisation der staatlichen Rechtsordnungen, in deren Rahmen das positive Recht der Sharīʿa entweder zur Gänze aufgehoben oder mit den jeweils geltenden säkularen Rechten einheimischen oder fremden Ursprungs verschmolzen wurde. In den Ländern, die sich ganz der Säkularität verschrieben hatten, blieb als Refugium für die Ausübung des Islam nur noch die private Lebenswelt des

Einzelnen. Zu derartigen mehr oder minder radikalen Säkularisationen kam es in der Türkei (1345/1926), in Albanien (1347/1928) sowie schrittweise (1347/1928 – 1360/1941) in der UdSSR. In der Zwischenkriegszeit zwischen den beiden Weltkriegen garantierten in den Ländern Süd- und Südosteuropas mit muslimischen Bevölkerungsanteilen, also in Griechenland, Jugoslawien, Bulgarien und Rumänien, außerdem entweder die Verfassung oder besondere Staatsverträge die wenigstens partikulare Fortgeltung des Rechts der Sharīʿa innerhalb der jeweiligen islamischen Gemeinschaft. Nach dem zweiten Weltkrieg verlor das Recht der Sharīʿa mit der einen Ausnahme Griechenlands, wo das Recht zur rein religiösen Eheschließung weiterhin erhalten blieb, jedoch auch in diesen Ländern seinen Status als positives Recht. Zur gleichen Zeit entstand im Zuge der zunehmend dynamisch verlaufenden Dekolonisationen in Asien und Afrika eine große Zahl neuer selbständiger Staaten, deren Bevölkerungen ganz oder mehrheitlich muslimisch waren. In diesen Ländern stellte sich bei der Ausarbeitung eigener staatlicher Rechtsordnungen auch das Problem des Stellenwertes des Rechts der Sharīʿa. Wir werden sehen, dass man überwiegend zu Lösungen gelangte, die das Recht der Sharīʿa entweder zur Gänze als nationales Recht proklamierten oder ihm innerhalb des nationalen Rechts einen Status als Rechtsquelle zuwiesen; teils als eine von mehreren Rechtsquellen, teils als primäre bzw. höchstrangige Rechtsquelle.

2. Rechtsquellen

Wie schon beim ersten Abschnitt der Periode ist sowohl innerhalb der islamischen Welt als Ganzer als auch innerhalb der jeweiligen Rechte ihrer einzelnen Länder zwischen dem traditionellen Recht der Sharīʿa und den neuen säkularen Rechten zu unterscheiden.

a) Das Recht der Sharīʿa

Grundlage der theoretischen und praktischen Rechtsarbeit waren nun immer häufiger Kodifikationen. Auf einem anderen Blatt steht, dass die Verfasser dieser Werke nicht mehr streng auf die Lehren einer bestimmten Rechtsschule bzw. eines bestimmten eingeschlagenen Weges (arab.: *madhhab*) festgelegt waren. Der erste gesetzgeberische Akt, in dem diese Tendenz offenbar wird, ist das osmanische *Hukuk-ı Aile Kararnamesi* (türk.; dt.: Gesetz über das Familienrecht) vom 8. Muḥarram 1336 / 17. Mai 1917. Der Gesetzestext, der von der Kanzlei des Shaykh al-islām erarbeitet und vom Sultan als Gesetz verkündet wurde, ist inhaltlich gleich mehrfach von Interesse. Zunächst enthielt das Familiengesetz nämlich Vorschriften, die ohne Unterschied des Bekenntnisses für die gesamte Bevölkerung des osmanischen Reiches galten. Außerdem gab es besondere Vorschriften für die Angehörigen der einzelnen Religionen. Diese waren für die Muslime dem Recht der Sharīʿa, für die Nichtmuslime hingegen ihrem jeweils kanonischen Recht bzw. ihren gewohnheitsrechtlich verfestigten Sitten und Bräuchen entnommen. Sodann waren die Redaktoren generell dazu übergegangen, nicht nur die Lösungen der ḥanafitischen Rechtsschule heranzuziehen, sondern auch die Lösungen der anderen sunnitischen Rechtsschulen zu berücksichtigen, soweit sie der Meinung waren, dass diese den Bedürfnissen besser entsprachen. Mithin kam im Familiengesetz der bereits erwähnte, als Auswahl (arab.: *takhayyur*) bezeichnete Reformansatz zum Tragen. Neben der Methode der Auswahl wurde als weitere Methode der Ansatz der religionsgesetzlichen Politik (arab.: *al-siyāsa al-sharʿiyya*) herangezogen, nach dem die säkulare Regierung befugt ist, eine bestimmte Anwendung und Auslegung des Rechts der Sharīʿa vorzuschreiben und die Zuständigkeit der sharīʿatischen Gerichtsbarkeit im Einzelnen zu regeln. So kam es bei der Kodifikation des Ehe- und Familienrechts zu gewissen Modifikationen sowohl des materiellen Rechts als auch des Prozessrechts der Sharīʿa. Die wichtigsten Neuerungen waren ein obligatorisches Mindestalter für die Eingehung der Ehe von achtzehn Jahren bei Männern und siebzehn Jahren bei Frauen sowie außer einem Verbot für volljährige Vormünder, ihre minderjährigen Mündel bei der Eheschließung zu vertreten, auch das für ehewillige Personen unterhalb des Mindestalters geltende Gebot, für die Eheschließung eine gerichtliche Ausnahmegenehmigung einzuholen. Hinzu kam, dass der sharīʿatischen Gerichtsbarkeit ihre bis dahin bestehende standesamtliche Zuständigkeit außer für muslimische Eheschließungen entzogen wurde, über welche sie von nun an jedoch, ebenso wie über muslimische Scheidungen, erstmals Standesbücher zu führen hatte. Erwähnenswert ist schließlich die Einführung von Friedensgerichten für die gütliche Beilegung von Streitigkeiten innerhalb bestehender ehelicher Gemeinschaften. Nach dem Untergang des osmanischen Reiches blieb das Familiengesetz in Syrien, im Libanon sowie in Palästina und Transjordanien in Kraft. In diesen Ländern gilt es entweder bis heute oder hat die neuere Gesetzgebung zumindest beeinflusst. Der Verzicht auf die exklusive Geltung der ḥanafitischen Lehre und die Akzeptanz von Standpunkten der anderen sunnitischen Rechtsschulen prägte auch den Charakter zahlreicher Gesetzgebungsakte in Ägypten während des Zeitraumes von 1339/1920 bis 1375/1955. Auch in diesem Land modifizierte der Gesetzgeber das Recht der Sharīʿa insbesondere auf den Gebieten des Familien-, Erb- und Stiftungsrechts. Hauptsächliches Ziel der Reformen war es, die Stellung der Frau in Ehe und Familie zu verbessern. Im Hinblick darauf wurde der Ehefrau das Recht zuerkannt, beim zuständigen Gericht einen Scheidungsantrag einzureichen. Diesen durfte sie zum einen, der mālikitischen Lehre folgend, damit begründen, dass der Ehemann außerstande sei, seiner Unterhaltspflicht nachzukommen. Sie war nun aber, zum anderen, auch befugt, ihren Antrag der ḥanafitischen Lehre folgend damit zu begründen, dass der Ehemann ein Jahr lang ununterbrochen abwesend sei. Selbst dann, wenn das Vermögen des Mannes für den Unterhalt mehrerer Frauen genügend war, räumte die Reform der Ehefrau, wiederum in Übereinstimmung mit der ḥanafitischen Lehre, die mit dem Grundsatz der Vertragsfreiheit begründete Befugnis ein, das Recht des Mannes auf die Führung von Mehrehen ehevertraglich zu begrenzen, sich selbst aber das Recht zur Scheidung sowie zu gesellschaftlichen und wirtschaftlichen Aktivitäten etc. vorzubehalten. Auch auf dem Gebiet des Erbrechts kam es in Ägypten zu mehreren Reformen, von denen hier nur an die Novelle von 1366/1946 erinnert sei: Der Erblasser war nun verpflichtet, seinem Enkel als Erben seines vorverstorbenen Sohnes einen Pflichtteil von 1/3 zu belassen. Das klassische sharīʿatische Erbrecht kennt das hinter dieser Regelung stehende Repräsentationsprinzip innerhalb einer Ordnung gesetzlicher Erben zwar nicht, doch wird durch die Reform eben verhindert, dass der hinterbliebene Abkömmling des vorverstorbenen Sohnes leer ausgeht. Was die Stiftungen angeht, so bestimmte die Novelle von 1366/1946, dass Familienstiftungen nurmehr auf sechzig Jahre bzw. zwei Generationen verfügt werden durften, was der traditionellen ḥanafitischen Lehre widersprach, mit dem mālikitischen Gedanken einer zeitlich limitierten Festlegung von Stiftungsvermögen jedoch zu begründen war. Vergleichbare Tendenzen zeigten sich in der vom Reformgedanken beseelten Gesetzgebung der islamisch geprägten Staaten des Nahen Ostens im Lauf der sechziger und siebziger Jahre des 20. Jahrhunderts christlicher Zeitrechnung, also eines Zeitraumes, der sich mit dem 14. Jahrhundert des islamischen Kalenders überschneidet. In Übereinstimmung mit den nun schon mehrfach erwähnten Reformansätzen folgte man auch in dieser Region und während dieses Zeitraumes dem Konzept einer breit angelegten und systematisch verfolgten Auswahl (arab.: *takhayyur*): In ein und derselben Gesetzesnovelle wurden oft Lösungen mehrerer Rechtsschulen miteinander kombiniert, oder die in einer Schule herrschende Meinung wurde mit abweichenden Auffassungen aus derselben Schule zu einer neuen Regelung verbunden. Ein vergleichbarer Prozess vollzog sich auf dem indischen Subkontinent. Von weitreichender Bedeutung für die Anwendung des Rechts der Sharī'a in diesem geografischen Raum war die Verkündung des *Shariat Act* von 1356/1937. Das ihm zugrundeliegende Verständnis des Rechts der Sharī'a wurde für ausgewählte privatrechtliche Materien als von Rechts wegen verbindlich für alle indischen Muslime proklamiert, und zwar ohne Rücksicht auf ihre Zugehörigkeit zu einer bestimmten Rechtsschule. Gewohnheitsrecht, das mit dem Recht der Sharī'a unvereinbar war, wie etwa der Satz, dass weibliche Verwandte keine Grundstücke erben konnten, wurde aufgehoben. Auf dem Gebiet des sharī'atischen Familienrechts kam es zu Mischformen ähnlich denen in Ägypten und anderen nahöstlichen Ländern. So machte sich etwa der *Dissolution of Muslim Marriages Act* – das Gesetz über die Scheidung muslimischer Ehen von 1358/1939 – im Hinblick auf die Rechte der Frau bei der Scheidung hauptsächlich die mālikitische Sichtweise zueigen. Die Ehefrau erhielt das Recht, eine Scheidungsklage auch dann zu erheben, wenn sie, in Mehrehe lebend, schlechter behandelt wurde als die anderen Ehefrauen, oder wenn sie andere Umstände darlegen konnte, bei deren Vorliegen die mālikitische Schule die Scheidung zum Schutz der Frau seit jeher gewährt. Im Verlauf der fünfziger und sechziger Jahre des 20. Jahrhunderts, also wiederum während des 14. Jahrhunderts der islamischen Zeitrechnung, wurde bei den legislativen Bemühungen um das Personalstatut (arab.: *al-aḥwāl al-shakhṣiyya*) ein weiterer Ansatz sichtbar. Im Unterschied zu den bereits erwähnten früheren Reformvorhaben, die eine Auswahl aus den Lehren der vier klassischen sunnitischen Rechtsschulen getroffen oder deren Lösungen miteinander kombiniert hatten, wurde nun der Versuch unternommen, anhand der Gesetzesnovelle bzw. des durch sie geschaffenen positiven Rechts eine Neuinterpretation bzw. Reinterpretation des Rechts der Sharī'a zu implementieren. Ein typisches Beispiel hierfür ist das tunesische Gesetz über das Personalstatut von 1377/1957, das die Mehrehe auf der Grundlage von Sure 4:3 des Qur'ān untersagte, weil der Ehemann zur Eingehung einer Mehrehe außer seiner finanziellen Leistungsfähigkeit noch eine weitere Voraussetzung erfüllen müsse – er müsse nämlich alle Ehefrauen gleich behandeln. Das aber, so heißt es in der Gesetzesbegründung, sei unter den heutigen Bedingungen unmöglich, weshalb die Mehrehe nicht länger rechtens sei. Diese Erwägung zeigt, dass die tunesischen Reformer die Pflicht zur Gleichbehandlung aller Ehefrauen als eine dem Mann auferlegte Rechtspflicht und nicht als nur einen moralischen Appell an ihn verstanden. So wurde die Mehrehe nicht bloß zivilrechtlich verboten, sondern auch im Strafgesetzbuch als Vergehen qualifiziert, das mit Geldstrafe oder Freiheitsstrafe zu bestrafen war. Zusätzlich wurde dem Ehemann das Recht zur einseitigen Scheidung der Ehe (arab.: *ṭalāq*) entzogen. Die qurʾānische Vorschrift über die Schlichtung zwischen entfremdeten Ehegatten in Sure 4:35, die dem osmanischen Gesetz über das Familienrecht noch als Vorbild für die obligatorische Güteverhandlung vor dem Friedensrichter gedient hatte, begründete nun, nach dem Verständnis des tunesischen Reformgesetzgebers, die ausschließliche Zuständigkeit der staatlichen Gerichtsbarkeit für die Scheidung der Ehe. Obwohl die konkreten Lösungen der reformorientierten Rechtsgelehrten beileibe nicht allgemein gebilligt wurden, befruchteten sie in einzelnen Staaten doch die forensische Praxis, wenngleich die traditionelle Theorie der Nachahmung (arab.: *taqlīd*) auf das Ganze gesehen wohl weiterhin als herrschend angesehen werden muss. Dagegen setzte sich rechtspolitisch endgültig das Konzept durch, die Kodifikation (arab.: *taqnīn*) des Rechts der Sharīʿa als unerlässlich anzusehen – das Bedürfnis nach Rechtssicherheit erfordert unter den gesellschaftlichen, wirtschaftlichen und politischen Verhältnissen der Neuzeit einen vom Gesetzgeber vorgegebenen Wortlaut, dessen im Wesentlichen einheitliche Anwendung einer unabhängigen Rechtsprechung obliegt. Einzelne Rechtssoziologen wie z. B. Georges Corm haben diesen Prozess der Kodifikation als eine Desakralisierung des Rechts der Sharīʿa auf der Ebene der Form bezeichnet: Die ursprünglich religiös fundierte, aus dem Wort Gottes fließende Rechtserkenntnis werde nun aus einem Gesetzeswortlaut geschöpft, dessen Geltungsanspruch von der säkularen Staatsmacht ausgehe. Freilich geht die Kodifikationsidee auch mit anderen, weitergehenden Konzepten einher, die sich allgemein mit der rechten Ordnung eines islamischen Gemeinwesens befassen. Zu nennen wäre hier etwa der Gedanke der nationalen Souveränität, nach dem die Gesetzgebung allein Sache des Staates bzw. der von ihm berufenen Organe ist. Entscheidet der solchermaßen legitimierte Gesetzgeber, die von ihm zu regelnden Materien ganz oder teilweise dem religiösen Recht zu unterwerfen, so wird dieses religiöse Recht als Bestandteil der säkularen Kodifikation verkündet, um Rechtssicherheit für alle Adressaten dieses Rechts zu gewährleisten. Was die Rechtsanwendung betrifft, so folgt aus diesem Vorgang, dass sich das kodifizierte religiöse Recht nunmehr, als staatlich gesetztes positives Recht, auch an säkular ausgebildete Juristen jeder Konfession und nicht mehr nur an die traditionell sozialisierten muslimischen Rechtsgelehrten wendet.

b) Das säkulare Recht

In nahezu allen Ländern der islamischen Welt dieser Periode gerieten bestimmte Materien mit der Zeit zu ausschließlichen Domänen des säkularen Rechts. Ausgangspunkt für diese Entwicklung waren teils einheimische, teils fremde Rechte, die unter den neuen Verhältnissen entweder durch legislative Akte des nationalen Gesetzgebers in Gesetzeskraft erwuchsen oder aufgrund von Präjudizien richterrechtlich rezipiert wurden. In beiden Fällen sprach man sinngemäß von Gesetzesrecht (arab.: *qānūn*) bzw. von Statuten (arab.: *niẓām*). Als bezeichnendstes Phänomen der säkularen Gesetzgebung der Periode ist wohl die Tendenz anzusehen, fremde Rechte nicht zur Gänze zu rezipieren, sondern sie mit einheimischen Rechtstraditionen zu verschmelzen, ein Ansatz, der wiederum eine Folge der durch die Dekolonisation geänderten Verhältnisse ist. Bis zum ersten Weltkrieg wurde die Gesetzgebung der Kolonialmächte auf die okkupierten Gebiete oft ohne Einschränkung übertragen. Nach dem ersten Weltkrieg respektierten die Mächte, die völkerrechtliche Mandate zur Verwaltung einzelner muslimischer Territorien erhalten hatten, demgegenüber mehrheitlich die einheimischen Rechtstraditionen sowie den Wunsch der muslimischen Bevölkerungsanteile nach einer lediglich selektiven Rezeption der fremden Rechte. Nach dem zweiten Weltkrieg bildeten die von der Kolonialherrschaft befreiten, teils nach dem Abzug der jeweiligen Kolonialmacht wieder souverän gewordenen früheren und teils im Zuge der Dekolonisation neu geschaffenen Staaten hingegen eigenständige Rechte aus, die den eigenen Rechtstraditionen besser entsprachen. In den dadurch vorgegebenen Rahmen wurden dann sowohl Elemente aus fremden Rechten wie z. B. dem Recht der früheren Kolonialmacht als auch Elemente aus dem Recht der Sharīʿa sowie anderen einheimischen Rechten integriert. Dies ist auch der Grund dafür, dass für diesen Abschnitt der Periode gerade in den bedeutendsten Rechtsgebieten wie etwa dem gesamten öffentlichen Recht vom Verfassungsrecht bis hin zum Verwaltungsrecht sowie im Strafrecht und im Zivilrecht viele ehrgeizige Gesetzgebungsvorhaben zu vermerken sind, die nicht bloß den Schulterschluss mit fremden Rechten suchten, sondern nach einer Synthese strebten. Sprechende Beispiele für dergleichen Mischformen bietet die kodifikatorische Arbeit des ägyptischen Juristen ʿAbd al-Razzāq Aḥmad al-Sanhūrī. Er verfasste zusammen mit seinen Assistenten den Entwurf für das ägyptische Zivilgesetzbuch, das 1367/1948 verkündet wurde und 1368/1949 in Kraft trat. Die wichtigsten Quellen dieses Gesetzbuches waren (1) ganze Rechtsinstitute sowie einzelne Regelungen diverser westeuropäischer Kodifikationen wie insbesondere des französischen Code Civil und des deutschen Bürgerlichen Gesetzbuches, (2) die ägyptische Rechtsprechung seit ca. 1266/1850 sowie (3) das Recht der Sharīʿa. Dabei kam dem Recht der Sharīʿa gegenüber dem geschriebenen Recht der Kodifikation die Rolle einer subsidiären Rechtsquelle zu. Enthielt das Gesetz für einen bestimmten Fall keine Regelung und fehlte es auch an einer gewohnheits- oder richterrechtlichen Lösung, so war von nun an das Recht der Sharīʿa anzuwenden, während die Gerichte bei der Lückenfüllung zuvor auf das Naturrecht und den Maßstab der Billigkeit zurückgegriffen hatten. So stellt sich das Recht der Sharīʿa nach dem ägyptischen Zivilgesetzbuch als eine von mehreren Rechtsquellen dar, aus deren Gesamtschau eine Synthese, ein in sich geschlossenes System erwächst. Von gleicher Art und Weise ist das ägyptische Recht allerdings ohnehin, wird doch das Recht der Sharīʿa, wie Sanhūrī schrieb, als Teil des nationalen Erbes in das nationale Recht inkorporiert. Insgesamt geht es also um eine säkulare Gesetzgebung, die mit dem Recht der Sharīʿa insofern verwoben ist, als dieses nicht nur auf die – ihm allein vorbehaltenen Fragen – der Religion bzw. der Rechtleitung der Muslime als Individuen verwiesen ist. 1371/1951 arbeitete Sanhūrī den Entwurf eines Zivilgesetzbuches für den Irak aus. Dabei zog er nicht nur seinen eigenen Entwurf für das ägyptische Zivilgesetzbuch, sondern zusätzlich die bereits erwähnte *Mejelle-i aḥkām-ı ʿadliyye* (türk.; dt.: Sammlung der rechtlichen Bestimmungen), also die osmanische Kodifikation des sharīʿatischen Eigentums- und Vermögensrechts zu Rate. Deshalb enthält der für den Irak bestimmte Entwurf weitaus mehr Regelungen sharīʿatischen Ursprungs als das ägyptische Gesetzbuch – denn in Ägypten war, wie schon erwähnt, in den siebzig Jahren vor der kodifikatorischen Arbeit von Sanhūrī u. a. französisches Recht angewendet worden, und die dadurch begründete Übung war ihrerseits zu respektieren. Im Irak war es dagegen anders, denn dort galt in Eigentums- und Vermögensfragen bis 1371/1951 ohne Unterbrechung die Mejelle. Aufgrund dieser unangetasteten Verbindung war es möglich, den Bau der irakischen Kodifikation weitergehend als den der ägyptischen auf dem Fundament des Rechts der Sharīʿa zu errichten. Anzumerken ist noch, dass die kodifikatorische Arbeit von Sanhūrī 1376/1956 außerdem in Libyen sowie während einer 1379/

1959 – 1384/1964 währenden Reformperiode in Kuwait dauernde Ergebnisse hinterließ. Wie sich zeigt, nimmt sowohl die Präsenz der allgemeinen sharīʿatischen Maximen, Prinzipien und Werte (arab.: *al-qawāʿid al-kulliyya*) als auch die Heranziehung einzelner besonderer Vorschriften des Rechts der Sharīʿa in den säkularen Kodifikationen der islamischen Welt nach dem 2. Weltkrieg tendenziell zu, und zwar infolge des Stellenwertes, den das eigene Erbe in den muslimischen Ländern auch auf dem Gebiet des Rechts genießt. Die Träger der Kodifikationsidee knüpften an dieses Erbe an und bauten auf ihm auf. Sie betrachteten den nationalen Ansatz angesichts der von Land zu Land unterschiedlichen Zustände als unausweichlich, wenn auch als vorläufig; denn der Geist des Nationalismus ist dem Islam und damit dem Recht der Sharīʿa an und für sich fremd. So äußerte Sanhūrī etwa, dass die Schaffung einer dem Geist der Gegenwart gemäßen und ihren Bedürfnissen zugewandten Kodifikation erst möglich sein werde, wenn die islamische Rechtswissenschaft und damit wörtlich ja die Einsicht (arab.: *fiqh*) ihre ursprüngliche Frische wiedergewinne und all die Faktoren der Erneuerung bejahe, ohne die schon ihr eigenes Heranreifen undenkbar gewesen sei. Erst dann werde es auch möglich sein, eine einheitliche Kodifikation des Rechts der Sharīʿa zu schaffen, die nicht bloß begrenzten Vorverständnissen dieses Rechts nach Maßgabe einzelner Traditionen entlehnt wäre. Solange dieses Ziel nicht zu erreichen sei, erscheine es jedoch unumgänglich, zunächst die jeweiligen nationalen Kodifikationen mit dem Geist des Rechts der Sharīʿa zu durchtränken. Innerhalb der damit aufgezeigten Schranken beeinflusste das Recht der Sharīʿa die Kodifikation des säkularen Rechts auch in weiteren Ländern des Nahen Ostens. Das marokkanische Strafgesetzbuch von 1374/1954 rezipierte das französische Strafrecht. Zugleich übernahm es aber im Hinblick auf das Rechtsbewusstsein der einheimischen Bevölkerung auch die sharīʿatischen Vorschriften, nach denen der außereheliche Geschlechtsverkehr (arab.: *zinā*) eine Straftat darstellt, für die der Reformgesetzgeber eine sechsmonatige Freiheitsstrafe anordnete. In Tunesien wurde das französische Recht dagegen in den achtziger Jahren des 14. Jahrhunderts islamischer bzw. den sechziger Jahren des 20. Jahrhunderts christlicher Zeitrechnung auf den Gebieten des Handels- und des Zivilprozessrechts zur Gänze rezipiert. In Nigeria wurde 1379/1959 ein Strafgesetzbuch verkündet, das auf der indischen und der sudanesischen Gesetzgebung basiert, die die unmittelbare Anwendung (arab.: *ʿuqūbāt*) des sharīʿatischen Strafrechts abgeschafft hatte. Auf dem Gebiet des Vertragsrechts können die Parteien das Recht der Sharīʿa dagegen im Wege der Rechtswahl vereinbaren, falls es nicht nach dem Gesetzesrecht ohnehin anzuwenden ist. Auch in Nigeria zeigt sich somit die Tendenz, das Recht der Sharīʿa in einen Bestandteil der säkularen Rechtsordnung zu transformieren. Eine gewisse Bewegung hin zu einem säkularen Rechtsverständnis lässt sich sogar in solchen islamischen Ländern beobachten, deren einheimische Rechtstraditionen vom Reformgedanken unberührt geblieben sind. So verkündete Imānullāh Khān in Afghanistan 1343/1929 ein Strafgesetzbuch (arab.: *niẓām nāme*), das in die überkommene Anwendung des Rechts der Sharīʿa gewisse Neuerungen eintrug. Freilich überdauerte diese Kodifikation nicht sehr lange. In Saudi-Arabien, wo das Recht der Sharīʿa traditionell gemäß den Lehren der ḥanbalitischen Rechtsschule angewendet wird, kam es vermehrt zum Erlass staatlicher Rechtsnormen, die von den Verwaltungsbehörden teils als Verordnung (arab.: *marsūm*), teils als bloße Verwaltungsvorschrift (arab.: *niẓām*) verkündet wurden, um Rechtssicherheit für solche Fragen zu schaffen, auf die eine wortwörtlich verstandene Tradition keine Antworten bereithielt; so etwa für Verkehrsunfälle sowie die Exploration von Erdöl aufgrund von Konzessionen etc. Die legislativen Akte dieser Verwaltungsgesetzgebung griffen, teils unmittelbar und teils kombiniert mit sharīʿatischen Rechtsgedanken, auch ausländische nichtmuslimische Ansätze z. B. aus dem Recht der USA auf.

3. Die Rechtswissenschaft

In der Rechtswissenschaft des zweiten, bis heute andauernden Abschnittes dieser bisher letzten Periode der Geschichte des Rechts der Sharīʿa setzen sich die Tendenzen fort, die bereits in ihrem ersten Abschnitt sichtbar wurden. Die Kreise der muslimischen Gemeinschaft der Gelehrten (arab.: *ʿulamāʾ*) werden mehrheitlich von den Gefolgsleuten des Reformgedankens im Allgemeinen sowie der selbständigen Urteilsfindung (arab.: *ijtihād*) im Besonderen geprägt. Bei diesen Gefolgsleuten handelt es sich einerseits um modern ausgebildete Juristen, die entweder westliche Universitäten oder aber die vielen Hochschulen der islamischen Welt besucht haben, die nach westlichen Vorbildern modernisiert worden sind. Jedoch gibt es andererseits auch Rechtsgelehrte, die reformorientiert sind, aber die traditionellen Bildungsgänge durchlaufen haben. Namentlich die zuletzt genannte Gruppe bringt eine Fülle von wissenschaftlichen und publizistischen Arbeiten sowie von Fatāwā hervor, die sämtlich darauf ausgehen, die Vorstellung eines ein für alle Mal vollendeten Systems zu widerlegen, das es nur noch anzuwenden und zu repetieren gelte. In diesem Schrifttum scheint die Wahrheit auf, dass jedes neue Zeitalter wie der Menschheit überhaupt, so auch den Muslimen seine eigenen Probleme stellt. Diese sind, auf die islamische Gemeinschaft bezogen, im Lichte der zeitlosen Maximen, Prinzipien und Werte (arab.: *al-qawāʿid al-kulliyya*) des Rechts der Sharīʿa, aber eben auch im Licht der heutigen wissenschaftlichen Erkenntnisse sowie der gesellschaftlichen, wirtschaftlichen und politischen Bedürfnisse unserer Zeit zu diskutieren. Mit anderen Worten geht es hier um eine dynamische Konzeption der islamischen Rechtswissenschaft, die ja gerade ihrem eigenen Anspruch nach um Einsicht (arab.: *fiqh*) ringen soll. Demgegenüber neigen die westlich sozialisierten Vertreter der zuerst genannten Gruppe dazu, die Theorie hintanzustellen und stattdessen das Feld der Praxis zu bestellen. Deshalb befassen sie sich vorzugsweise mit der Anwendung und Auslegung des positiven Rechts. Sie sind es daher auch, die heute in erster Linie als Träger der Kodifikationsidee auftreten und die einzelnen Zweige (arab.: *furūʿ*) des Rechts der Sharīʿa in neuzeitliche Gesetzbücher überführen wollen. Außer den beiden Gruppen der reformorientierten Juristen gibt es aber nach wie vor auch eine nennenswerte Zahl traditioneller Fuqahāʾ, die an der hergebrachten Nachahmung (arab.: *taqlīd*) festhalten. Das Charakteristikum dieser Gruppe ist die fromme Ergebenheit gegenüber ihrer Rechtsschule als dem eingeschlagenen Weg (arab. Sg.: *madhhab*), dessen Resultate von Generation zu Generation überliefert sind. Neue wissenschaftliche Erkenntnisse, neuartige Entwicklungen in Gesellschaft, Wirtschaft und Politik sowie daraus folgende juristische Problemstellungen und Regelungsbedürfnisse sind demnach auch weiterhin innerhalb der Rechtsschulen als der eingeschlagenen Wege (arab. Pl.: *madhahib*) zu suchen; und zwar im Wege der Subsumtion unter die Lösungen, die dort bereits vorhanden sind. Viele dieser oft außerordentlich belesenen Gelehrten wenden große Mühe auf den Nachweis an, mit ihren eigenen Vorschlägen innerhalb des Rahmens zu verharren, den die großen Imāme der klassischen islamischen Jurisprudenz vorgezeichnet haben. Will man die damit in Anspruch genommene Richtigkeitsgewähr psychologisch deuten, so wird sie angesichts all der Umbrüche ringsum wohl auch als eine Art von unverbrüchlicher Zusage zu verstehen sein, das Amt des zu eigener Entscheidungsfindung befähigten Rechtsgelehrten (arab.: *mujtahid*) in derjenigen Art und Weise auszuüben, die nach wie vor die einzig legitime sei. Von den reformorientierten Juristen sind namentlich zu erwähnen:

Muḥammad Muṣṭafā al-Marāghī (1299/1881 – 1365/1945): Vor allem in der Lehre tätig, übte er zweimal das Amt des Rektors der Universität *al-Azhar* (arab.; dt.: die Leuchtende, die Strahlende) in Kairo aus. Sein praktisches Engagement galt der Ausbreitung des Reformgedankens, der Reorganisation der islamischen Bildungseinrichtungen sowie des Rechtssystems und der gesellschaftlichen Institutionen der Muslime.

Maḥmūt Shaltūt (1311/1893 – 1383/1963): Mit dem Namen dieses ägyptischen Gelehrten, der außer als Hochschullehrer auch als Rechtsanwalt tätig war und gegen Ende seiner Laufbahn zum Rektor der Universität al-Azhar berufen wurde, verbinden sich sowohl theoretische als auch praktische Bemühungen um die Wiederbelebung des islamischen Rechtsdenkens und des islamischen Justizsystems. Obwohl seine Ideen ihm mancherlei Widerstand aus den Kreisen der Konservativen eintrugen, waren seine langjährigen Bemühungen letztlich vom Erfolg gekrönt, gelangen ihm doch die Reorganisation der traditionsreichen, 364/975 gegründeten Universität al-Azhar sowie die Gründung einer neuen Akademie der islamischen Wissenschaften in Kairo. Die neu gegründete Akademie sah der überzeugte Anhänger einer Wiederbelebung der selbständigen Urteilsfindung (arab.: *ijtihād*) als eine Institution an, die dazu bestimmt sei, das Recht der Sharīʿa leitbildhaft zu interpretieren, und zwar unter Berücksichtigung sowohl der jeweils neuesten wissenschaftlichen Erkenntnisse als auch der gesellschaftlichen, wirtschaftlichen und politischen Bedürfnisse der Zeit. Die Ergebnisse, die er selbst auf diesem Weg gewonnen hatte, stellte er in einer Anthologie seiner eigenen Fatāwā vor. Außerdem verfasste er Arbeiten über das zivilrechtliche Vertretenmüssen und die strafrechtlichen Schuldformen im Recht der Sharīʿa, über die rechtsvergleichende Methode bei der Erforschung der Rechtsschulen und das Verhältnis von Religion und Recht im Islam.

ʿAbd al-Ḥamīd b. Bādīs (1307/1889 – 1359/1940): Der Ansatz dieses algerischen Reformers, der den Reformgedanken (arab.: *iṣlāḥ*) 1343/1929 – 1358/1939 im Maghreb auch als Herausgeber der Zeitschrift *Shihāb* (arab.; dt.: Die Flamme) verbreitete, wird am besten durch seinen Realitätssinn charakterisiert, war er doch von der Notwendigkeit einer theoretischen Erneuerung des islamischen Rechtsdenkens ebenso durchdrungen, wie er auch Antworten auf die Frage nach ihrer praktischen Verwirklichung suchte. Eine dieser Antworten sollte ein ständiger wissenschaftlicher Rat sein, der politisch unabhängig sein und sich der Arbeit über neu auftretende Rechtsfragen im Lichte der fundamentalen Rechtsgedanken des Rechts der Sharīʿa widmen sollte.

Muḥammad al-Ṭāhir b. ʿĀshūr (geb. 1296/1879 – 1373/1973): Der tunesische Hochschullehrer und Rektor der Universität *al-Zaytūna* (arab.: der Ölbaum) verfasste mehrere wissenschaftliche Arbeiten, von denen hier die weithin anerkannte Monografie *Maqāṣid al-sharīʿa al-islāmiyya* (arab.; dt.: Die Ziele der islamischen Sharīʿa) sowie die Abhandlung *Difāʿ ʿan al-sharīʿa* (arab.; dt.: Eine Verteidigung der Sharīʿa) zu erwähnen sind. ʿĀshūr befasste sich vorzugsweise mit den Intentionen des Rechts der Sharīʿa sowie mit den ihr zugrundeliegenden fundamentalen Rechtsgedanken. In seinem weiteren, teilweise tagespolitischen Schrifttum setzte er sich für eine maghrebinische Kodifikation des islamischen Zivilrechts ein. Diese sollte sich an den französischen Code Civil anlehnen, von dem er betonte, dass seine Lösungen häufig im Einklang mit denen des Rechts der Sharīʿa stünden.

Aus den Reihen der Positivisten, die danach strebten, den Reformgedanken in positives Recht zu transformieren bzw. für die Unentbehrlichkeit einer Kodifikation zumindest bestimmter Zweige (arab.: *furūʿ*) des sharīʿatischen Rechts eintraten, wuchs in den arabischen Ländern dem bereits erwähnten ʿAbd al-Razzāq Aḥmad al-Sanhūrī der bedeutendste Einfluss zu. Im Rahmen seiner kodifikatorischen Arbeit schätzte er die fundamentalen Rechtsgedanken des Rechts der Sharīʿa, wie bereits dargestellt, als Quelle für die Durchsetzung der Rechtsidee im positiven Zivilrecht. Hinsichtlich der Erforschung dieser Quelle setzte sich Sanhūrī für eine zweistufige, rechtsvergleichende Methode ein: Auf der ersten Stufe seien die Lehren der einzelnen Rechtsschulen als der bislang innerislamisch eingeschlagenen Wege (arab.: *madhahib*) miteinander zu vergleichen, während die zweite Stufe einem Vergleich des Rechts der Sharīʿa mit den Rechten des westlichen Rechtskreises diene. Diese Methode wandte er selbst in seinem monumentalen zehnbändigen Werk *Maṣādir al-ḥaqq fī al-fiqh al-islāmī* (arab.; dt.: Die Rechtsquellen in der islamischen Jurisprudenz) an, das 1374/1954 – 1379/1959 in Kairo erschien. In der arabischen Welt hinterließ Sanhūrī bis in die heutige Zeit hinein tiefe Spuren im Rechtsdenken von Generationen von Juristen.

Auf dem indischen Subkontinent erhielten der Reformgedanke und die Kodifikationsidee neuen Antrieb im Zuge der Auseinandersetzungen um das Rechtssystem des seit 1366/1947 unabhängigen Pakistan. Obwohl verschiedene Autoren mit theoretischen Arbeiten hervortraten, die bedeutende Beiträge sowohl zur islamischen Jurisprudenz überhaupt als auch zur Geschichte ihrer Kodifikationsidee sind, blieben die praktischen Ergebnisse unbefriedigend. Beispielhaft für alle Stimmen, die sich mit diesen Fragen befassten, sei hier der Beitrag von Amīn Aḥsan Iṣlāḥī (1322/1904 – 1418/1997) genannt, zu dessen Werken u. a. die Monografie *Fiqhī ikhtilāfāt kā ḥīl* (urdū; dt.: Die Lösung bei unterschiedlichen Auffassungen mehrerer Rechtsgelehrter) sowie das auch auf englisch erschienene Buch *Islamic Law – Concept and Codification* zählen. Iṣlāḥī trat für die Kodifikationsidee ein, indem er hervorhob, dass der Gesetzgeber keineswegs gezwungen sei, nur die Ergebnisse einer Rechtsschule (arab.: *madhhab*) zu kodifizieren; denn die Lehren der großen Imāme seien das gemeinsame Erbe aller Leute der Sunna (arab.: *ahl al-sunna*), und Fragen, zu denen die Schulgründer und ihre Nachfolger sich im Rahmen ihrer selbständigen Urteilsfindung (arab.: *ijtihād*) nicht geäußert hätten oder über die sie uneins geblieben seien, seien ohnehin dem Urteil der bedeutendsten Imāme der jeweiligen Gegenwart überantwortet. Ihnen sei es vorbehalten, aufgrund einer möglichst vielseitigen Betrachtung ein Votum vorzulegen, das anschließend einen Konsens (arab.: *ijmā'*) ermögliche. Da die Gemeinschaft der Muslime (arab.: *umma*) viele verschiedene Staaten mit sehr unterschiedlichen Gesellschaften umfasse, sei dieser Prozess der Konsensfindung auf sie alle zu beziehen, und daraus, dass eine Lösung in einem Land akzeptiert sei, folge keineswegs, dass sie auch für andere Länder gelten müsse. Mithin sei es bei Fragen, deren Entscheidung den Gläubigen anheimgestellt sei, in Abhängigkeit von den jeweiligen Umständen möglich, in verschiedenen Ländern zu unterschiedlichen Lösungen zu kommen.

Innerhalb der Gruppe der traditionalistisch orientierten Rechtsgelehrten scheinen Nuancen auf, die sich von einer lediglich konservierenden, wortwörtlichen Reproduktion des Althergebrachten über die punktuelle Berücksichtigung heutiger wissenschaftlicher Erkenntnisse sowie der gesellschaftlichen, wirtschaftlichen und politischen Bedürfnisse unserer Zeit bis hin zu einem Rechtsdenken erstrecken, dessen im guten Sinn kritische Auseinandersetzung mit dem Erbe zu Lösungen führt, die denen der Reformer im Ergebnis nahestehen. Einer der bekanntesten Namen nicht nur innerhalb der traditionalistischen Kreise, sondern innerhalb der zeitgenössischen islamischen Jurisprudenz überhaupt ist der von Muḥammad Abū Zahra (1316/1898 – 1394/1974), Professor sowohl an der islamischen Universität Al-Azhar in Kairo als auch an der allgemeinen staatlichen Universität ebenda. Sein rechtswissenschaftliches Werk umfasst mehr als vierzig Werke aus den verschiedensten Gebieten. So arbeitete er etwa über das Leben und die Werke verschiedener großer muslimischer Juristen, über die Rechtstheorie und die juristische Methodenlehre als die Wurzeln der Einsicht (arab.: *uṣūl-l-fiqh*), über die einzelnen Rechtsschulen (arab.: *madhahib*) sowie über praktisch alle Zweige (arab.: *furū'*) des positiven Rechts der Sharīʿa. Außerdem gab er eine Studie über die neuzeitlichen Kodifikationen des Rechts der Sharīʿa heraus, verfasste eine Monografie über den Zins (arab.: *ribā*) als Phänomen des heutigen Wirtschaftslebens und stieß das Projekt einer Enzyklopädie des islamischen Rechts an. Abū Zahra hatte das Recht der Sharīʿa in einem so außergewöhnlichen Maß durchdrungen, dass er – wie die Kenner seines Lebenswerks versichern – befähigt gewesen wäre, das Katheder des paradigmatisch zu selbständiger Urteilsfindung befähigten Rechtsgelehrten (arab.: *mujtahid*) unserer Zeit zu besteigen; doch verharrte er im Schatten der großen Imāme und ihrer Autorität.

4. Die Rechtspraxis

In den muslimischen bzw. muslimisch geprägten Staaten dieses bisher letzten Abschnittes der Geschichte des Rechts der Sharīʿa hat sich mehrheitlich eine Zweiteilung der Gerichtsbarkeit herausgebildet: Auf der einen Seite stehen die Gerichte, die das säkulare Recht anwenden, auf der anderen Seite die sharīʿatischen Gerichte, denen die Anwendung des islamischen Rechts obliegt. Sowohl das Gerichtsverfassungsrecht der sharīʿatischen Gerichte als auch ihr Prozessrecht gleichen ungeachtet dieser Zweiteilung den entsprechenden Regelungen für die säkulare Gerichtsbarkeit, denn unter dem Einfluss westlicher Konzepte wurden die überkommenen sharīʿatischen Institutionen in mehrfacher Hinsicht modifiziert: Zum einen wurden ausnahmslos Instanzenzüge etabliert, und die Zuständigkeit der einzelnen Instanzen wurde gesetzlich präzise geregelt. Dadurch sind die höheren Instanzen meist zu reinen Rechtsmittelgerichten geworden, soweit ihnen nicht in einzelnen Ländern auch die Entscheidung von Kompetenzstreitigkeiten zwischen säkularen und sharīʿatischen Eingangsinstanzen obliegt. Zum anderen wurde im Gerichtsverfassungsrecht das Kollegialprinzip verankert, d. h. an die Stelle des traditionell überwiegend als Einzelrichter judizierenden Qāḍī sind jedenfalls in den höheren Instanzen auch der sharīʿatischen Gerichtsbarkeit heute meist Kollegialgerichte getreten. Das von der sharīʿatischen Gerichtsbarkeit anzuwendende Prozessrecht ist heute praktisch überall kodifiziert, wobei mancherorts auch Regelungen eingeführt wurden, die dem klassischen islamischen Recht unbekannt sind; so etwa der Vorrang schriftlicher Urkunden im Rahmen der Beweisaufnahme oder auch umgekehrt der Grundsatz der freien, nicht durch Beweisregeln eingeschränkten Beweiswürdigung durch das erkennende Gericht.

In den Ländern, die die Zweiteilung in säkulare und sharī'atische Gerichtsbarkeit eingeführt haben, gibt es für das Personalstatut (arab.: *al-aḥwāl al-shakhṣiyya*) und die mit ihm zusammenhängenden Fragen in der Regel auch religiöse Gerichtsbarkeiten der anderen, insbesondere also der jüdischen und christlichen Glaubensgemeinschaften. In manchen islamischen Ländern gibt es freilich auch eine einheitliche Gerichtsbarkeit. Bei diesen Ländern handelt es sich in erster Linie um solche, die während der Kolonialzeit unter dem Einfluss des britischen Rechts gestanden haben. In diesen Ländern hatten die von der Kolonialmacht eingesetzten säkularen Zivilgerichte auf bestimmte Rechtsfragen zwar das Recht der Sharī'a anzuwenden, soweit die Parteien muslimisch waren. Zugleich waren sie allerdings an das britische System der Precedents sowie der richterlichen Bindung an sie – in der englischen Rechtssprache *stare decisis* genannt – gebunden. Die zuvor erwähnte Zweiteilung in säkulare und sharī'atische Gerichtsbarkeit hielt sich in Ägypten, bis 1375/1955 und in Tunesien, bis 1377/1957 die besonderen Gerichte der Glaubensgemeinschaften aufgehoben wurden. Seither wurde das Recht der Sharī'a von den säkularen Zivilgerichten angewandt, in deren Richterschaft die bisherigen sharī'atischen Quḍāt überführt worden waren. All diese Änderungen führten zu einer neuen Art und Weise, sich der richtigen Anwendung und Auslegung des Rechts der Sharī'a zu vergewissern. Deshalb wirkten sie unvermeidlich auch auf das Amt der Muftiyyūn bzw. das Verständnis ihrer Funktion innerhalb des Rechtssystems zurück. Denn seitdem primäre Rechtsquelle für die praktische Rechtsarbeit nur noch die vom Staat als Gesetz verkündeten Kodifikationen waren, verlor der Muftī seine Rolle als juristischer Berater jedenfalls insoweit, als er sie traditionell innegehabt hatte – das anwendbare Recht war nun prinzipiell dem geschriebenen Gesetz zu entnehmen und brauchte nicht mehr durch eine Fatwā erschlossen zu werden. Dies schwächte die Rolle der Muftiyyūn in der forensischen Praxis und verwies sie mehr und mehr auf gutachterliche Tätigkeiten in spezifisch religiösen Fragen sowie auf Verwaltungs- und Beurkundungsfunktionen innerhalb der islamischen Gemeinschaft. In manchen Ländern, in denen die Muslime nur einen Teil der Bevölkerung ausmachen, erlebte das Amt eine weitere Bedeutungsverschiebung; so etwa im Libanon, wo der sog. Muftī der Republik zum religiösen Sprecher der Muslime und zum Repräsentanten der islamischen Gemeinschaft gegenüber der Staatsmacht wurde. Parallel zu diesem Funktionswandel vollzog sich eine Abwendung von der überkommenen Praxis, Fatāwā durch einzelne Muftiyyūn erstatten zu lassen, und eine Hinwendung zu kollegial strukturierten Gutachtergremien. An der islamischen Universität Al-Azhar in Kairo wurde

1354/1935 eine Kommission für Rechtsgutachten (arab.: *lajnat al-fatāwā*) etabliert. Ähnliche Institutionen wurden seither auch in anderen Ländern geschaffen, sei es als Teil der islamischen Fakultäten oder als Teil der staatlichen Kultusbehörden. An diese Einrichtungen können sich einzelne Privatpersonen sowie religiöse Gruppen oder auch staatliche Behörden wenden, wenn Unklarheiten hinsichtlich der Anwendung des Rechts der Sharīʿa bestehen. So gesehen, übt die althergebrachte Institution der Fatwa weiterhin ihren Einfluss auf die öffentlichen Belange der Muslime und auf ihr gesellschaftliches Leben aus, wenn auch beileibe nicht mehr obligatorisch.

5. Perspektiven des Rechts der Sharīʿa

Obwohl Gegenstand der Geschichtswissenschaft nur die Begebenheiten der Vergangenheit als solche sind, erwartet der Leser am Ende einer Geschichte des Rechts der Sharīʿa vielleicht doch einen Ausblick auf mögliche künftige Rechtsentwicklungen innerhalb der islamischen Welt als solcher sowie in ihren Beziehungen zur nichtmuslimischen Umgebung. Eine solche Erwartung müssen wir zwar enttäuschen, denn die Zukunft kennt nur Gott allein. Jedoch können wir versuchen, in der gegenwärtigen Lage des Rechts der Sharīʿa die Gesichtspunkte aufzufinden, die das künftige Schicksal dieses Rechts beeinflussen könnten. Dabei wird es hilfreich sein, wenn wir uns jedenfalls teilweise auf das Urteil stützen, das James Norman Dalrymple Anderson und Noel Coulson vor mehr als dreißig Jahren in ihrer Studie *Islamic Law in Contemporary Cultural Change* ausgesprochen haben: Offenkundig ist, dass das weitere Schicksal des Rechts der Sharīʿa – soweit es auf menschliche Bemühung ankommt – in erster Linie von den gesellschaftlichen, wirtschaftlichen und politischen sowie im weiteren Sinn kulturellen Entwicklungen innerhalb der islamischen Gemeinschaft und der einzelnen muslimischen Gesellschaften abhängt. Da die Staatenwelt auf dem Prinzip der Nationen gegründet ist und dieses Modell zugleich die internationalen Beziehungen strukturiert, wird sich die Zukunft des Rechts der Sharīʿa aller Voraussicht nach in die einzelnen Nationalstaaten und ihre Rahmenbedingungen hinein verzweigen. Für den Verlauf dieses Prozesses bzw. der einzelnen Prozesse in den jeweiligen Ländern werden möglicherweise folgende Momente von Einfluss sein:

Erstens – Wird in den im engeren Sinn islamischen Ländern eine enge Beziehung zwischen dem Islam bzw. der jeweiligen islamischen Gemeinschaft auf der einen und dem Staat auf der anderen Seite erhalten bleiben, oder wird sich auch hier das säkulare Trennungsmodell durchsetzen? Falls die islamischen Länder auch weiterhin für den Islam als Staatsreligion bzw. eines von mehreren staatlich anerkannten Bekenntnissen votieren, wird das Recht der Sharī'a seinen positiv-rechtlichen Status wahren.

Zweitens – Falls sich die Entwicklung jedoch in die Richtung einer wie auch immer gearteten Säkularisation bewegen sollte, wird das Recht der Sharī'a, nicht länger sanktionsbewehrt, seine spezifisch juristische Normativität mehr und mehr verlieren. Auch unter den Umständen, die die Lebenswelten säkularisierter Gesellschaften nun einmal prägen, wird es die Muslime indessen moralisch weiterhin verpflichten.

Drittens – Wird die islamische Rechtswissenschaft, die nach ihrem Selbstverständnis ja auf Einsicht (arab.: *fiqh*) zielt, dem Recht der Sharī'a insofern, als es menschlicher Anwendung und Auslegung offensteht, einen neuen theoretischen Verstehenshorizont eröffnen, der dieses Recht wieder so flexibel macht, wie es in seinen Anfängen einmal war, auf dass die Rechtspraxis der Lebenswirklichkeit genüge?

Viertens – Insbesondere harrt die islamische Jurisprudenz einer Synthese, die das Verhältnis zwischen Qur'ān und Sunna einerseits sowie der rechtlich zu gestaltenden Realität heutiger Gesellschaften andererseits neu durchdenkt.

Die derzeitigen Rechtsentwicklungen in der islamischen Welt belegen, dass das Familienrecht sowie ein nennenswerter Teil des Erb- und Stiftungsrechts vermutlich Domänen des Rechts der Sharī'a bleiben werden. Dagegen werden das übrige Zivilrecht sowie, wenngleich in geringerem Ausmaß, das Strafrecht und das öffentliche Recht aus westlichen Vorbildern geschöpft, denen sharī'atisches Gedankengut aber vielfach inkulturiert wird. Die Praxis der umfassenden Kodifikation bestimmter Rechtsgebiete wird sicherlich anhalten und in manchen Regionen mit Ansätzen transnationaler Rechtsvereinheitlichung verbunden werden.

Die zeitgenössische Entwicklung auf dem Gebiet des internationalen Rechts und des Völkerrechts belegt die Möglichkeit, das Recht der Sharī'a auch hier zu etablieren. Denn die Zahl der unabhängigen islamischen Staaten wächst, und nicht anders als andere Völkerrechtssubjekte gestalten sie ihre internationalen Beziehungen nach Maßgabe der *von den zivilisierten Staaten anerkannten allgemeinen Rechtsgrundsätze* im Sinne von Art. 38 Abs. 1 c) des IGH-

Statuts. Dass das Recht der Sharī'a solche Rechtsgrundsätze enthält, liegt auf der Hand!

Weiter mag eine Förderung des Rechts der Sharī'a durch die Fortschritte auf dem Gebiet der Rechtsvergleichung zu erwarten sein. Bekanntlich wurde einer der Begründer dieser noch relativ jungen Disziplin, Édouard Lambert (1283/1866 – 1366/1947), durch seine rechtsvergleichende Arbeit dazu bewogen, das Recht der Sharī'a als eines der differenziertesten Rechtssysteme überhaupt zu bezeichnen. Die Preisgabe der eurozentristischen Perspektive auf das Recht wird zu einer vermehrten Würdigung der Werte führen, die in Rechtssystemen außerhalb der westlichen Hemisphäre verwirklicht sind. Für diese Entwicklung, die heute schon fast einen Trend darstellt, zeugt die große Anzahl westlicher Dissertationen und Habilitationen, die sich an juristischen Fakultäten besonders in Westeuropa und Nordamerika dem Recht der Sharī'a und seinen Institutionen widmen.

Literatur: A. A. Qādrī, a.a.O., S. 77 – 90; Wilfred Cantwell Smith: *Islam in Modern History*, Princeton 1957, S. 41 – 93; J. N. D. Anderson und N. Coulson: *Islamic Law in Contemporary Cultural Change*, in: *Saeculum* 1967, S. 13 – 92; Malcolm H. Kerr: *Islamic Reform*, Oakland 1966, S. 103 - 153 und S. 187 - 227; Albert H. Hourani: *Arabic Thought in the Liberal Age*, Oxford 1962; Tanzilur Rahman: *Application of Sharia in the Muslim World*, in: *MWL Journal* Bd. 11, Nr. 3, S. 24 – 29; *Encyclopedia of Islam*, Leiden: 2. Auflage 1960 ff., Art. *islah*.

Besonderer Teil

Geschichte des Rechts der Sharīʿa auf dem Westbalkan

Die osmanischen Eroberungen und die durch sie zwar keineswegs erzwungene, wohl aber mit ihnen einherschreitende Ausbreitung des Islam brachten die Völker des Westbalkan, worunter hier Bosnien und Herzegowina, Montenegro, Kroatien, das Amselfeld bzw. Kosovo Polje sowie Mazedonien und Serbien verstanden seien, in eine seit dem 9./15. Jahrhundert andauernde Berührung mit dem Recht der Sharīʿa; denn dieses Recht bildete die Grundlage für die Rechtsordnung des osmanischen Reiches und regulierte im osmanischen Gemeinwesen zu großen Teilen nicht nur das private und gesellschaftliche Leben der muslimischen Bevölkerung, sondern übte auch einen nicht geringen Einfluss auf die Verhältnisse der Nichtmuslime aus. Selbst nachdem sich die Osmanen vom Westbalkan zurückgezogen hatten, hielt die muslimische Bevölkerung insbesondere auf den Gebieten des Familienrechts, des Erbrechts und des Stiftungsrechts weithin am Recht der Sharīʿa fest. Dabei blieb es sogar ungeachtet des fundamentalen gesellschaftlichen, wirtschaftlichen und politischen Wandels, den die Region während des zweiten Weltkrieges und in der Nachkriegszeit durchlief. Zu den markantesten Merkmalen dieses Wandels zählten die Segregation der religiösen Gemeinschaften von der jeweiligen Staatsmacht bzw. die von dieser Staatsmacht ausgehende Durchsetzung säkularer Gesellschaftsmodelle. In ihrem Rahmen waren die religiösen Normen nicht länger rechtlich sanktioniert, sodass als legitime Sphäre der Religionsausübung nur noch das Privatleben des Individuums übrigblieb. Angesichts der mittlerweile mehr als fünfhundert Jahre dauernden Präsenz des Rechts der Sharīʿa auf dem Westbalkan erschien es – zumal in einer Darstellung, die sich namentlich an bosnisch-herzegowinische Studierende wendet – geboten, auf die Bedeutung dieses Rechts für diesen Teil Südosteuropas einzugehen und, wenngleich nur äußerst knapp umrissen, die auf ihm fußende Rechtspraxis sowie gewisse allgemeine Entwicklungen der islamischen Rechtswissenschaft bzw. der Einsicht (arab.: *fiqh*) der Muslime in ihr Recht

F. Karčić, *Geschichte des Rechts der Sharīʿa*,
https://doi.org/10.1007/978-3-658-41765-9_3

nun im regionalen Kontext zu skizzieren. Dazu wird es zunächst notwendig sein, einige Spezifika ins Auge zu fassen, die die Präsenz dieses Rechts in dieser Region durch die Zeitläufte begleiteten. Denn dort, wo das Recht der Sharīʿa einzieht, scheut es, wie wir bereits sahen, nicht davor zurück, einerseits Vorschriften aus den nichtislamischen Rechten der betreffenden Gebiete in seine Strukturen einzubetten, wandelt diese nichtislamischen Rechte jedoch andererseits auch ab, indem es ihre Regelungen nur mittelbar rezipiert oder ihre Regelungsgedanken entsprechend der islamischen Rechtsidee modifiziert. Deshalb hat das Recht der Sharīʿa außer seiner allgemeinen Geschichte auch viele besondere Geschichten, die jeweils Geschichten seiner Präsenz in bestimmten regionalen Lebenswelten sind. Prinzip der folgenden Darstellung ist es, die Periodisierung der eigentlichen Rechtsgeschichte entsprechend den Perioden der Staatsgeschichte vorzunehmen, die den Westbalkan – im eingangs definierten Sinn – im Lauf der mehr als fünfhundert Jahre prägten, um die es in einer regionalen Geschichte des Rechts der Sharīʿa in unseren Landen gehen muss.

I. Das Recht der Sharīʿa während der osmanischen Herrschaft auf dem Westbalkan

1. Der geschichtliche und gesellschaftliche Rahmen

Bedeutendster Gesichtspunkt von den vielen Gesichtspunkten, die die Geltung und den Stellenwert des Rechts der Sharīʿa an jedem Ort und zu jeder Zeit beeinflussten, war immer der Status, den der Islam im jeweiligen Gemeinwesen genoss. Deshalb wird die Frage nach diesem Status uns durch alle Abschnitte der Schilderung begleiten. Das osmanische Reich repräsentierte in seiner klassischen Periode ein Modell, das, einigen Stimmen aus der neueren Geschichtswissenschaft zufolge, als eine organische bzw. – mehr noch – geradezu organschaftliche Verbindung von Religion und Staat bestimmt werden kann. Die religiösen und die staatlichen Funktionen waren in dieselben Strukturen eingebettet und wurden innerhalb desselben Rahmens ausgeübt. Der Islam fungierte dabei im Sinne einer Staatszielbestimmung sowie als integrativer Faktor mit einem Integrationsziel, das freilich auf die muslimische Bevölkerung begrenzt war; denn die Gemeinschaften der Christen und der Juden spielten innerhalb des Reiches für ihre Gläubigen dieselbe Rolle, die die islamische Gemeinschaft für die Muslime spielte. Im Übrigen haben einige zeitgenössische Historiker wie etwa Şerif Mardin und Binaz Toprak gezeigt, dass sämtlichen religiösen Gemeinschaften innerhalb des osmanischen Reiches – der islamischen, der christlichen und der jüdischen Gemeinschaft – auch die Funktion zukam, zwischen ihren jeweils eigenen Angehörigen und dem Staat zu vermitteln. Freilich waren die Strukturen der islamischen Gemeinschaft im Unterschied zu denen der christlichen und der jüdischen Gemeinschaft, die beide eine gewisse Autonomie genossen, in den staatlichen Verwaltungsaufbau eingebettet. Spricht man im Zusammenhang mit dem osmanischen Reich von der muslimischen Gemeinschaft der Gelehrten (arab.: *ʿulamāʾ*), so bezeichnet sie deshalb hier in erster Linie einen akademisch gebildeten Personenkreis, dessen Mitglieder öffentliche Ämter innerhalb der islamischen Gemeinschaft selbst sowie – im weiteren Sinne – im Bildungswesen sowie in der Verwaltung und Gerichtsbarkeit des Staates ausübten. Das daraus erwachsende Näheverhältnis führte freilich nicht anders als in anderen Gemeinwesen, die traditionell muslimischen Gesellschaften entsprossen, auch dazu, bestehende Differenzen zwischen dem Islam als Religion und der Realität des osmanischen Reiches und seiner gesellschaftlichen, wirtschaftlichen und politischen Lebenswelt zu übertünchen. Entsprechend dem Status, den der Islam genoss, wurde das Recht der Sharīʿa im osmanischen Reich als das Fundament der Gesellschaft und als bedeutendstes Regulativ sowohl der privaten als auch der öffentlichen Verhältnisse, darüber hinaus jedoch auch als Medium sozialer Agenden angesehen.

2. Die Rechtsquellen

In den Ländern des Westbalkans, die unter osmanische Herrschaft gerieten, waren Rechtsquellen während des ersten Abschnittes der Periode ebenso wie in den anderen Gegenden des zentralistisch geordneten osmanischen Reiches das Recht der Sharīʿa selbst und der Qānūn. Dabei wurde der Qānūn theoretisch nur als Ergänzung des Rechts der Sharīʿa aufgefasst, obwohl er praktisch teils neben dessen Regelungen galt, ihnen teils aber auch direkt widersprach. Das Recht der Sharīʿa galt bekanntlich, entsprechend dem Prinzip des Personalstatuts, prinzipiell nur für die Muslime. Diejenigen Nichtmuslime, deren staatsrechtlich anerkannte Religionsgemeinschaften (türk. Sg.: *millet*, Pl.: *milletler*) rechtliche Autonomie mit eigener Gerichtsbarkeit genossen, also die Christen und die Juden, konnten sich allerdings aufgrund eigener Rechtswahl im Einzelfall dem Recht der Sharīʿa und der islamischen Gerichtsbarkeit unterwerfen. Wie die Verfahrensregister (bosn. Sg.: *sidžil*, Pl.: *sidžili*) [über osman.-türk.: *sijill* und arab.: *sijill* von lat.: *sigillum*: das Siegel bzw. das gesiegelte und damit als öffentliche Urkunde bestätigte Register] der islamischen Gerichtsbarkeit überall auf dem Westbalkan belegen, war eine solche Rechtswahl namentlich bei Eheschließungen und Ehescheidungen sowie bei Nachlassteilungen ziemlich verbreitet. Das positive Recht der Sharīʿa bzw. der einzelnen Zweige (arab.: *furūʿ*) dieses Rechts war durch Sammlungen erschlossen, bei denen es sich oft um die gesammelten Werke einzelner Rechtsgelehrter sowie um Rechtsanthologien etc. handelte, wie sie für das gesamte osmanische Reich charakteristisch waren. Im Hinblick auf den Westbalkan werden wir allerdings nur an diejenigen Sammlungen zu erinnern haben, die über ihren wissenschaftlichen Wert hinaus in der Rechtspraxis genutzt wurden und außerdem von einheimischen Verfassern stammen. Der Qānūn fungierte auch auf dem Westbalkan als gesetzgeberisches Mittel, das Recht der Sharīʿa den gesellschaftlichen und wirtschaftlichen Umständen sowie den politischen Bedürfnissen anzupassen und Materien zu regeln, für die die islamische Rechtswissenschaft keine adäquaten Lösungen bereithielt. Diese Tendenz zeigte sich insbesondere auf dem Gebiet des Strafrechts. Denn dieses war im osmanischen Reich einerseits sharīʿatisch fundiert und blieb es auch, kam jedoch in den eroberten Gebieten einschließlich denen des Westbalkans andererseits ebenso dem Interesse des osmanischen Fiskus an der vorzugsweisen Verhängung von Geldstrafen sowie, mit der Rezeption der nichtislamischen Regionalrechte, den Verhältnissen vor Ort entgegen. Die dazu erforderlichen Modifikationen betrafen sogar Straftaten, für die in Qurʾān und Sunna feststehende sog. Grenzstrafen (arab.: *ḥudūd*) vorgesehen sind, sowie die Strafzumessung in Fällen, in denen dem Sultan als Herrscher bzw. dem Qāḍī als von ihm eingesetzten Richter nach dem Recht der Sharīʿa ohnehin ein Ermessen zusteht, das auf politischen Erwägungen (arab.: *siyāsa*) oder dem Prinzip der bloßen Verwarnung (arab.: *taʿzīr*) beruhen kann. Auf dem Westbalkan sahen die einschlägigen Qānūne anstelle der in Qurʾān und Sunna vorgesehenen Grenzstrafen wie z. B. für Ehebruch und außereheliche Unzucht lediglich Geldstrafen vor, wobei aber Nichtmuslime nur die Hälfte der für Muslime vorgesehenen Strafe zu bezahlen hatten. Dagegen übte der soziale Rang keinen Einfluss auf das Strafmaß aus; lediglich bei Straftaten von Grundherren war der Pforte zu berichten. In den bereits erwähnten Fällen der Strafzumessung aufgrund politischer Erwägungen bzw. des Prinzips der bloßen Verwarnung kam es außerdem in gewissem Ausmaß zur Rezeption von Elementen der nichtislamischen Regionalrechte, die die Osmanen auf dem Westbalkan angetroffen hatten. Allerdings führte diese Übernahme bei Delikten, die schon früher pönalisiert gewesen waren, nicht selten zu einer Strafschärfung; etwa bei der Entführung einer [heiratsfähigen] Frau, bei Brandstiftung, Holzeinschlags- und Weidedelikten sowie der Entwendung von Sachen, die in Karawanseraien eingebracht waren. So schrieben die früheren, nach westeuropäischer Periodisierung mittelalterlichen Rechte z. B. für den Ehebruch und die außereheliche Unzucht anstelle einer Geldstrafe oft die Brandmarkung der Stirn vor oder pönalisierten die Tat des Mannes, der die entführte Frau geheiratet und dadurch ihrer Familie entzogen hatte, durch demütigende Akte wie etwa Scherung oder schwere Prügel. Auch die Durchtränkung der mittelalterlichen Rechte mit Klassengesichtspunkten war dem Recht der Osmanen weithin ebenso fremd wie dem Recht der Sharīʿa überhaupt. Deshalb geht das rechtshistorische Schrifttum davon aus, dass gewisse Aspekte der osmanischen Rechtspraxis auf dem Westbalkan gar nicht dem osmanischen bzw. islamischen Recht als solchem, sondern vielmehr den rezipierten nichtislamischen Rechten zuzuschreiben sind.

3. Die Rechtswissenschaft

In die Teile des Westbalkans, die dem osmanischen Reich angegliedert wurden, zog das Recht der Sharīʿa als von nun an geltendes Recht der neuen Herrscher und ihrer Herrschaft erst in einer Ära ein, als die Wissenschaft dieses Rechts bereits vom Geist der Nachahmung (arab.: *taqlīd*) durchdrungen war. Die damit einhergehende geistesgeschichtliche Lage der islamischen Rechtswissenschaft im Allgemeinen bestimmte auch die Möglichkeiten und die Grenzen des islamischen Rechtsdenkens in unseren Landen. Auch bei uns glossierten und kommentierten die muslimischen Rechtsgelehrten die Werke der großen Juristen sowie deren früherer Glossatoren und Kommentatoren, verfassten eigene Kompendien und edierten Rechtsanthologien. Die reichhaltige Hinterlassenschaft all dieser Bemühungen wird namentlich durch den zweiten Band des Kataloges der Handschriften in arabischer, türkischer und persischer Sprache erschlossen, den die Gazi-Husrev-Beg-Bibliothek in Sarajevo 1399/1979 herausgegeben hat; aber auch im heutigen Schrifttum werden manche unserer muslimischen Juristen als bemerkenswert und ihre Beiträge zu bestimmten Rechtsfragen als eigenständig angesehen. Ein gefestigtes Urteil über die Originalität dieser Juristenpersönlichkeiten würde freilich ebenso sachkundige wie auch unparteiische Forschungen über sie und ihr Werk erfordern, die bis heute Desiderat geblieben sind. Für diese Arbeit würden die erhaltenen Fatāwā übrigens wohl die beste Basis bieten, ermöglichten sie es ihren Verfassern doch, die Rechtsanwendung auf konkrete Sachverhalte zu fokussieren und dabei die Umstände des Einzelfalles abzuwägen. Die frühesten muslimischen Juristen, die auf dem Westbalkan tätig waren, stammten nicht von hier, sondern waren meist Türken und Araber. Den Archivalien über die Quḍāt und Muftiyyūn in Bosnien und Herzegowina lässt sich entnehmen, dass es etwa einhundert Jahre dauerte, bis genug einheimische Juristen zur Verfügung standen, die das Recht der Sharīʿa auszulegen und anzuwenden vermochten. Die Sozialisation dieser Gruppe als sozialer Kohorte und die Bildungsgänge der ihr angehörenden, einzelnen Juristen vollzogen sich innerhalb des Rahmens der übergreifenden Prozesse, die mit der Ausbreitung des Islam sowie mit der Rezeption der für den Westbalkan ja neuen, in seinem Fall osmanisch geprägten Kultur der Muslime einhergingen. Einen namhaften Beitrag hierzu wird außer der Akzeptanz, die das Recht der Sharīʿa bei den hiesigen Muslimen sehr bald genoss, sicher auch der herausgehobene Stellenwert geleistet haben, den das Studium des Rechts wie in der islamischen Bildung allgemein, so auch im osmanischen Bildungswesen einnahm. Keiner besonderen Erwähnung bedarf es dabei wohl, dass sich auf dem Westbalkan ausschließlich die ḥanafitische Rechtsschule verbreitete, denn nur sie war im osmanischen Reich staatlich sanktioniert. Dieser Schule gehörten somit auch die muslimischen Rechtsgelehrten aus Bosnien und Herzegowina an, von denen hier nur an wenige erinnert werden kann:

Hasan Kafi Pruščak (951/1544 – 1025/1616): Er war sowohl als Qāḍī wie auch als Mudarris tätig. Von seinen zahlreichen Werken seien erwähnt *Samt al-wuṣūl ilā ʿilm al-uṣūl* (arab.; dt.: Der Weg des Gelangens zur Wissenschaft von den [Rechts-] Wurzeln) über die juristische Methodenlehre, *Uṣūl al-ḥikam fī niẓām al-ʿālam* (arab.; dt.: Die Grundlagen der Weisheiten in der Ordnung der Welt) über die Rechtstheorie sowie *Ḥadīqat al-ṣalāt* (arab.; dt.: Der Garten des Gebetes) über die gottesdienstlichen Handlungen. Von seinen weiteren Arbeiten, die überwiegend Kommentare im klassischen Stil sind, wird in der Literatur besonders die Abhandlung *O osnovama mudrosti u uređenju svijeta* (bosn.; dt.: Über die Grundlagen der Weisheit beim Ordnen der Welt) hervorgehoben, mit der Pruščak eine eigene Theorie des idealen Staates vorlegte, zugleich aber auch praktische Maßnahmen zur Reform des osmanischen Reiches vorschlug.

Zijauddin Ahmad, Sohn des Muṣṭafā (gest. 1090/1679): Er hatte lange Jahre das Amt des Muftī in Mostar, der Hauptstadt der Herzegowina, inne und wurde durch seine in Bosnien und Herzegowina sehr verbreitete Rechtsanthologie *Fetvā-i Aḥmadi* (türk.; dt.: Die Rechtsgutachten des Aḥmad) bekannt.

Muhammed Muhtešim Šabanović (gest. 1104/1694): Dieser vielseitige, als Mudarris in der Lehre und als Qāḍī in der Rechtsprechung tätige Jurist war als sog. Vorsitzender (türk.: *ṣadir)* zugleich ein hochrangiger Würdenträger des osmanischen Reiches. Er schrieb das Buch *Ādāb al-ḥukkām* (arab.; dt.: Anstandsregeln der Vorsitzenden) über das sharīʿatische Prozessrecht.

Mustafa Ejubović, Sohn des Jusuf, gen. Šejh Jujo (1061/1651 – 1119/1707): Auch er hatte das Amt des Muftī in der herzegowinischen Hauptstadt Mostar inne. Erwähnenswert sind seine zahlreichen Abhandlungen wie etwa *Miftāḥ al-ḥuṣūl* (arab.; dt.: Der Schlüssel zur Lösung) über die islamische Rechtstheorie und juristische Methodenlehre sowie über die Methodik der religiösen und juristischen Untersuchungen und Disputationen. Er betätigte sich auch auf dem Gebiet des Erbrechts und weiteren Gebieten des positiven Rechts.

Mehmed Refik Hadžiabdić (1229/1814 – 1289/1872): Er war der einzige unserer Gelehrten, der zum Shaykh al-islām für das ganze osmanische Reich berufen wurde. Wissenschaftlich trat er hervor durch seine Abhandlung *Nuqūl al-fatāwā al-fayḍiyya* (arab.; dt.: Das Zuckerwerk unter den fayḍitischen Rechtsgutachten).

4. Die Rechtspraxis

In den eroberten Gebieten des Westbalkans wurde, wie in allen anderen Provinzen des osmanischen Reiches auch, eine einheitliche Rechtsordnung etabliert. Verkörpert wurde diese Ordnung, wie in der islamischen Welt allgemein, durch die Quḍāt als Richter und die Muftiyyūn als Rechtsgutachter. Im Hinblick sowohl auf die besonderen Umstände, unter denen diese Ordnung auf dem Westbalkan ihren Einzug hielt, als auch auf die Persönlichkeiten, die diese Ämter bei uns bekleideten, prägten sich im regionalen Kontext allerdings einige Eigentümlichkeiten aus. Insofern ist zunächst darauf hinzuweisen, dass das Richteramt stets parallel mit dem Voranschreiten der osmanischen Eroberungen etabliert wurde; in einigen Gegenden sogar schon vor der Einrichtung einer örtlichen Exekutive. Dabei war das Richteramt eng mit dem osmanischen Militär verbunden, denn die Quḍāt waren u. a. für Streitigkeiten zwischen Soldaten sowie für deren letztwillige Verfügungen und im Falle ihres Todes für die Teilung ihres Nachlasses zuständig. Deshalb wurden die ersten Quḍāt schon berufen, bevor weite Teile unserer Bevölkerung den Islam annahmen, und oft sogar in vorgeschobenen Militärstützpunkten stationiert. In Višegrad, dem Schauplatz des Romanes *Na Drini ćuprija* (bosn.; dt.: Die Brücke über die Drina) unseres bosnischen Nobelpreisträgers Ivo Andrić etwa, wurde der erste Qāḍī schon bestellt, bevor Sultan Meḥmed II. Fātiḥ, der Eroberer, die Stadt 868/1463 endgültig unterwarf! Die Zuständigkeit der hiesigen Quḍāt erstreckte sich, wie in den anderen Reichsteilen, sowohl auf das Recht der Sharīʿa als auch auf den Qānūn sowie die daneben ggf. noch anwendbaren autochthonen nichtislamischen Rechte der Südslawen. Im 11./17. Jahrhundert, als das osmanische Reich seine größte territoriale Ausdehnung innerhalb Europas erreicht hatte, gab es auf dem Westbalkan zwei Richterämter (arab.: *mullaluk*, türk.: *mollālıq*), deren Inhaber jeweils zugleich den Titel eines religionsgelehrten Meisters (arab.: *maulā*, türk.: *mollā*) trugen. Diese beiden Quḍāt saßen in Sarajevo und in Belgrad. Ein weiteres Richteramt (türk.: *sitte-mullaluk* von arab.: *sitta* = sechs, hier also "sechs [Gerichts-] Orte") war gleichfalls mit dem Titel des Mollā sowie außerdem der Gerichtsbarkeit für jeweils mehrere Gerichtsorte verbunden. Außerdem gab es 110 örtliche Richterämter (arab.: *kadiluk*, türk.: *qāḍılıq*), deren Hierarchie sich an der Alimentation ihrer Inhaber orientierte. Diese wurden aus staatlichen Mitteln bezahlt, und zwar entsprechend ihrem Bildungsgang und ihrem Rang innerhalb der Laufbahn – wobei sie allerdings zusätzlich berechtigt waren, Gebühren (arab. Sg.: *rasm*, Pl.: *rusūm*) für die Ausübung ihres richterlichen Amtes sowie für bestimmte einzelne Verwaltungstätigkeiten zu erheben. Letztere wurden i.H.v. 1,5 – 2,5 % des Gegenstandswertes bei Nachlass- und sonstigen Vermögensteilungen fällig, außerdem bei Scheidungen, bei manchen Erlaubnissen und Genehmigungen sowie für Beglaubigungen und Beurkundungen von Verträgen etc. Sämtliche Entscheidungen und sonstigen Amtsgeschäfte waren in die bereits erwähnten Verfahrensregister einzutragen, deren sowohl einheitliche als auch annähernd vollständige Führung sie heute zu erstrangigen historischen Quellen macht. Parallel zum allgemeinen Niedergang des osmanischen Reiches büßte die Richterschaft schließlich allerdings auch auf dem Westbalkan mehr und mehr von ihrem Ansehen ein, wozu die zusehends sich ausbreitende Praxis beitrug, die Richterämter als Pfründen zu verpachten. Auf dem Westbalkan etablierte sich die osmanische Gerichtsbarkeit freilich in der zweiten Hälfte des 10./16. Jahrhunderts und damit zu einer Zeit, als der Islam als Religion in unseren Landen kraftvoll voranschritt: In Sarajevo wurde der erste Muftī, wie Sejfullah-ef. Kemura berichtet, 926/1519 erwähnt, während Hfz. Hifzija Hasandedić für Mostar den Zeitraum zwischen 979/1571 und 1001/1592 angibt. Bemerkenswert ist, dass für die Beurkundungen der ältesten unserer hiesigen islamischen Stiftungen als amtlich bestellte Zeugen (arab.: *shuhūd al-ḥāl*) im Einzelfall wohl ein Qāḍī, ein Mudarris sowie gelegentlich ein Prediger (arab.: *khaṭīb*), in keinem Fall aber ein Muftī hinzugezogen wurde. Sodann lässt sich gerade am Muftī-Amt sowohl in Sarajevo als auch in Mostar zeigen, dass die Amtsinhaber der ersten Zeit noch Fremde waren. In Sarajevo wurde erstmals 1021/1612 ein Hiesiger zum Muftī ernannt, was von da an gängige Praxis war und blieb. Auch in Mostar wurde erstmals um die Mitte des 11./17. Jahrhunderts herum ein hiesiger Muftī ernannt. All dies bedeutet, dass etwa fünfzig bis hundert Jahre vergingen, bis man begann, einheimische Muftiyyūn zu ernennen. Die im Vergleich mit der Richterschaft signifikant spätere Ernennung Einheimischer zu Rechtsgutachtern mag darauf beruhen, dass dem Muftī in erster Linie die Auslegung der religiösen Vorschriften der Muslime oblag, sodass sein Amt angesichts der massenhaften Annahme des Islam durch die autochthone Bevölkerung in Bosnien und Herzegowina zu jener Zeit einen ganz besonderen Stellenwert im Hinblick auf den Islam als Religion genoss. Demgegenüber war der Qāḍī als Inhaber der Gerichtsbarkeit und Beamter des Sultan in den Prozess eingebunden, der die Sicherung und Festigung der osmanischen Herrschaft auf dem Westbalkan allgemein betraf. In Bosnien und Herzegowina wurden die Muftiyyūn größerer Orte zugleich zum regionalen Shaykh al-islām ernannt; so etwa in Sarajevo und in Mostar. In kleineren Orten wurden teilweise Muftiyyūn bestellt, die ihre Funktion im Nebenamt wahrnahmen, oder der örtliche Qāḍī wurde zusätzlich ermächtigt, Fatāwā zu erstatten. Er wurde dann allerdings nicht als Muftī, sondern lediglich als Lizenziat (arab.: *ma'dhūn bi-l-iftā'*) bezeichnet, dem die gutachterliche Tätigkeit zusätzlich erlaubt war. Bei alldem unterlag die Auswahl der Muftiyyūn auch einem gewissen Einfluss der örtlichen muslimischen Bevölkerung. Dabei hatte der Shaykh al-islām die Vorschläge zu prüfen, die ihm in Form von Gesuchen und Eingaben (arab.: *maḥḍar*) durch die örtlichen Verwaltungsbehörden übermittelt wurden. Im Verlauf der osmanischen Reformen während des 13./19. Jahrhunderts kam es zu Reorganisationen sowohl des Qāḍī- als auch des Muftī-Amtes. Dabei wurde der Richterschaft neben ihrer traditionellen Spruchtätigkeit an den sharīʿatischen Gerichten ein bedeutender Anteil an den neu geschaffenen Zivilgerichten zugebilligt, während man die Rechtsgutachter, die typischerweise auch bedeutenden gesellschaftlichen Einfluss hatten, aus der Mitte ihrer Provinz (türk.: *eyālet*) in die neuartigen Regionalräte berief. In diesem Zusammenhang ist daran zu erinnern, dass zahlreiche Muftiyyūn durch ihr eigenes Vorbild und ihre Überzeugungskraft dazu beitrugen, dass die Bevölkerung die Reformen im Allgemeinen sehr rasch akzeptierte. In einer bis heute gültigen und musterhaften Weise erschlossen wird dieser Beitrag auch für unser Bosnien und Herzegowina durch die Geschichtsschreibung des türkisch-osmanischen Staatsmannes, Historikers und Rechtsgelehrten Lofçalı Aḥmed Cevdet Paşa (1238/1822 – 1313/1895).

II. Das Recht der Sharīʿa während des Niederganges der osmanischen Herrschaft auf dem Westbalkan bis 1337/1918

1. Der geschichtliche und gesellschaftliche Rahmen

Während des 13./19. sowie zu Beginn des 14./20. Jahrhunderts ermattete die osmanische Herrschaft in Montenegro, Serbien, Bosnien und Herzegowina, Mazedonien, dem Sandžak von Novi Pazar [von türk. *ṣanjaq*: das Banner; Bezeichnung für einen Verwaltungsbezirk] sowie auf dem Kosovo Polje immer mehr. Begleitet wurde dieser Vorgang, dem auf der anderen Seite ständig wachsende und immer radikalere nichtmuslimische und nicht selten auch antimuslimische Gruppierungen gegenüberstanden, von einer Reihe von Pogromen an Muslimen; ein Phänomen, das von unseren heutigen Historikern mitunter geradezu als Versuch einer ethnischen Säuberung charakterisiert wird – als "Säuberung" der Heimat von den Muslimen nämlich, die, obwohl sie doch Hiesige waren, aufgrund ihrer Annahme des Islam mit den verhassten Osmanen gleichgesetzt wurden. Im Rahmen der Neuordnung aller Verhältnisse, die durch die Befreiung der zuvor osmanisch beherrschten, nun wieder unabhängigen Gebiete unausweichlich geworden war, ordneten die sich auf dem Westbalkan formierenden Völkerrechtssubjekte allerdings auch den Status ihrer muslimischen Bevölkerungsanteile neu. Dies geschah nicht selten im Rahmen internationaler Verträge, vermittels derer die europäischen Schutzmächte ihren Anspruch anmeldeten, die neuen Staaten auf eine Politik der religiösen

Toleranz und der Gleichheit Aller vor dem Gesetz zu verpflichten. Freilich waren die neuen Staaten, die nach ihrem Selbstverständnis ja Nationalstaaten für alle Stämme ihres jeweiligen Volkstums gleichermaßen waren, typischerweise auch selbst daran interessiert, die ihnen verbliebenen muslimischen Bevölkerungsanteile für die neuen Gemeinwesen zu gewinnen. Das Zusammenwirken all dieser teils innenpolitischen, teils außenpolitischen Faktoren bereitete den Boden für die öffentlich-rechtliche Anerkennung des Islam als Religion sowie für die Gleichstellung der Muslime in allen neuen Staaten des Westbalkans, deren Territorien zuvor der osmanischen Herrschaft unterstanden hatten. Als für die Geschichte des Rechts der Sharīʿa besonders bedeutsam erwies sich die Einordnung des Islam in das säkulare Religionsverfassungsrecht, das entsprechend der allgemein vorherrschenden Tendenz zur Zurückdrängung der verschiedenen christlichen Staatskirchenrechte auch die staatliche Akzeptanz des Rechts der Sharīʿa auf bestimmte Privatrechtsverhältnisse der Muslime untereinander beschränkte. In allen neuen Staaten des Westbalkans war das Verhältnis zwischen dem Staat und den Religionsgemeinschaften rechtlich geregelt, und diese Regelungen wurden auch auf die jeweilige islamische Gemeinschaft angewandt. Sie erhielt überall den Status einer Körperschaft des öffentlichen Rechts, sodass der Islam öffentlich gelehrt und gelebt werden konnte und die Muslime sich öffentlich versammeln durften. In Serbien wurde der Islam 1285/1868 zunächst stillschweigend anerkannt, als König Mihailo Obrenović III. die unter den Osmanen erbaute Moschee der serbischen Hauptstadt Belgrad an die Bajrakli-Gemeinde zur Nutzung übergab, ihr öffentliche Mittel für die Erhaltung des Bauwerks zusagte und außerdem die Alimentation ihrer Imāme übernahm. Ausdrücklich verkündet wurde die Anerkennung des Islam in Serbien durch Art. 77 des Vorläufigen Gesetzes über die Verwaltung der befreiten Territorien vom 28. Dhū al-Ḥijja 1294 / 3. Januar 1878, das dem Islam nunmehr expressis verbis den Status einer staatlich anerkannten Religion verlieh. Erneuert wurden die Bestimmungen dieses Gesetzes durch die Verordnung über die Ausübung der bürgerlichen Rechte vom 15. Ramaḍān 1331 / 18. August 1913 sowie nach den beiden Balkankriegen von 1330/1912 und 1331/1913, mit denen Mazedonien, das Kosovo Polje und der Sandžak von Novi Pazar teils zu Serbien und teils zu Montenegro gekommen waren. Da das serbische Ehe- und Familienrecht für Christen damals nur die kirchliche Trauung anerkannte, blieb für die Muslime faktisch nur die Anwendung des Ehe- und Familienrechts der Sharīʿa übrig. Sie wurde durch die Verordnung über die Gerichtsverfassung und das Verfahrensrecht in den

Vereinigten altserbischen Gebieten vom 13. Rajab 1332 / 7. Juni 1914 schließlich auch von Rechts wegen bekräftigt. In Montenegro wurde der Islam öffentlich-rechtlich anerkannt, nachdem 1294/1878 fünf ehemals osmanische Gerichtsbezirke unter montenegrinische Verwaltung gekommen waren. Auch hier wurde die Anerkennung zunächst stillschweigend ins Werk gesetzt, indem König Nikola für die montenegrinischen Muslime einen Muftī berief und ihn hinsichtlich des Rechts der Sharīʿa per Dekret mit der Jurisdiktion *onako isto što je bilo u turski vakat* (montenegr.; dt.: in gleicher Weise so, wie es zur Türkenzeit gewesen ist) belieh. Später wurde diese Regelung sogar von Verfassungs wegen bestätigt, und zwar durch Art. 129 der montenegrinischen Verfassung vom 8. Shawwāl 1323 / 6. Dezember 1905, in dem es heißt, dass die innere Verwaltung der "mohammedanischen" Religionsgemeinschaft dem Muftī von Montenegro übertragen sei. Auch hieran zeigt sich, dass das Recht der Sharīʿa die osmanische Herrschaft auf dem Westbalkan überdauerte. Ein weiteres Mal bekräftigt wird dieser Befund für Montenegro durch Art. 4 des montenegrinischen Gesetzes über die Gerichtsverfassung in Zivilsachen vom 3. Ramaḍān 1323 / 1. November 1905. Auch in Bosnien und Herzegowina, das 1295/1878 von der Donaumonarchie okkupiert wurde, erhielt der Islam den Status einer staatlich anerkannten Religion, und auch hier blieb das Recht der Sharīʿa so in Geltung, wie es schon während der Osmanenzeit gegolten hatte. In Bosnien und Herzegowina wurde die Anerkennung des Islam durch eine Reihe offizieller Verlautbarungen und legislativer Akte verwirklicht, durch die die österreichisch-ungarische Herrschaft die Existenz des Islam und der islamischen Gemeinschaft in ihrem neuen Reichsland garantierte. Dies geschah seitens der Donaumonarchie zunächst in ihrem völkerrechtlichen Außenverhältnis zur Pforte als Schutzmacht der bosnisch-herzegowinischen Muslime, und zwar durch die Konvention von Istanbul vom 28. Rabīʿ al-Thānī 1296 / 21. April 1879, die den Fortbestand der sharīʿatischen Gerichtsbarkeit für die muslimischen Bevölkerungsanteile garantierte und außerdem die Etablierung eines besonderen, von Istanbul unabhängigen religiösen Ältesten der islamischen Gemeinschaft zusagte. Das Amt dieses Ältesten wurde dann, unter der Bezeichnung als *raʾīs al-ʿulamāʾ* (arab.; dt.: Vorsitzender der Gelehrten), durch das Dekret vom 4. Dhū al-Ḥijja 1299 / 17. Oktober 1882 geschaffen. Ihr verfassungsrechtliches Innenverhältnis zu den neu hinzugekommenen muslimischen Untertanen klärte die Donaumonarchie mit der Allerhöchsten Entschließung betreffend die Einführung von verfassungsmäßigen Einrichtungen in Bosnien und Herzegowina vom 6. Ṣafar 1328 / 17. Februar 1910, in deren Art. 8 als staatlich anerkannte Religionsgemeinschaft ausdrücklich und vorbehaltlos auch die islamische Gemeinschaft genannt wird. In Slowenien und Dalmatien erhielt der Islam den Status eines staatlich anerkannten Bekenntnisses am 30. Rajab 1330 / 15. Juli 1912 durch das Gesetz über die Anerkennung freilich nur der sunnitischen ḥanafitischen Muslime als Religionsgesellschaft. Auch dieses Gesetz billigte der islamischen Gemeinschaft den Status einer Körperschaft des öffentlichen Rechts zu, die die Angelegenheiten von Kultus und Unterricht sowie ihre Vermögens- und Stiftungsverhältnisse unter staatlicher Aufsicht selbst verwalten durfte. Die islamischen Wissenschaften, die Einrichtungen der islamischen Gemeinschaft und die Religionsausübung der Muslime standen unter staatlichem Schutz, soweit sie nicht den Gesetzen des säkularen Staates zuwiderliefen. Die Befugnis zur Anwendung und Auslegung des Rechts der Sharīʿa wurde der islamischen Gemeinschaft freilich nicht zuerkannt, sondern unter gesetzlichen Vorbehalt gestellt. Nach denselben Grundsätzen wurde der Islam durch das Gesetz vom 22. Jumādā al-Ūlā 1334 / 27. März 1916 auch in Kroatien und Slawonien anerkannt. Zur Anerkennung des Islam hier sowie in Slowenien und Dalmatien kam es wahrscheinlich deshalb recht spät, weil die islamischen Minderheiten dort zahlenmäßig nicht ins Gewicht fielen und die Politik erst während der Krisen des ersten Weltkrieges das Bedürfnis empfand, sich der Loyalität der Muslime zur Donaumonarchie zu versichern. Was die Rechtsordnungen der genannten Provinzen angeht, so hatten die christlich dominierte Bevölkerungsstruktur und das Fehlen institutionell muslimischer Strukturen in der Diaspora zur Folge, dass anstelle des Rechts der Sharīʿa auch in Familien- und Erbangelegenheiten das allgemeine Zivilrecht galt.

2. Die Rechtsquellen

Das Recht der Sharīʿa wurde auf dem Westbalkan während dieses zweiten Abschnittes der Periode aus sehr verschiedenen Rechtsquellen geschöpft, deren Heterogenität zwei divergierende Tendenzen reflektierte, nämlich die Kontinuität der sharīʿatischen Rechtspraxis seit ihren Anfängen unter der osmanischen Herrschaft einerseits und den Einfluss der bereits besprochenen, neueren Tendenzen andererseits. Dementsprechend ist es möglich, traditionsgebundene und reformorientierte Rechtsquellen zu unterscheiden. Der ersten Kategorie unterfällt das juristische Schrifttum, das die herkömmlichen Formen beibehielt. Hierher gehören die Kommentare, Glossen, Kompendien, Rechtsanthologien etc. der traditionell gebildeten muslimischen Rechtsgelehrten. Dagegen zählen zur zweiten Kategorie vor allem die amtlichen Kodifikationen sowie die privaten Kodifikationsvorschläge einzelner muslimischer Juristen, deren Arbeit dem Reformgedanken verbunden war. Im Übrigen hielt die muslimische Rechtspraxis der ehemals osmanischen Territorien weiterhin daran fest, sich an der Gesetzgebung der Pforte bzw. den kodifikatorischen Aktivitäten zu orientieren, die das Osmanenreich hinsichtlich des Qānūn sowie teilweise des Rechts der Sharīʿa entfaltete.

a) Das Schrifttum der muslimischen Rechtsgelehrten

Auch nach dem Ende der osmanischen Herrschaft fuhren die muslimischen Juristen auf dem Westbalkan fort, das klassische Schrifttum der ḥanafitischen Rechtsschule zu konsultieren. Insbesondere die Kompendien [jeweils arab.; dt.:] *Multaqā* (Der Treffpunkt), *Majmaʿ al-anhur* (Der Zusammenfluss der Flüsse), *al-Durr al-mukhtār* (Die erlesene Perle), *Radd al-mukhtār* (Die Zurückführung des Irrenden), *Fatḥ al-Qadīr* (Die Eröffnung des Allmächtigen), *al-Baḥr al-rāʾiq* (Das klare Meer), *al-Muḥīṭ* (Der Ozean) und *Durar al-ḥukkām* (Die Perlen der Herrscher) sowie von den Rechtsanthologien *al-Fatāwā al-hindiyya* (Die indischen Rechtsgutachten), *al-Fatāwā al-tātārkhāniyya* (Die tātārkhānidischen Rechtsgutachten) sowie *al-Fatāwā al-Anqarawī* (Die Rechtsgutachten des al-Anqarawī) und *Bahjat al-fatāwā* (Die Pracht der Rechtsgutachten) standen weiter im Gebrauch.

b) Die amtlichen und privaten Kodifikationen

In allen Ländern des Westbalkans blieb auch nach dem Ende der Osmanenherrschaft die *Mejelle-i aḥkām-ı ʿadliyye* (türk.; dt.: Sammlung der rechtlichen Bestimmungen) als bedeutendste sharīʿatische Kodifikation des 13./19. Jahrhunderts in Gebrauch, in der das Eigentums- und Vermögensrecht zusammengefasst war. Am meisten verbreitet war die Mejelle in Bosnien und Herzegowina, wo ihre Anwendung insofern, als das Recht der Sharīʿa galt, sowohl für die sharīʿatischen Gerichte der islamischen Gemeinschaft als auch für die ordentlichen Gerichte der staatlichen Zivilgerichtsbarkeit verpflichtend war. Auch letztere hatten ggf. das Recht der Sharīʿa anzuwenden, denn die österreichisch-ungarische Herrschaft hatte in ihrem Gesetz- und Verordnungsblatt für das neue Reichsland schon bald nach der Okkupation die Fortgeltung gewisser Teile der Mejelle proklamiert. Die dergestalt sanktionierten Normen blieben auf diese Weise gewissermaßen als nationales Recht erhalten, das in Bosnien und Herzegowina für die gesamte Bevölkerung unabhängig von ihrem Bekenntnis galt. Freilich führten das sprachliche Unvermögen der österreichisch-ungarischen Richterschaft, sich des Textes der Mejelle im Original zu versichern, sowie die ohnehin vorherrschende Tendenz zur Verwestlichung des Rechts in der Rechtspraxis zur Zurückdrängung der Mejelle und damit zur faktischen Rezeption des in den übrigen Territorien der Donaumonarchie geltenden Allgemeinen Bürgerlichen Gesetzbuches von 1226/1811 – denn brauchbare Übersetzungen der Mejelle fehlten, und eine amtliche Übersetzung kam erst 1324/1906 heraus. Für die sharīʿatischen Gerichte der islamischen Gemeinschaft von Bosnien und Herzegowina blieb die Mejelle hingegen die hauptsächliche Rechtsquelle sowohl für das formelle als auch für das materielle Recht. Entsprechendes galt für Montenegro und Serbien, wobei die Fortgeltung der Mejelle hier allerdings nicht gesetzlich angeordnet war, sondern ihre Grundlage in der Rechtsprechung der sharīʿatischen Quḍāt und der gutachterlichen Praxis der Muftiyyūn fand. In Bosnien und Herzegowina stand außerdem die von dem osmanischen Rechtsgelehrten Mehmet Kadri-paşa (1248/1832 – 1301/1884) unter dem Titel *al-Aḥkām al-sharʿiyya fī al-aḥwāl al-shakhṣiyya* (arab.; dt.: Die religionsrechtlichen Bestimmungen im Personenstand) erarbeitete, meist kurz *Ahvali šahsija* (bosn. entlehnt von arab.: *al-Aḥwāl al-shakhṣiyya*; dt.: Das Personenstandsrecht) zitierte private Kodifikation in Gebrauch. Die sharīʿatischen Gerichte der islamischen Gemeinschaft bedienten sich außerdem einer weiteren privaten Kodifikation, die der osmanische Rechtsgelehrte ʿÖmer Ḥilmī Efendī (1304/1886 – 1354/1935) erarbeitet hatte. Gegenstand dieses meist als *Aḥkām-ı evqāf* (türk.; dt.: Die Rechtsbestimmungen der religiösen Stiftungen) zitierten Werkes ist allerdings nur das Stiftungsrecht. Um die staatliche Aufsicht über die sharīʿatischen Gerichte der islamischen Gemeinschaft ausüben zu können, brachte die k.u.k. Verwaltung schließlich 1300/1884 in Wien unter dem Titel *Eherecht, Familienrecht und Erbrecht der Mohamedaner nach dem hanafitischen Ritus* eine eigene Textsammlung heraus. Für die Anwendung und Auslegung des Rechts der Sharīʿa in Bosnien und Herzegowina waren außerdem die Rundschreiben und Erlasse des vrhovni šerijatski sud (bosn.; dt.: oberster sharīʿatischer Gerichtshof) in Sarajevo bedeutsam. In diesen Verlautbarungen schloss sich der Gerichtshof sowohl hinsichtlich des formellen als auch hinsichtlich des materiellen Rechts dem Reformgedanken an. Dabei bediente er sich der bereits mehrfach erwähnten, als Auswahl (arab.: *takhayyur*) bezeichneten Methode, d. h. er beschränkte sich nicht auf die Lehren der ḥanafitischen Rechtsschule, sondern bezog sich im Einzelfall auch auf andere sunnitische Rechtsschulen. Ferner wurde der Gerichtshof in einigen Fällen durch die staatlichen Obergerichte angehalten, von traditionellen Auffassungen der ḥanafitischen Rechtsschule abzuweichen und sich stattdessen der Lösungen anderer sunnitischer Rechtsschulen zu bedienen, falls diese der Lebenswelt der bosnisch-herzegowinischen Muslime innerhalb der Donaumonarchie eher gerecht wurden. Die späteren der 1295/1878 – 1318/1900 teils vom Gerichtshof selbst und teils von der k.u.k. Verwaltung herausgegebenen Rundschreiben und Erlasse sind durch eine Edition von Abdulah Škaljić (1322/1904 – 1387/1967) erschlossen.

c) Die osmanische Gesetzgebung

Von der späteren osmanischen Reformgesetzgebung, die das Recht der Sharīʿa und den Qānūn kodifizierte, gelangten in Bosnien und Herzegowina das Landgesetz vom 7. Ramaḍān 1274 / 21. April 1857, das Gesetz über die Volljährigkeit vom 16. Dhū al-Ḥijja 1286 / 19. März 1870, die Verordnung vom 5. Dhū al-Ḥijja 1268 / 20. September 1859 über den Schutz der Waisen sowie das Gesetz vom 10. Ṣafar 1290 / 9. April 1873 über die Verwaltung der Stiftungen zur Anwendung. Diese und weitere legislative Akte der Pforte galten in Bosnien und Herzegowina in größerem Umfang als in den anderen Ländern des Westbalkans, denn das Mandat, das die Donaumonarchie auf dem Berliner Kongress 1295/1878 erlangt hatte, stand unter dem Vorbehalt, dass die bestehende Rechtsordnung nicht angetastet werde. Andere Länder des Westbalkans, die nach dem Ende der Osmanenherrschaft begannen, ihre Eigenstaatlichkeit wiederherzustellen, brachen mit dem osmanischen Recht hingegen radikal. In diesen Ländern wurde die osmanische Gesetzgebung nur noch insoweit angewandt, als die jeweils neuen nationalen Rechte entsprechende Öffnungsklauseln für die muslimischen Bevölkerungsanteile enthielten.

3. Die Rechtswissenschaft

In der islamischen Rechtswissenschaft bzw. der Einsicht (arab.: *fiqh*) der Muslime in ihr Recht zeigten sich während des zweiten Abschnittes jener Periode auf dem Westbalkan einige Tendenzen, die qualitativ neuartig waren. Außer den traditionell gebildeten sharīʿatischen Rechtsgelehrten, die ihre Arbeiten weiterhin in arabischer oder auch türkischer Sprache verfassten, traten nun Juristen mit modernen Bildungsgängen auf, die über das Recht der Sharīʿa in ihren südslawischen Muttersprachen arbeiteten und dabei auch das Rechtsdenken des kontinentalen westeuropäischen Rechtskreises hauptsächlich in seiner österreichisch-ungarischen Variante rezipierten. Allerdings beschränkte sich dieses Phänomen zunächst hauptsächlich auf die dogmatische Durchdringung derjenigen positiv-rechtlichen Materien, die für die Praxis der sharīʿatischen Gerichte von Bedeutung blieben. Auf dem Gebiet der gottesdienstlichen Handlungen (arab.: *ʿibādāt*) sowie generell hinsichtlich aller Materien, die mit der Religion im engeren Sinn verbunden sind, drangen die neuen Tendenzen hingegen nur äußerst langsam vor. Angesichts des beklagenswerten Umstandes, dass die Geschichte des Rechts der Sharīʿa auf dem Westbalkan bislang allenfalls lückenhaft erforscht ist, beschränkt sich die nachstehende Darlegung auf Hinweise zu einzelnen Vertretern dieses Rechts ausschließlich in Bosnien und Herzegowina. Unter den traditionell gebildeten sharīʿatischen Rechtsgelehrten ist zunächst Sejfullah-ef. Proho (1276/1859 – 1352/1932) zu erwähnen, Muallim und Mudarris, Religionslehrer und Rechtslehrer an der šerijatsko-sudačka škola (bosn.; dt.: sharīʿatische Richterschule) in Sarajevo, Verfasser mehrerer Arbeiten auf dem Gebiet des Rechts der Sharīʿa in arabischer, türkischer und bosnischer Sprache. Hinzuweisen ist auf seine Abhandlungen *Zubdat al-farāʾiḍ* (arab.; dt.: Die Essenz der religiösen Pflichten) über das Erbrecht und *Kitāb al-nikāḥ* (arab.; dt.: Das Buch der Ehe) über das Eherecht sowie zahlreiche kürzere Aufsätze und Broschüren über die Methodologie der Qurʾānrezitation (arab.: *tajwīd*), über die Menstruation (arab.: *ḥayḍ*) und die nachgeburtliche Blutung (arab.: *nifās*) im Kontext der gottesdienstlichen Handlungen (arab.: *ʿibādāt*) sowie über weitere religiöse und rechtliche Fragen. Im Zusammenhang mit diesen Themen sind außerdem einige tüchtige Kenner des Rechts der Sharīʿa zu nennen, die allerdings als Lehrer und Vermittler überwiegend in der Praxis wirkten und deshalb keine geschriebenen bzw. wissenschaftlich-systematischen Werke hinterlassen haben. Zu dieser Gruppe zählten Ahmed-ef. Burek (1293/1876 – 1367/1948), Salih Safvet

Bašić (1304/1886 – 1367/1948), Ali Riza Prohić (1289/1872 – 1358/1939) und weitere. Beachtenswert ist, dass die ranghöchsten religiösen Führer jener Ära, in Bosnien und Herzegowina also der Raʾīs al-ʿulamāʾ und die Muftiyyūn, im Allgemeinen zugleich sharīʿatisch gebildete Juristen waren. Unter ihnen gab es Einzelne, deren Rechtsdenken sich über die zu ihrer Zeit und in ihrer Lebenswelt vorherrschenden Auffassungen erhob. Von diesen Einzelnen sind hier hervorzuheben aus Bosnien und Herzegowina Džemaludin Čaušević (1287/1870 – 1357/1938) sowie aus Montenegro Murteza Karađuzović (1282/1865 – 1360/1941). Freilich war das Systemdenken der reformorientierten muslimischen Juristen seinerzeit noch nicht so weit vorangeschritten, dass sie imstande gewesen wären, Monografien über ganze Zweige (arab.: *furūʿ*) des positiven Rechts der Sharīʿa vorzulegen. Vielmehr traten sie in der Regel als Koautoren von Werken auf, in denen sie sich zusammen mit nichtmuslimischen Juristen zu einzelnen Fragen der Rechtspraxis äußerten. Von den nichtmuslimischen österreichisch-ungarischen Juristen, die in Bosnien und Herzegowina über das Recht der Sharīʿa arbeiteten und dabei teils bedeutende Resultate erzielten,[22] sind hier zu nennen Adalbert Schek (1267/1851 – 1352/1933), tätig als Beamter und als Justitiar in der k.u.k. Verwaltung sowie als Professor für säkulares Recht und sharīʿatisches Prozessrecht an der sharīʿatischen Richterschule in Sarajevo; außerdem Franjo Kruszelnicki (1276/1859 – 1353/1934), Verfasser einer umfangreichen Monografie über das sharīʿatische Prozessrecht, Michael Zobkow (1281/1864 – 1347/1928), Richter und Verfasser mehrerer Abhandlungen über das Vorkaufsrecht im bosnisch-osmanischen Recht, und schließlich Ljudevit Farkaš (1273/1856 – 1363/1944), Richter und Professor, Verfasser eines bekannten Werkes über Recht und Verwaltung der islamischen Stiftungen in Bosnien und Herzegowina. Die sharīʿatische Richterschaft jener Zeit wurde an der bereits erwähnten sharīʿatischen Richterschule in Sarajevo geschult, die die k.u.k. Verwaltung 1300/1883 ins Leben gerufen hatte. Bei ihr handelte es sich um das erste Zentrum für die Heranbildung einer modernen muslimischen Intelligenz in Bosnien und Herzegowina, deren Absolventen außer Richterämtern auch weitere angesehene Funktionen im religiösen, kulturellen und politischen Leben

[22] [Vgl. zu den nichtmuslimischen Juristen den Aufsatz von Enes Durmišević: *Officials specialized in Shari'ah Law during the austro-hungarian period in Bosnia and Hercegovina (1878 – 1919),* in: Анали Правног Факултета у Београду, Belgrad 58 (2010), S. 54 – 66, sowie zur muslimischen Richterschaft neuerdings Hana Younis: *Biti kadija u kršćanskom carstvu. Rad i osoblje šerijatskih sudova u Bosni i Hercegovini,* Sarajevo 2021; zugleich die letzte wissenschaftliche Arbeit, die der Verfasser dieses Buches vor seinem Tod betreut hat, A. d. Ü.]

zunächst in Bosnien und der Herzegowina und später in ganz Jugoslawien bekleideten.

4. Die Rechtspraxis

Das System der Anwendung und Auslegung des Rechts der Sharīʿa war auf dem Westbalkan vor 1337/1918 nicht einheitlich gestaltet. Vielmehr kam es, entsprechend der jeweils spezifischen Entwicklung, in jedem Land zur Herausbildung von Besonderheiten. Was die Auslegung der einzelnen sharīʿatischen Rechtsnormen betrifft, so oblag sie im Allgemeinen zwar den Muftiyyūn, doch war deren Zuständigkeit unterschiedlich geregelt. Was die Anwendung des sharīʿatischen Rechts insgesamt angeht, waren teilweise, so in Bosnien und Herzegowina und Montenegro, sharīʿatisch ausgebildete Richter innerhalb der staatlichen Gerichtsbarkeit berufen, während andernorts, so in Serbien, die Muftiyyūn und damit interne Amtsträger der islamischen Gemeinschaft zuständig waren. In Bosnien und Herzegowina errichtete die k.u.k. Verwaltung sog. Scheriatsgerichte, die den Status ordentlicher Gerichte innerhalb der staatlichen Gerichtsbarkeit genossen. Ihr Gerichtsverfassungsrecht wurde in mehreren legislativen Akten geregelt. Grundlegend für sie war die Verordnung über die Organisation und den Wirkungskreis der Scheriatsgerichte der von der Donaumonarchie für das sog. Reichsland eingesetzten Landesregierung vom 28. Dhū al-Ḥijja 1300 / 30. Oktober 1883. Nach ihr gab es zwei Arten von Scheriatsgerichten, nämlich erstens, als Eingangsgericht, bei jedem Bezirksamt einen zum Scheriatsrichter bestellten Qāḍī, der als Einzelrichter judizierte, sowie zweitens, als Rechtsmittelgericht, das sog. Scheriats-Obergericht mit Sitz in Sarajevo. Letzteres entschied unter dem Vorsitz des Präsidenten mit vier weiteren Richtern, von denen zwei Scheriatsrichter sein mussten. Dem Scheriats-Obergericht kam als zweitem und letztem Rechtszug die Rolle einer Berufungsinstanz zu. Der Zuständigkeit der Scheriatsgerichte unterfielen, so der deutschsprachige Wortlaut:[23]

[23] [Sammlung der Gesetze und Verordnungen für Bosnien und die Hercegovina, Sarajevo: Druck der Landesdruckerei, Jahrgang 1883, S. 538, A. d. Ü.]

a) die Angelegenheiten des mohamedanischen Eherechtes, wenn beide Ehegatten der mohamedanischen Religion angehören, ohne Unterschied, ob es sich um vermögensrechtliche oder sonstige Angelegenheiten handelt;

b) in dem gleichen Umfange die Verhandlung und Entscheidung in Bezug auf alle jene Angelegenheiten, welche die Rechte und Pflichten zwischen mohamedanischen Eltern und Kindern betreffen;

c) die Abhandlung von Verlassenschaften der Mohamedaner und die Vertheilung des Nachlasses, insoferne derselbe aus Mulk-Vermögen (bewegliches Vermögen und Immobilien der Kategorien Mulk) besteht;

d) die Verhandlung und die Entscheidung über alle bezüglich der im vorigen Punkte benannten Verlassenschaften, vorkommenden Erbschafts- und Erbtheilungsklagen, dann über Klagen, welche Vermächtnisse oder andere Verfügungen auf den Todesfall zum Gegenstande haben.

Als Nachlassgerichte waren die Scheriatsgerichte somit für alle Fragen zuständig, die mit letztwilligen Verfügungen von Muslimen zusammenhingen. Bei dem in der Verordnung erwähnten Mulk-Vermögen handelte es sich um das Privateigentum (arab.: *mulk*) der muslimischen Erblasser. Außerdem oblag den Scheriatsgerichten die Teilung von Grundstücken, die zum Nachlass gehörten, dem muslimischen Erblasser jedoch als Teil der Allmende und damit als Staatseigentum (türk.: *mīriyye*) lediglich zum Nießbrauch übertragen waren. Als Vormundschaftsgerichte waren die Scheriatsgerichte für alle sog. Vormundschafts- und Curatel-Angelegenheiten von Muslimen tätig. Dabei waren sie auch für die Verwaltung von Waisenvermögen sowie für sog. Tapien-Angelegenheiten und Vakufsachen mit Bezug auf das Grundbuch (türk.: *tāpū*) oder eine Stiftung (arab.: *waqf*) tätig. Spätere legislative Akte der Landesregierung weiteten ihren Zuständigkeitsbereich sogar noch aus. Festzuhalten ist somit, dass die Jurisdiktion der Scheriatsgerichte – inmitten der Donaumonarchie – für alle Muslime in Bosnien und Herzegowina obligatorisch war! Auch in Montenegro wurde eine islamische Gerichtsbarkeit als Teil der staatlichen Judikative etabliert. Ihr Zuständigkeitsbereich war durch eine Verordnung des Justizministeriums definiert und umfasste gleichfalls Ehe- und Familiensachen sowie in Nachlassangelegenheiten die Teilung des Privateigentums, das – wie wir sahen – in Bosnien und Herzegowina als Mulk-Vermögen, hier aber mit einem aus der Osmanenzeit überkommenen Turzismus als kleines Erbe (serb.: *mali miraz* von türk.: *māl-i mīrās*) bezeichnet wurde; außerdem oblagen der islamischen Gerichtsbarkeit die Vermögenspflegschaften für

Witwen und Waisen etc. Dabei zählte die islamische Gerichtsbarkeit auch in Montenegro zur ordentlichen Gerichtsbarkeit, während Auslegung und Anwendung des Rechts der Sharīʿa in Serbien dem örtlichen Muftī oblagen und bis 1332/1914 gesetzlich nicht geregelt waren. Insbesondere wuchs den Muftiyyūn auch die Jurisdiktion in den Ehesachen der Muslime zu, denn die Zivilehe gab es im serbischen Recht noch nicht. Seit Inkrafttreten der Verordnung über das Gerichtsverfassungsrecht und das gerichtliche Verfahren in den vereinigten altserbischen Gebieten vom 13. Rajab 1332 / 7. Juni 1914 oblagen den Muftiyyūn zum einen die Rechtsprechung in den Ehe-, Unterhalts-, Vormundschafts- und sonstigen Betreuungssachen der Muslime sowie zum anderen die Vermögenspflegschaften für muslimische Waisen und sonstige Bedürftige. Während des ersten Weltkrieges wurde auch für Serbien ein Großmuftī ernannt, der die höchste religiöse Autorität der Muslime im Königreich und nach den örtlichen Muftiyyūn die zweite und letzte Instanz für die Anwendung und Auslegung des Rechts der Sharīʿa war. Für Serbien charakteristisch war die Personalunion von religiösem und richterlichem Amt, denn nicht nur der Großmuftī in Belgrad war Muftī und Qāḍī zugleich, sondern auch alle örtlichen Muftiyyūn waren in ihrem jeweiligen Bezirk die höchsten Beamten der islamischen Gemeinschaft und übten außerdem die islamische Gerichtsbarkeit sowie die Aufsicht über die religiösen Stiftungen aus. Auf das Ganze gesehen, gestand Serbien den Muftiyyūn vergleichbare Befugnisse wie den Amtsträgern der serbisch-orthodoxen Hierarchie zu; wenngleich das Recht der Sharīʿa für einen bewusst praktizierten Islam ungleich bedeutsamer ist als das Kirchenrecht der Christen gleich welcher Konfession. In Bosnien und Herzegowina entfaltete sich die Anwendung des Rechts der Sharīʿa hingegen in einem vielstimmigen Wechselspiel, an dem das Scheriats-Obergericht sowie das Oberhaupt der islamischen Gemeinschaft (arab.: *raʾīs al-ʿulamāʾ*), der unter seinem Vorsitz tagende Rat der Gelehrten (arab.: *majlis al-ʿulamāʾ*), die erstinstanzlichen Scheriatsrichter und die traditionellen Muftiyyūn beteiligt waren. Die Auslegung durch das Scheriats-Obergericht war für die örtlichen Scheriatsrichter verbindlich, während das Scheriats-Obergericht seinerseits berechtigt war, vor seiner Entscheidung ein Rechtsgutachten des Raʾīs al-ʿulamāʾ oder des Majlis al-ʿulamāʾ einzuholen. Letzterer konnte außerdem ganz allgemein zur Auslegung des Rechts der Sharīʿa insbesondere in Fragen der gottesdienstlichen Handlungen (arab.: *ʿibādāt*) sowie zu Rechtsproblemen der religiösen Stiftung (arab.: *waqf*) angerufen werden, die ja in einem islamischen Kontext immer zugleich Fragen praktizierter Religiosität sind. Außerdem fuhren die örtlichen Muftiyyūn fort, ihre überkommene Funktion auszuüben und Fatāwā für jedermann zu erstatten, der darum bat. Insofern ist anzumerken, dass der durch die Donaumonarchie eingesetzten Landesregierung im Zuge der Konstituierung einer islamischen Gemeinschaft als Körperschaft des öffentlichen Rechts tendenziell daran gelegen war, die Position der Muftiyyūn zu stärken, um sich ihrer ggf. als Einflussagenten zu versichern. So wurden die örtlichen Muftiyyūn, die jeweils für bestimmte Gemeinden bzw. Gemeindebezirke berufen wurden, zu einem bedeutsamen Faktor namentlich in der Verwaltung des islamischen Schulwesens und bei der Aufsicht über die religiösen Stiftungen. Alimentiert wurden sie aus öffentlichen Mitteln sowie, falls sie an den örtlichen Medressen lehrten, aus den Erlösen der mit diesen verbundenen Stiftungen. Das Inkrafttreten der Allerhöchsten Entschließung, betreffend das Statut über die autonome Verwaltung der islamitischen Religions-, Stiftungs- und Schulangelegenheiten in Bosnien und der Hercegovina vom 24. Rabīʿ al-Awwal 1327 / 15. April 1909 führte gewisse Änderungen sowohl hinsichtlich des Muftī-Amtes selbst als auch hinsichtlich der Zuständigkeit der Muftiyyūn ein. So war gemäß § 144 der Entschließung nunmehr die Ernennung jedes Muftī durch die Landesregierung auf Vorschlag des Majlis al-ʿulamāʾ vorgeschrieben, wobei letzterer stets zwei qualifizierte Kandidaten zu benennen hatte, aus denen die Landesregierung die Stelle binnen drei Monaten zu besetzen hatte. Die Zuständigkeit war in § 146 geregelt, dessen im Gesetzblatt gleichfalls verkündete deutschsprachige Fassung lautete:[24]

Die Pflichten der Muftis sind im wesentlichen die folgenden:

1. die gebräuchlichen Fetvas auszugeben;

2. im Sinne der vom Ulema-Medžlisse erhaltenen Instruktionen und Weisungen die geistlichen und wissenschaftlichen Vakufbediensteten zu beaufsichtigen, sowie die Moscheen und sonstigen Kultusobjekte zu visitieren;

3. darüber zu wachen, daß der vom Ulema-Medžlisse aufgestellte Lehrplan für den islamitischen Religionsunterricht in den staatlichen und konfessionellen Schulen und Anstalten eingehalten werde;

4. darüber zu wachen, daß in den islamitisch-konfessionellen und staatlichen Schulen und Anstalten, wie auch überhaupt die Gebote des Islam nicht verletzt werden;

---

[24] [Gesetz- und Verordnungsblatt für Bosnien und die Hercegovina, 1909, S. 419 ff., A. d. Ü.]

5. dahin zu wirken, daß die Kenntnis der islamitischen Lehre den Moslims durch Predigten, öffentliche Belehrung und durch Unterweisung in der Familie verbreitet und die Moral nach Möglichkeit gefestigt werde;

6. dem Ulema-Medžlisse von Fall zu Fall über wichtige Vorkommnisse, sowie über die Resultate ihrer Inspizierungen zu berichten und jedes halbe Jahr über die gesamte eigene Tätigkeit einen Hauptbericht zu erstatten;

7. den Vorsitz bei den Prüfungen der Medressenschüler zu führen und den Befähigungsprüfungen von Kultusfunktionären beizuwohnen;

8. die Zeugnisse der Softas von inländischen Medressen behufs Befreiung derselben von der Militärdienstpflicht zu bestätigen.

An diesem Katalog zeigt sich, dass den Muftiyyūn neben ihrer traditionellen Tätigkeit als Rechtsgutachter neuartige Aufgaben in Kultusverwaltung und Bildungswesen zuwuchsen, die das Amt des Muftī zusehends prägten.

III. Das Recht der Sharīʿa auf dem Westbalkan während der Zeit von 1337/1918 – 1360/1941

1. Der geschichtliche und gesellschaftliche Rahmen

Das 1337/1918 proklamierte Königreich der Serben, Kroaten und Slowenen bzw. ab 1348/1929 das Königreich Jugoslawien folgte dem System der staatlich anerkannten Religionsgemeinschaften. Dies bedeutete, dass die Verbundenheit der als Körperschaften des öffentlichen Rechts anerkannten Religionsgemeinschaften mit dem Staat rechtlich sanktioniert und jede dieser Gemeinschaften ihr Bekenntnis öffentlich auszuüben berechtigt war. In der Verfassung vom 21. Shawwāl 1339 / 28. Juni 1921 wurde die Gleichberechtigung aller in den Territorien des neuen Königreiches vertretenen Religionen und ihrer unter der jeweiligen alten Obrigkeit schon anerkannten Gemeinschaften proklamiert. Da der Islam in einzelnen dieser Territorien vertreten und – wie z. B. in Bosnien und Herzewogina als Reichsland der Donaumonarchie – schon vor 1337/1918 anerkannt gewesen war, zählten auch er selbst sowie die islamische Gemeinschaft zu den vom Königreich anerkannten Bekenntnissen und Bekenntnisgemeinschaften. So stellte sich die Frage nach dem Recht der

Sharīʿa und seiner Geltung für die Muslime anhand der verfassungsmäßigen Grundlagen des neuen Königreiches fast von selbst, wobei allerdings zu bedenken ist, dass diese geschichtlich erstmalige Union der Südslawen von den früheren Staaten, aus denen sie erwachsen war, kein einheitliches Rechtssystem geerbt hatte. Allein auf dem Gebiet des Zivilrechts waren dem neuen Gemeinwesen sechs Rechtsgemeinschaften mit jeweils unterschiedlichen gesetzlichen Grundlagen überkommen, wobei das Familienrecht in den meisten der überwiegend ja christlich geprägten Territorien dem Kirchenrecht überlassen war. Unter diesen Auspizien wurde die Frage nach der Geltung des Rechts der Sharīʿa für die jugoslawischen Muslime nach dem Ende des ersten Weltkrieges zum Gegenstand sowohl nationaler als auch internationaler Rechtsetzung. Auf dem Feld der internationalen Rechtsetzung trat das Königreich dem Staatsvertrag von St.-Germain-en-Laye vom 14. Dhū al-Ḥijja 1337 / 10. September 1919 bei und akzeptierte die in seinen Art. 62 ff. enthaltenen Bestimmungen über den Schutz der Minderheiten. Hieraus folgte innerstaatlich die Verpflichtung des nationalen Gesetzgebers, (1) in den familien- und erbrechtlichen Angelegenheiten der Muslime das Recht der Sharīʿa für anwendbar zu erklären, (2) auf dem Gebiet des Religionsverfassungsrechts Regelungen für die Ernennung eines staatlich anerkannten Oberhauptes der islamischen Gemeinschaft bzw. eines Raʾīs al-ʿulamāʾ vorzusehen, (3) hinsichtlich der Moscheen, Friedhöfe, religiösen Stiftungen etc. einerseits den Bestand der vorhandenen Einrichtungen und das für ihr weiteres Gedeihen unerlässliche Wohlwollen des Staates zu garantieren, andererseits aber auch für noch zu gründende, künftige Einrichtungen im Sinne einer Meistbegünstigungsklausel zuzusichern, dass sie wie alle nichtmuslimischen privaten Institutionen gleicher Art behandelt würden. Der im Zuge der jugoslawischen Verfassungsbewegung sowohl religiös als auch politisch wirksam werdende "muslimische Faktor" sowie die im Zusammenhang mit den Pariser Vorortverträgen eingegangenen Verpflichtungen im Hinblick auf das Familien- und Erbrecht der Muslime führten in der am 21. Shawwāl 1339 / 28. Juni 1921 anlässlich des Vidovdan (serb.; dt.: Veitstag), dem jährlichen Festtag eines für die serbische Orthodoxie bedeutsamen Heiligen, verkündeten Vidovdan-Verfassung zur Einführung einer ordentlichen sharīʿatischen Gerichtsbarkeit, die nach dem Recht der Sharīʿa judizierte; denn Art. 109 dieser Verfassung lautete, dass die Entscheidung der familien- und erbrechtlichen Angelegenheiten der Muslime staatlichen Sharīʿa-Richtern vorbehalten sei. Auf diese Weise wurde dem Recht der Sharīʿa eine wenngleich partielle, so doch von Verfassungs wegen erstmals auf ganz Jugoslawien bezogene Geltung zugesprochen. Zugleich ging man daran, die Voraussetzungen für eine einheitliche Anwendung und Auslegung dieses Rechts zu schaffen; ein Vorhaben, dessen Verwirklichung allerdings der späteren einfachen Gesetzgebung vorbehalten wurde.

2. Die Rechtsquellen

Das im Einzelfall geltende Recht der Sharīʿa wurde weiterhin anhand des teils traditionellen, teils modernen Schrifttums ermittelt, das schon zuvor herangezogen worden war. Überschaut man die Rechtsprechung, so zeigt sich allerdings, dass ihr zusehends moderne Kodifikationen und Kompilationen zugrundelagen. In diesem Zusammenhang sind auch die Versuche zu sehen, das bereits erwähnte osmanische Gesetz über das Familienrecht von 1336/1917 als jugoslawisches Gesetz zu verkünden und so für die jugoslawischen Muslime auch förmlich zu rezipieren. Wenngleich diese Bestrebungen letztlich erfolglos blieben, erlangte das Gesetz für die Spruchpraxis der Gerichte doch einen vielfach geradezu gesetzesgleichen Stellenwert. Dennoch blieb den jugoslawischen muslimischen Juristen stets bewusst, dass eine umfassende muttersprachliche Kodifikation der Angelegenheiten der Muslime, die in Jugoslawien dem Recht der Sharīʿa überantwortet waren, ein Desiderat war und blieb; denn nur ein in der Muttersprache verkündetes Gesetz hätte es vermocht, weite Kreise anzusprechen und auch den Muslimen selbst das Recht zugänglich zu machen, das ihnen von Verfassungs wegen garantiert war. Nachdem die geplante Ausführungsgesetzgebung zum sharīʿatischen Gerichtsverfassungs- und Verfahrensrecht nicht vorankam und schließlich der zweite Weltkrieg ausbrach, blieb das Projekt einer jugoslawischen Kodifikation des Rechts der Sharīʿa in den Anfängen stecken. Zu diesen Anfängen zählte insbesondere der Plan einer Zivilprozessordnung, der jedoch über Vorarbeiten nicht hinauskam. In mancher Hinsicht ausgeglichen wurde das Fehlen einer muttersprachlichen Kodifikation des Rechts der Sharīʿa durch die von muslimischen Rechtspraktikern vorgelegten Kommentare zum sharīʿatischen Familien-, Erb- und Stiftungsrecht. Die muslimischen Rechtsgelehrten freilich arbeiteten, insbesondere zu den Grundlagen des Rechts der Sharīʿa, weiterhin vorwiegend mit dem arabischen und dem türkischen Schrifttum.

3. Die Rechtswissenschaft

Die Tendenzen, die innerhalb der Periode schon den Zeitraum bis 1337/1918 geprägt hatten, setzten sich in der islamischen Rechtswissenschaft des neuen Jugoslawien auch nach dem ersten Weltkrieg fort. Insbesondere wurden muttersprachliche, in unserem Fall also auf bosnisch verfasste Publikationen nun zur Regel. Gleiches galt seit 1348/1929 für die Judikate der sharīʿatischen Gerichtsbarkeit, wenngleich die Entscheidungsgründe, in Klammern gesetzt, auch weiterhin arabische und türkische Fachtermini sowie Zitate aus den Quellen oder dem arabischen und türkischen Schrifttum enthalten konnten. In der Zwischenkriegszeit wurden mehrere Werke in bosnischer Sprache veröffentlicht, deren Gegenstand die praxisbezogene oder auch theoriegesättigte Darlegung des Rechts der Sharīʿa bzw. derjenigen seiner Zweige war, die für die jugoslawischen Muslime geltendes Recht waren. Diese Werke dienten als systematisches Rüstzeug für die Praxis und als Lehrbücher für die islamischen Medressen und Fakultäten sowie schließlich als Hilfsmittel für die Juristen, die des Arabischen nicht mächtig waren. Zu den Verfassern dieses Schrifttums zählten in erster Linie namhafte Richter aus der sharīʿatischen Gerichtsbarkeit von Bosnien und Herzegowina sowie Rechtsgelehrte aus seiner muslimischen Gemeinschaft der Gelehrten (arab.: *ʿulamāʾ*). Zu nennen sind schließlich auch die interessierten Nichtmuslime, die Beiträge sowohl zum Recht der Sharīʿa selbst als auch zur Kommentierung der säkularen Gesetzgebung leisteten, die den jugoslawischen Muslimen die Anwendbarkeit dieses Rechts garantierte. Der erste muslimische Gelehrte, der bedeutende Arbeiten über das Recht der Sharīʿa in unserer bosnischen Muttersprache vorlegte, war Abdulah Bušatlić (1288/1871 – 1366/1946), Absolvent der sharīʿatischen Richterschule in Sarajevo, an der er später auch Dozent war, sowie Qāḍī in der sharīʿatischen Gerichtsbarkeit. Seine bekanntesten Werke sind *Porodično i nasljedno pravo muslimana* (bosn.; dt.: Das Familien- und Erbrecht der Muslime, Sarajevo 1345/1926) sowie *Šerijatsko-sudski postupnik i formularima* (bosn.; dt.: Sharīʿatisches Gerichtshandbuch und [richterliche] Formulare). Außerdem publizierte er in den bekanntesten damals erscheinenden juristischen und theologischen Zeitschriften regelmäßig Beiträge zu aktuellen Fragen der Anwendung und Auslegung des Rechts der Sharīʿa im jugoslawischen Kontext. Wo sich sein Rechtsdenken in der Arbeit am Einzelfall zu bewähren hatte, sind seine Lösungen elastisch und berücksichtigen den lebensweltlichen Hintergrund der jugoslawischen Muslime seiner Zeit. Zu den Absolventen der sharīʿatischen Richterschule in Sarajevo zählte auch Mehmed Ali Ćerimović (1289/1272 – 1362/1943), Muftī, Qāḍī und Vertrauensperson (türk.: *fetva emīnī*) im Majlis al-ʿulamāʾ bzw. Rat der Gelehrten der islamischen Gemeinschaft von Bosnien und Herzegowina, außerdem Dozent für das Erbrecht und das Stiftungsrecht der Sharīʿa an der viša islamska šerijatsko-teološka škola (bosn.; dt.: islamische sharīʿatisch-theologische Hochschule) in Sarajevo. In dem Verlagshaus, das die islamische Gemeinschaft von Bosnien und Herzegowina damals unterhielt, veröffentlichte er eine Reihe von Arbeiten auf dem Gebiet des Rechts der Sharīʿa, von denen einige mehrmals aufgelegt wurden. Von diesen Arbeiten seien hier erwähnt *O vakufu. Šerijatsko vakufsko pravo* (bosn.; dt.: Über die Stiftung. Das Stiftungsrecht der Sharīʿa, Sarajevo 1354/1935); *Šerijatsko nasljedno pravo – Feraiz* (bosn.; dt.: Das Erbrecht der Sharīʿa – Farāʾiḍ [arab.: die religiösen Pflichten], Sarajevo 1356/1937) sowie *Pitanje određivanja i regulisanja islamskih vjerskih praznika* (bosn.; dt.: Die Frage der [datumsmäßigen] Bestimmung und der [liturgischen] Ordnung der islamischen religiösen Feiertage, Sarajevo 1352/1933). Zu den Autoren, die der traditionellen ʿUlamāʾ entstammten, zählte Mehmed-ef. Handžić (1324/1906 – 1364/1944), Lehrer an der Gazi-Husrev-Beg-Medresse, dem traditionsreichen islamischen Gymnasium Sarajevos sowie Professor an der islamischen sharīʿatisch-theologischen Hochschule ebendort. In seinen Arbeiten über das Recht der Sharīʿa widmete er sich namentlich Rechtsfragen, die mit den religiösen Vorschriften im engeren Sinn zusammenhängen. Von seinen übrigen Werken sind hier zu erwähnen *Tumačenje šerijatsko-pravnih pitanja kod nas* (bosn.; dt.: Die Bearbeitung sharīʿatischer Rechtsfragen bei uns, Sarajevo 1358/1939) sowie *Pogled na sudstvo u Bosni i Hercegovini za vrijeme turske vlasti* (bosn.; dt.: Überblick über die Gerichtsbarkeit in Bosnien und Herzegowina zur Zeit der türkischen Herrschaft, Sarajevo 1360/1941). Zu den weiteren bosnischen Gelehrten, die während dieses Abschnittes über das Recht der Sharīʿa arbeiteten, zählen Abdurahman Adil Čokić (1306/1888 – 1374/1954), Muhamed Seid Serdarević (1299/1882 – 1337/1918) und Ibrāhīm Mehinagić (1312/1894 – 1396/1976). Außer den Quḍāt aus der sharīʿatischen Gerichtsbarkeit, die sich der juristischen Dogmatik der in Jugoslawien geltenden Teile des Rechts der Sharīʿa widmeten, sowie den Rechtsgelehrten aus der traditionellen ʿUlamāʾ, die den Akzent mehr und mehr auf die religiöse Dimension des Rechts der Sharīʿa setzten, traten in der Zwischenkriegszeit die ersten jugoslawischen Vertreter einer Richtung auf, die über das Recht der Sharīʿa im westlichen Sinn wissenschaftlich arbeitete. Bei ihnen handelte es sich um modern ausgebildete Juristen, die die Institute des Rechts der Sharīʿa auf der Grundlage westlich geprägter Terminologien und Konzepte zur Darstellung brachten, ihre Geschichte und ihre gesellschaftliche, wirtschaftliche und politische Funktion untersuchten und sie mit ähnlichen Instituten anderer, nichtmuslimischer Rechtssysteme verglichen. Wegbereiter dieser Richtung war Mehmed Begović (1322/1904 – 1412/1991), der 1349/1930 in Algier seine auf französisch vorgelegte Dissertation *De l'évolution du droit musulman en Yougoslavie* verteidigte und später einen Ruf an die juristische Fakultät der Universität Belgrad erhielt. Begović leitete einen juristischen Kurs für muslimische Kandidaten, die in Serbien das Muftī- bzw. Qāḍī-Amt anstrebten. Er veröffentlichte u. a. die Bücher *Šerijatsko bračno pravo* (bosn.; dt.: Das sharīʿatische Eherecht, Belgrad 1355/1936) und *Vakufi u Jugoslaviji* (bosn.; dt.: Die [islamischen] Stiftungen in Jugoslawien) sowie eine Reihe wertvoller Aufsätze in verschiedenen wissenschaftlichen Zeitschriften. Ein weiterer Jurist, der eine Dissertation auf dem Gebiet des Rechts der Sharīʿa zu verteidigen hatte, war Alija Silajdžić (1327/1909 – 1394/1974), dessen Doktorarbeit *Testament u šerijatskom pravu* (bosn.; dt.: Das Testament im sharīʿatischen Recht) 1360/1941 in Sarajevo erschien. Wertvolle nichtmuslimische Beiträge zum wissenschaftlichen Schrifttum über das Recht der Sharīʿa leisteten Bertold Eisner (1292/1875 – 1376/1956) und Eugen Sladović (1299/1882 – 1380/1960). Die Ausbildung der im Recht der Sharīʿa geschulten muslimischen Juristen Jugoslawiens vollzog sich während der Zwischenkriegszeit zunächst an der sharīʿatischen Richterschule in Sarajevo sowie seit 1350/1931 an der juristischen Fakultät in Belgrad und seit 1356/1937 an der islamischen sharīʿatisch-theologischen Hochschule in Sarajevo. Bei letzterer handelte es sich um eine modern konzipierte Hochschule, die an die Stelle der früheren sharīʿatischen Richterschule trat. Sie brachte zahlreiche anerkannte Theologen, Juristen, Philologen und Historiker hervor.

4. Die Rechtspraxis

Im Hinblick darauf, dass die Anwendung und Auslegung des Rechts der Sharīʿa im Jugoslawien der Zwischenkriegszeit einer Entwicklung unterworfen waren, lässt sich der hier zu erörternde Abschnitt in zwei Zeiträume unterteilen, deren erster die Jahre 1337/1918 – 1348/1929 umfasst, während der zweite von 1348/1929 – 1360/1941 dauerte. Kennzeichnend für den ersten

Zeitraum sind der Fortbestand der früheren Verhältnisse sowie mehrere Versuche, die Geltung des Rechts der Sharīʿa unter Gesetzesvorbehalt zu stellen und für ganz Jugoslawien einheitlich zu regeln. Bis 1348/1929 blieben all diese Ansätze erfolglos, sodass die sharīʿatische Gerichtsbarkeit in Bosnien und Herzegowina – wie schon zuvor unter der Donaumonarchie – staatlichen Sharīʿa-Richtern anvertraut war, letztlich also besonderen Quḍāt oblag, während sie in Serbien – und damit gleichfalls so, wie es schon bis 1337/1918 gewesen war – in den Händen der Muftiyyūn verblieb. Der zweite Abschnitt begann mit dem Inkrafttreten des *Zakon o uređenju šerijatskih sudova i o šerijatskim sudijama* (serbo-kroat.; dt.: Gesetz über die Verfassung der Sharīʿa-Gerichte und über die Sharīʿa-Richter) vom 9. Shawwāl 1347 / 21. März 1929. Dieses Gesetz ordnete für ganz Jugoslawien eine Gerichtsverfassung ähnlich derer an, die bis 1337/1918 in Bosnien und Herzegowina gegolten hatte. Sie umfasste zwei Rechtszüge; nämlich die sharīʿatischen Bezirksgerichte, die jedem ordentlichen Bezirksgericht beigeordnet wurden, in dessen Bezirk mindestens fünftausend Muslime lebten, sowie die beiden sharīʿatischen Obergerichte, die jeweils von besonderen Senaten der allgemeinen Appellationsgerichtshöfe in Sarajevo und Skoplje gebildet wurden. Die Sharīʿa-Gerichte waren Teil der ordentlichen Zivilgerichtsbarkeit und damit der staatlichen Judikative Jugoslawiens. Die Ernennung der Sharīʿa-Richter erfolgte durch den König auf Vorschlag des Justizministeriums, jedoch im Einvernehmen (arab.: *murāsala*) mit dem Raʾīs al-ulamāʾ als Zeugnis dafür, dass der jeweils ausgewählte Kandidat von der islamischen Gemeinschaft für tauglich befunden worden war, das Qāḍī-Amt auszuüben. Die Sharīʿa-Gerichte waren zuständig:

(1) in eherechtlichen Angelegenheiten, wenn sowohl der Mann als auch die Frau muslimischen Glaubens waren oder die Ehe vor einem Sharīʿa-Gericht oder vor einer von einem solchen Gericht ermächtigten Urkundsperson geschlossen worden war, ohne Unterschied sowohl in vermögensrechtlichen als auch in anderen Angelegenheiten der ehelichen Lebensgemeinschaft, sowie hinsichtlich solcher Ehen außerdem

(2) in familienrechtlichen Angelegenheiten, die sich auf die Rechtsverhältnisse zwischen Eltern und Kindern bezogen, ohne Unterschied sowohl in vermögensrechtlichen als auch in anderen Angelegenheiten der elterlichen Sorge einschließlich der gerichtlichen Feststellung der Vaterschaft,

(3) in erbrechtlichen Angelegenheiten von Muslimen einschließlich der Teilung ihres Nachlasses, wenn es um Beurkundungen und sonstige Angelegen-

heiten der freiwilligen Gerichtsbarkeit ging, sowie in streitigen Angelegenheiten, sofern sie Fragen des islamischen Erbrechts oder die Frage der Wirksamkeit einer letztwilligen Verfügung des muslimischen Erblassers aufwarfen,

(4) in Vormundschaftsangelegenheiten hinsichtlich der Bestellung eines Vormundes für minderjährige Muslime einschließlich der späteren Feststellung ihrer Volljährigkeit sowie hinsichtlich der Entmündigung volljähriger Muslime einschließlich der etwaigen Wiederaufhebung ihrer Entmündigung,

(5) in Personenstandsangelegenheiten, betreffend die Todeserklärung von Muslimen,

(6) für die Beglaubigung der Unterschriften von Muslimen,

(7) in Streitigkeiten über Rechte und Pflichten hinsichtlich eines Vermögensgegenstandes, der zum Stiftungsvermögen einer [islamischen] Stiftung gehörte, sofern die Zugehörigkeit dieses Vermögensgegenstandes zum Stiftungsvermögen unstreitig war, sowie in Streitigkeiten darüber, ob durch die letztwillige Verfügung eines Muslims oder durch ein Rechtsgeschäft zwischen lebenden Muslimen eine [islamische] Stiftung begründet worden war.

Im Hinblick auf das Muftī-Amt blieb das jugoslawische Recht bis 1349/1930 uneinheitlich, und zwar sowohl hinsichtlich der Verfassung des Amtes selbst als auch der Befugnisse, die ihm übertragen waren. Während in Bosnien und Herzegowina das Autonomiestatut von 1327/1909 fortbestand, galten in den anderen Territorien des Königreiches entsprechende gesetzliche oder auch untergesetzliche Normen; so etwa in Serbien die bereits erwähnte Regelung, aufgrund derer dem Muftī-Amt gutachterliche und richterliche Tätigkeiten sowie verwaltungsbehördliche Funktionen der islamischen Gemeinschaft übertragen waren. 1349/1930 gelang die Einrichtung einer einheitlichen islamischen Gemeinschaft in ganz Jugoslawien sowie, mit der Verordnung vom 12. Ṣafar 1349 / 9. Juli 1930, außerdem die Schaffung einer einheitlichen Rechtsgrundlage für das Muftī-Amt. Jeder Muftī wurde, gemäß einer hierfür geschaffenen Wahlordnung, durch ein Gremium bestimmt, dem der Ra'īs al-ulamā' sowie Mitglieder des Majlis al-ʿulamā' und ausgewählte Muftiyyūn angehörten. Ernannt wurde der so gewählte Muftī allerdings erst durch den König. Damit war die Zuständigkeit der Muftiyyūn in ganz Jugoslawien so geregelt wie zuvor durch das Autonomiestatut von 1327/1909 in Bosnien und Herzegowina, d. h. dem Muftī-Amt waren gutachterliche, schulische und verwaltungsbehördliche Funktionen der islamischen Gemeinschaft, jedoch keine richterlichen Tätigkeiten übertragen. Im Ergebnis erhielten die Muftiyyūn durch die Verordnung den Status, den im Verhältnis der christlichen, im Falle Jugoslawiens also der römisch-katholischen und der serbisch-orthodoxen Kirche zum Staat deren Bischöfe und Archidiakone innehatten. Insgesamt residierten in Jugoslawien zehn Muftiyyūn, deren Amtssitze Sarajevo, Mostar, Banja Luka, Tuzla, Pljevlja, Novi Pazar, Prizren, Bitolj und Skoplje waren. Nach alldem tendierte das Religionsverfassungsrecht des ersten vorsozialistischen Jugoslawien dazu, sowohl die Organisation der betreffenden Ämter als auch ihre Kompetenzen nicht der Satzungsautonomie der jeweiligen Religionsgemeinschaft anheimzustellen, sondern sie staatlich zu regulieren. Dabei beschränkte sich der staatliche Einfluss nicht auf eine bloße Aufsicht, sondern reichte bis in die laufenden Geschäfte der Religionsgemeinschaften hinein. Dass dies gerade im Fall der Muslime gewisse Interventionsmöglichkeiten nicht nur auf dem Gebiet der sharīʿatischen Gerichtsbarkeit eröffnete, die ja integraler Bestandteil der staatlichen Judikative war, sondern auch Optionen der Einflussnahme auf die inneren Verhältnisse der islamischen Gemeinschaft bot, liegt auf der Hand. Mit dem Inkrafttreten des Statuts der islamischen Gemeinschaft Jugoslawiens vom 8. Shaʿbān / 24. Oktober 1936 erlosch das Muftī-Amt schließlich ganz. Die Initiative hierzu kam aus den Kreisen, die zu dieser Zeit die Führung der diversen islamischen Organisationen Jugoslawiens innehatten und bei der Erarbeitung des Statuts ihren Einfluss geltend machten. Zu erklären ist diese Zäsur auch durch die Inaktivität und Inkompetenz der damaligen Muftiyyūn sowie durch die Kosten, die ihr Amt verursachte. Im Kern handelte es sich allerdings um einen Kampf, der zwischen den Vertretern unterschiedlicher politischer Parteien und Richtungen um Posten innerhalb der Führung und Verwaltung der islamischen Gemeinschaft Jugoslawiens ausgetragen wurde. Aus den Reihen der ʿUlamāʾ wurden zahlreiche Forderungen erhoben, das altehrwürdige Muftī-Amt zu erhalten, doch blieben all diese Bemühungen erfolglos. Die den Muftiyyūn bis dahin obliegende gutachterliche Tätigkeit wurde nach der Abschaffung ihres Amtes einer besonderen Vertrauensperson (arab.: *fetva emīnī*) übertragen, die wiederum dem Majlis al-ʿulamāʾ bzw. dem Rat der Gelehrten der islamischen Gemeinschaft angehörte.

IV. Das Recht der Sharīʿa im sozialistischen Jugoslawien seit 1365/1946

Nach dem zweiten Weltkrieg und der sozialistischen Revolution folgte Jugoslawien dem Prinzip der Trennung der Religionsgemeinschaften vom Staat.

Zugleich garantierte der neue Staat seinen Bürgern im Rahmen des geltenden Rechts das Grundrecht auf Religionsfreiheit und gewährleistete außerdem die religiöse Koalitionsfreiheit, wie auch den religiösen Koalitionen selbst die Freiheit von Lehre und Kultus garantiert war. Diese Grundsätze, niedergelegt in der Verfassung der Föderativen Volksrepublik Jugoslawien vom 27. Ṣafar 1365 / 31. Januar 1946, wurden durch die spätere Ausführungsgesetzgebung immer wieder bekräftigt. Die Trennung der religiösen Gemeinschaften vom Staat und die Proklamation des religiösen Bekenntnisses als Privatangelegenheit des Einzelnen wirkten auch auf die Fortgeltung der religiösen Rechte, im Fall der islamischen Gemeinschaft also des Rechts der Sharīʿa, zurück. Im Königreich Jugoslawien war es so gewesen, dass in familienrechtlichen bzw. bei den Muslimen auch in erbrechtlichen Angelegenheiten das Recht der jeweiligen Religionsgemeinschaft galt, d. h. die Rechtsanwendung folgte dem religiösen Bekenntnis. Aus dem neuen Verständnis der Religion als Privatangelegenheit des Einzelnen folgte jedoch von selbst, dass weder das staatliche Recht religiöse Vorschriften als Rechtsnormen behandeln durfte noch der Einzelne aus seinem religiösen Bekenntnis einen besonderen Status ableiten konnte: Von Verfassungs wegen galt nun der Grundsatz des einen Rechts für alle Bürger. Ihm entsprechend, verkündete das Präsidium der bosnisch-herzegowinischen Nationalversammlung am 1. Rabīʿ al-Thānī 1365 / 5. März 1946 das Gesetz über die Aufhebung der Sharīʿa-Gerichte auf dem Territorium von Bosnien und Herzegowina. Mit ihm wurden alle Sharīʿa-Gerichte aufgehoben. Die Angelegenheiten, für die sie bislang zuständig gewesen waren, wurden der staatlichen Zivilgerichtsbarkeit und anderen staatlichen Institutionen übertragen. Auch in den anderen Teilrepubliken Jugoslawiens wurden die Sharīʿa-Gerichte aufgelöst. Seither gab es ein Recht der Sharīʿa im engeren, juristischen Sinn des Wortes, d. h. als staatlich sanktionsbewehrte Sollensordnung, in Jugoslawien nicht mehr. Stattdessen kann jedoch, und zwar bis heute, in dreierlei Hinsicht von einer inhaltlichen Anwesenheit des Rechts der Sharīʿa gesprochen werden, die das Bewusstsein der Muslime und ihr Verhalten prägt: Erstens blieben einige Vorschriften des Rechts der Sharīʿa als Normen der religiösen Moral und damit als integraler Bestandteil der Pflichten aller Gläubigen erhalten. Dies betrifft etwa das Eherecht einschließlich der Vorschriften über die Morgengabe (arab.: *mahr*) sowie über die Gründung religiöser Stiftungen (arab.: *waqf*). Zweitens bezogen sich die Organe der islamischen Gemeinschaft, wenngleich im Rahmen der von Verfassungs wegen garantierten Ordnung, weiterhin auf das Recht der Sharīʿa. Deshalb lässt sich sagen, dass bestimmte Vorschriften dieses Rechts als Binnenrecht der islamischen Gemeinschaft auch weiterhin gelten. Drittens aber ist am Ende darauf hinzuweisen, dass die Vorschriften über die gottesdienstlichen Handlungen (arab.: *ʿibādāt*), die ja seit jeher auch zum Recht der Sharīʿa zählen, ihren verpflichtenden Charakter für alle Muslime beibehalten haben – wenn auch eben nicht als Normen staatlichen Rechts, sondern als der von Gott gegebene, deutlich gebahnte Pfad (arab.: *sharīʿa*), der uns zur Quelle führt. Dieser Befund ist deshalb bedeutsam, weil es sich dabei zugleich um den Teil des Rechts der Sharīʿa handelt, dem in säkularen Gesellschaften die größte praktische und unterscheidende Bedeutung zukommt. Parallel zum damit skizzierten Bedeutungswandel des Rechts der Sharīʿa für das Leben der Muslime nicht nur in Bosnien und Herzegowina und den übrigen Teilrepubliken des früheren Jugoslawien, sondern in allen Ländern des Westbalkans, kam es auch zu einem Wandel in der Anwendung und Auslegung dieses Rechts. Als jedenfalls für sie selbst verbindliches und verpflichtendes Recht wenden das Recht der Sharīʿa nur noch die Muslime in ihrem Privatleben an. Ebenso verfahren die Organe der islamischen Gemeinschaft, wenn sie bestimmte Aufgaben z. B. bei Eheschließungen oder in der Verwaltung der islamischen Stiftungen wahrnehmen.

Literatur: Mehmed Handžić: *Pogled na sudstvo u Bosni i Hercegovini,* Sarajevo 1941; Avdo Sućeska: *Neke osobenosti krivičnog prava u jugoslovenskim zemljama za vrijeme Turaka,* in: *Godišnjak pravnog fakulteta u Sarajevu 1971,* S. 243 – 251; Safvet-beg Bašagić: *Kako se za turske uprave Jugoslavija dijelila na kadiluke,* in: *Novi Behar* 12/1930, S. 177 – 179; Fikret Karčić: *Pitanje primjene šerijatskog prava kroz historiju bosanskohercegovačkih muslimana,* in: *Zbornik radova islamskog teološkog fakulteta* 1/1982, S. 213 – 226; ders.: *Šerijatski sudovi u Jugoslaviji 1918 – 1941,* Sarajevo 1986.

Literatur

1. In arabischer Sprache

Bożena Gajane Strzyżewska: *Tārīkh al-tashrīʿ al-islāmī,* Beirut 1980.

ʿAbd al-Sattār al-Khalwajī: *Turāthunā al-fiqhī wa qadāyāhu al-bibliyūjrāfiyya*, in: *Al-Dar,* Juni 1977, S. 163 – 175.

Muḥammad al-Khuḍrī: *Tārīkh al-tashrīʿ al-islāmī*, Kairo 1920.

Alī Ḥasan ʿAbd al-Qādirʿ: *Naẓra ʿāmma fī tārīkh al-fiqh al-islāmī*, Kairo 1965.

ʿAbd al-ʿAẓīm, Sharaf al-Dīn: *Tārīkh al-tashrīʿ al-islāmī*, Bengasi 1974.

2. In englischer und französischer Sprache

Abdur Rahim: *Muhammadan Jurisprudence*, Lahore o. J.

Ahmad Hasen: *Early Development of Islamic Jurisprudence*, Islamabad 1982.

J. N. D. Anderson: *Islamic Law in the Modern World*, London 1959.

Ders. und N. J. Coulson: *Islamic Law in Contemporary Cultural Change*, in: *Saeculum* 1967, S. 13 – 92.

The Cambridge History of Islam, Cambridge: 2. Auflage 1970.

Encyclopedia of Islam, Leiden 1979.

Kemal Faruki: *Islamic Jurisprudence*, Lahore 1962.

H. A. R. Gibb, H. Bowen: *Islamic Society and the West*, London 1957.

Albert H. Hourani: *Arabic Thought in the Liberal Age*, Oxford 1962.

A. Heidborn: *Droit public et administratif de l'empire Ottoman*, Wien – Leipzig 1909.

Husain Sayed Athar: *The Glorious Caliphate*, Lucknow 1974.

F. Karčić, *Geschichte des Rechts der Sharīʿa*,
https://doi.org/10.1007/978-3-658-41765-9

Al-Musaini Ishaq Musa: *Hisba in Islam*, in: *The First Conference of the Academy of Islamic Research*, Kairo 1964, S. 265 – 275.

Malcolm H. Kerr: *Islamic Reform*, Berkeley und Los Angeles 1966.

M. Khadurri, H. Liebesny (Hrsg.): *Law in the Middle East*, Washington D. C. 1950.

Reuben Levy: *The Social Structure of Islam*, Cambridge 1957.

Subhi Mahmessani: *Muslims: Decadence and Renaissance*, in: *The Muslim Words* 1954, S. 186 – 201.

Anwar Ahmad Quadri: *Islamic Jurisprudence in the Modern World*, Lahore 1981.

Joseph Schacht: *An Introduction to Islamic Law*, London 1966.

Wilfred Cantwell Smith: *Islam in Modern History*, Princeton 1957.

Tanzilur Rahman: *Application of Shariah in the Muslim World*, in: *MWL Journal*, Bd. 11, Nr. 3, S. 24 – 29.

3. In bosnischer Sprache

Safvetbeg Bašagić: Kako se za turske uprave Jugoslavije dijelila na kadiluke, in: *Novi Behar* 12/1930, S. 177 – 179.

N. J. Coulson: *Uloga pravne historije u muslimanskoj pravnoj nauci*, in: *Glasnik VIS-a* 1/1982, S. 71 – 75.

Hamid Hadžibegić: *Turski zakonski spomenici kao historijski izvor*, in: *Zbornik Radova ITF* 1/1982, S. 51 – 61.

Muhammed Hamidullah: *Muhammad a. s.*, Zagreb 1977.

Ders.: *Uticaj rimskog prava na fikh*, in: *Islamska Misao*, September 1983, S. 11 – 16.

Mehmed Handžić: *Književni rad bosanskohercegovačkih muslimana*, Sarajevo 1933.

Ders.: *Pogled na sudstvo u Bosni i Hercegovini za vrijeme turske vlasti*, Sarajevo 1941.

Fikret Karčić: *Šerijatski sudovi u Jugoslaviji* 1918 – 1941, Sarajevo 1986.

Ders.: *Pitanje periodizacije historije fikha*, in: Glasnik VIS-a 1/1985, S. 49 – 61.

Ders.: *Pitanje primjene šerijatskog prava kroz historiju bosanskohercegovačkih muslimana*, in: *Zbornik Radova ITF* 1/1982, S. 113 – 226.

Orijentalni Institut (Hrsg.): *Kanuni i kanuname za bosanski, hercegovački, zvornički, kliški, crnogorski i skadarski sandžak*, Sarajevo 1957.

Borislav T. Blagojević u. a. (Hrsg.:) *Pravna Enciklopedija*, Belgrad 1979.

Šaćir Sikirić: *Naši šeriatski sudovi, in: Spomenica šeriatske sudačke škole u Sarajevu*, Sarajevo 1937, S. 5 – 23.

Avdo Sućeska: *Neke osobenosti krivičnog prava u jugoslavenskim zemljama za vrijeme turaka*, in: *Godišnjak Pravnog Fakulteta u Sarajevu*, Sarajevo 1971, S. 243 – 251.

Teodor Taranovski: *Uvod u istoriju slovenskih prava*, Belgrad 1922.

The manufacturer's authorised representative in the EU is Springer Nature Customer Service Centre GmbH, Europaplatz 3, 69115 Heidelberg, Germany. If you have any concerns regarding our products, please contact ProductSafety@springernature.com

Printed and bound by CPI Group (UK) Ltd, Croydon, CR0 4YY
28/04/2026
02098502-0002